LES MONTAGNES DE BOUDDHA

JAVIER MORO

LES MONTAGNES DE BOUDDHA

L'odyssée de deux jeunes nonnes tibétaines éprises de liberté

Traduit de l'espagnol par Patricia Rey

NIL ÉDITIONS

Titre original :
LAS MONTAÑAS DE BUDA

ISBN 2-266-11713-0

« Apprendre à vivre, c'est apprendre à se détacher. »

Soyal Rimpoché,

Le Livre tibétain de la vie et de la mort.

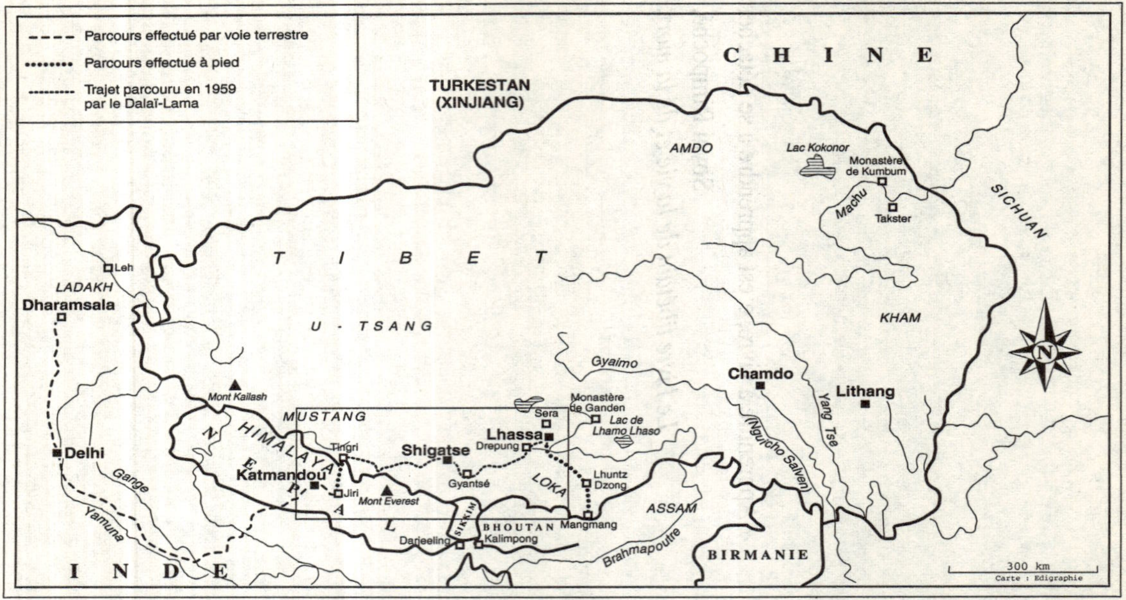

Parcours effectué par voie terrestre
Parcours effectué à pied
Trajet parcouru en 1959
par le Dalaï-Lama
CHINE
TURKESTAN
(XINJIANG)
AMDO
Lac Kokonor
Monastère
de Kumbum
Machu
Takster
SICHUAN
TIBET
Leh
LADAKH
Dharamsala
U - TSANG
KHAM
Gyaimo
Chamdo
Lithang
Yang Tse
(Nguicho Salven)
Mont Kailash
MUSTANG
Monastère
de Ganden
Sera
Lac de
Lhamo Lhaso
Lhassa
Drepung
Shigatse
HIMALAYA
Tingri
Delhi
NEPAL
Katmandou
Jiri
Mont Everest
Gyantsé
LOKA
Lhuntz
Dzong
ASSAM
Mangmang
BHOUTAN
SIKKIM
Darjeeling
Kalimpong
Ganges
Yamuna
Brahmapoutre
BIRMANIE
INDE
300 km
Carte : Edigraphie

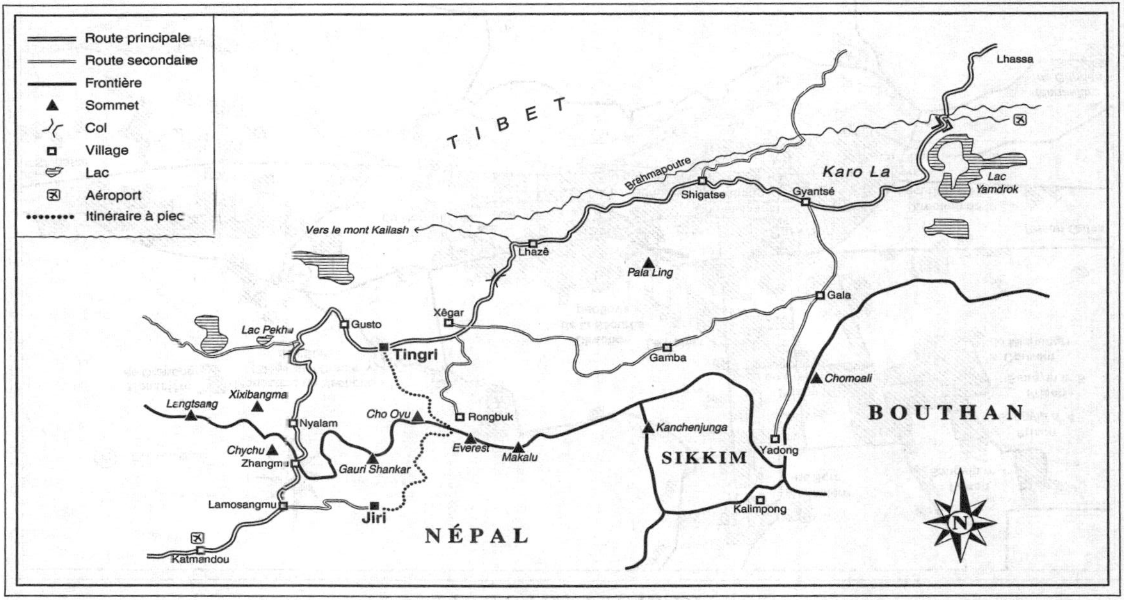
Route principale
Route secondaire
Frontière
Sommet
Col
Village
Lac
Aéroport
Itinéraire à piec
TIBET
Lhassa
Karo La
Lac Yamdrok
Brahmapoutre
Shigatse
Gyantsé
Vers le mont Kailash
Lhazê
Pala Ling
Gala
Xêgar
Gusto
Lac Pekhu
Tingri
Gamba
Chomoali
BOUTHAN
Langtsang
Xixibangma
Nyalam
Cho Oyu
Rongbuk
Kanchenjunga
Everest
Makalu
Chychu
Zhangmu
Gauri Shankar
SIKKIM
Yadong
Kalimpong
Lamosangmu
Jiri
NÉPAL
Katmandou
N

PLAN DE LHASSA

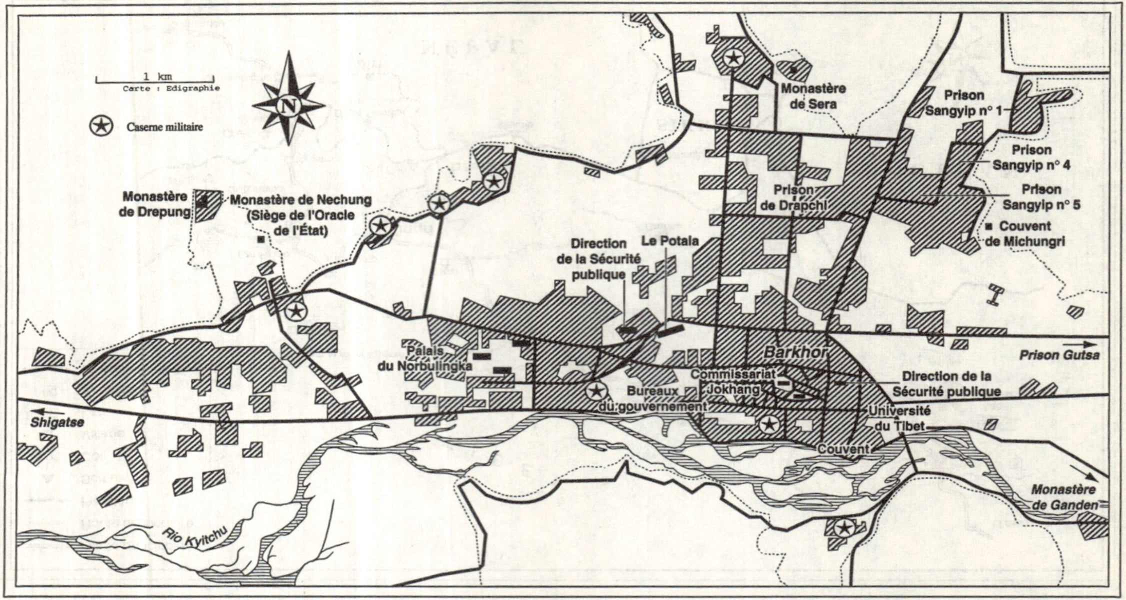

I

Longue vie au dalaï-lama

1.

Sur le toit du monde, dans ce pays qui semble toucher les nuages, dans cette immense étendue de neige et de sommets rocailleux qu'est le Tibet, jamais nouvelle ne s'est propagée si vite et n'a provoqué un tel enthousiasme. Dans les villages perdus, dans les campements, dans les hameaux les plus reculés, paysans, soldats, moines et commerçants vont de maison en maison réveiller leurs occupants, embrassent parents et amis en leur chuchotant la nouvelle. À Lhassa, la capitale jadis fabuleuse et interdite, la nouvelle se diffuse dans les temples, les monastères et les casernes, se faufile dans les ruelles, s'engouffre dans les avenues bordées d'immeubles modernes, se glisse dans les maisons, dans les bouis-bouis où les Chinois se soûlent jusqu'à l'aube, dans les hôpitaux vétustes, dans les boîtes de nuit, dans l'unique hôtel de luxe et jusque dans les grottes avoisinantes des ermites... Lorsque Radio India diffuse la nouvelle en tibétain, elle ne laisse personne indifférent : une lueur d'espoir éclaire de nombreux visages, d'autres affichent réprobation, et même dédain. Il est six heures du matin ce 5 octobre 1989.

La jeune Kinsom dort dans son lit de bois, sous une mince couverture malgré le froid, alors que dans le bâtiment résonne encore le sourd écho du gong. Dans son sommeil, elle sent une odeur forte, aigre et douce à la fois, et une main qui la secoue doucement :

— Réveille-toi, réveille-toi... Nous allons brûler de l'encens et faire des offrandes de *tsampa*...

— Que se passe-t-il ?

— Le prix Nobel a été décerné à Sa Sainteté le dalaï-lama. Le Tibet sera bientôt libre ! lui répond son amie tout en répandant la fumée des bâtonnets d'encens autour du lit.

Kinsom ignore ce qu'est le prix Nobel, mais la ferveur de sa compagne suffit à la convaincre de son importance.

— Ani Choki dit que nous ne sommes plus seuls au monde, que de nombreux pays vont faire en sorte que Sa Sainteté revienne à Lhassa...

Ani Choki, la doyenne du couvent, toute menue, le visage ridé comme une pomme, les yeux noirs et pénétrants, est un puits de science. C'est elle qui a décidé de reconstruire ce couvent sur les ruines de l'ancien monastère dévasté par les Chinois lors de la Révolution culturelle. C'est elle qui a choisi les novices, organisé les travaux de reconstruction et les séances de prière et de méditation. Aujourd'hui, plus de deux cents jeunes vivent, étudient, prient et travaillent dans cette communauté située à un jour de marche de Lhassa, au sommet d'une colline, au-dessus du tourbillon du monde.

La jeune Kinsom se lève, s'étire et arrange sa tunique pourpre ; par une des ouvertures, elle contemple les noyers et les abricotiers de la vallée. Au fond, le halo jaune du soleil levant accentue le relief bleuté des pics du Nord.

Solide, grande et mince, Kinsom respire la santé. Elle a les joues rougies par le froid, le nez camus, des yeux noirs et rieurs et le crâne rasé de celles qui ont prononcé leurs vœux. Son sourire timide laisse entrevoir des dents blanches et régulières. Fille de bergers, elle a hérité du tempérament nomade des peuples de la steppe. Le travail physique ne lui fait pas peur ; en fait, elle est une de celles qui participent le plus activement à la reconstruction, pierre à pierre, du monastère. Parfois, elle se plaint de ne pas avoir suffisamment de temps pour étudier les textes bouddhistes. À vingt ans, elle vient juste d'apprendre les rudiments de la lecture et de l'écriture, mais sa soif de connaissance est telle qu'elle ne manque pas une occasion de solliciter l'aide de celles qui peuvent l'instruire. Cependant, ce jour-là, elle n'étudie pas. C'est jour de fête.

À la place du murmure des prières du matin, un vacarme inhabituel emplit l'édifice. Malgré les appels à la prudence, il est impossible de réprimer la vague de joie que suscite l'attribution du prix Nobel à la plus haute autorité spirituelle du Tibet. Kinsom sort de sous son grabat une photo du dalaï-lama et l'épingle sur sa tunique. Puis, sans même prendre le temps de se servir une tasse de thé, elle rejoint ses camarades dans la cour pour prendre part à la célébration spontanée. Elle mêle sa voix à celles qui scandent des slogans pour l'indépendance du Tibet, lance des poignées de tsampa, cette farine d'orge qui constitue la base de l'alimentation tibétaine, et fait brûler des branches de genévrier qui emplissent la cour d'une fumée bleue et d'un arôme puissant.

« Longue vie au dalaï-lama ! Vive le Tibet libre ! » reprennent en chœur les plus audacieuses, tout en regardant du coin de l'œil trois policiers chinois réduits à observer les femmes, faute de pouvoir les arrêter toutes.

Ces représentants de l'ordre, emmitouflés dans leurs blousons bleus, font partie du contingent posté à proximité du monastère. Ils ont pour mission de surveiller le couvent, de recenser les internes, de s'assurer que les religieuses ne se réunissent pas quotidiennement, mais seulement les jours autorisés, et d'organiser les odieuses séances de « rééducation ». Jamais cette communauté ne leur a infligé un tel affront.

Plus tard, alors que les religieuses prient dans la salle de l'autel au pied de la statue dorée d'un bouddha serein et distant, le crissement des roues de véhicules s'arrêtant face à la porte du couvent les fait sursauter. Elles savent ce qui les attend. Une douzaine de soldats chinois, vêtus de leur uniforme vert, armés de mitraillettes et de matraques, hurlant dans leurs mégaphones, font irruption dans la salle, suivis des trois policiers. Aussitôt, ils bloquent la sortie, injurient les femmes, les frappent à coups de matraque et de crosse. Aucun cri ne franchit les lèvres des religieuses terrifiées mais habituées à voir leur intimité violée par les autorités chinoises. Kinsom a la présence d'esprit de cacher la photo du dalaï-lama dans les plis de sa tunique. En voyant se découper dans l'encadrement la silhouette du policier vociférant, elle songe au travail que lui a coûté la réfection de la porte et s'étonne au même instant d'avoir cette pensée anodine.

L'officier en charge des soldats insulte le dalaï-lama, ce menteur, ce laquais au service des impérialistes.

« C'était toujours la même litanie, dira Kinsom plus tard. Durant les séances de rééducation, ils ne cessaient de l'insulter. Mais nous nous souvenions de la vénération que nos parents portaient au dalaï-lama et savions que tout était faux. Jamais ils n'ont réussi à nous intimider. »

À la fin de sa tirade, l'officier accuse formellement deux des plus anciennes religieuses, dont Ani Choki, la fondatrice du couvent, d'inciter à la rébellion. Puis ils les battent, leur passent les menottes et les traînent dans les escaliers. Les femmes pleurent, l'une d'elles supplie qu'on ne les emmène pas. Kinsom laisse échapper un cri. Un lien très fort l'unit à Ani Choki. Cette dernière a accepté la jeune bergère au couvent alors qu'elle arrivait de son hameau. La vieille nonne est alors devenue son maître et, plus tard, son amie.

Si tous les Tibétains sont sous surveillance, les moines et les nonnes le sont plus encore, car, en dépit de la répression sanglante, ils sont toujours à la tête de la lutte pour l'indépendance. Dès le début de l'occupation, ils se sont associés à toutes les initiatives et à toutes les revendications contre les Chinois. Ces derniers, conscients de l'influence spirituelle et politique des religieux tibétains, redoublent de violence à leur égard, qualifiant les plus actifs de « contre-révolutionnaires ». Même si la liberté de culte est officiellement admise, l'accès aux rares monastères et couvents qui ont survécu à la Révolution culturelle devient de plus en plus difficile. Comme en ce matin d'octobre, les policiers sortent de l'ombre à la moindre alerte. Qui plus est, les commissaires politiques organisent les fameuses séances de rééducation qui exaspèrent Kinsom et ses compagnes. Jour après jour, semaine après semaine, les jeunes Tibétaines sont contraintes de passer des après-midi entiers à regarder des vidéos de propagande pour les actions de la « mère patrie » au pays des neiges. Quatre jours après leur intervention, les policiers reviennent au monastère avec les photos de quatorze religieuses. Par chance, Kinsom n'y figure pas. Ces quatorze religieuses seront expulsées. Elles vont connaître le châtiment réservé aux rebelles. Désormais et tant qu'elles vivront, il leur sera interdit d'afficher leur croyance. Elles seront assignées à résidence sous l'autorité du commissaire chinois de leurs villages respectifs. Il leur sera interdit de fréquenter leurs voisins et de participer aux tâches communautaires. Elles n'auront droit ni aux cartes de rationnement ni à celui de gagner leur vie. Elles seront alors une charge pour leur famille et finiront dans la solitude et l'isolement.

Trois séances d'« autocritique » quotidiennes, accompagnées de coups, d'intimidation par les armes et de menace de fermeture du monastère, sont infligées aux autres religieuses. « Ils ont dit que nous aurions tant d'interdits que "même les oiseaux ne pourraient plus chanter". Ils contrôlaient nos moindres mouvements à l'intérieur du monastère et, après chaque séance de rééducation, ils perquisitionnaient nos cellules », se souviendra Kinsom.

2.

L'attribution du prix Nobel de la paix au dalaï-lama, président du gouvernement tibétain en exil, autorité religieuse et politique suprême, assure une reconnaissance internationale aux résistants qui, les années précédentes, se sont héroïquement opposés à l'armée chinoise. Le mouvement de résistance s'est renforcé, deux ans plus tôt, juste après l'intervention du dalaï-lama, en septembre 1987, au Congrès des États-Unis. Dans son discours aux représentants les plus puissants de la nation, le leader des Tibétains a proposé un plan de paix fondé sur le dialogue avec les autorités chinoises. Il demande alors que le Tibet devienne une zone démilitarisée et que les cimetières de déchets nucléaires y soient interdits ; il plaide pour que la Chine abandonne sa politique de colonisation ; enfin il prie Pékin de libérer les dizaines de milliers de Tibétains prisonniers religieux et politiques. En échange, le dalaï-lama propose de renoncer aux revendications indépendantistes de son pays pour un accord qui garantirait une plus grande autonomie au peuple tibétain dans la nation chinoise. C'est plus qu'une concession : c'est un changement de position radical. Le succès de la proposition du dalaï-lama à Washington rend furieuses les autorités de Pékin, qui accusent aussitôt le Congrès américain d'ingérence dans la politique intérieure chinoise. Quelques jours plus tard, en réponse à la proposition de paix, le gouvernement chinois organise un grand procès public dans la capitale du Tibet. Devant une foule de vingt mille personnes, huit résistants tibétains sont condamnés à la détention à vie et deux autres à la peine capitale.

Trois jours après cette parodie de procès, à proximité du temple du Jokhang, véritable centre spirituel du Tibet qui attire en permanence une foule de pèlerins, vingt-six moines se mettent à courir en brandissant le drapeau bleu, rouge, blanc et jaune du Tibet libre aux cris de : « À bas les Chinois ! Vive le Tibet libre ! » La première surprise passée, les Chinois arrêtent ces audacieux hommes de foi. Rien de semblable ne s'était produit depuis les révoltes qui ont suivi l'invasion chinoise en 1950.

Le 1er octobre 1987, tandis que la Chine commémore le trente-huitième anniversaire de la République populaire, quarante moines sortent du Jokhang en agitant les drapeaux du Tibet libre. Aussitôt arrêtés, les manifestants sont conduits au commissariat, un bâtiment de trois étages qui domine la place. C'est alors que se produit l'inespéré. Les pèlerins, qui récitaient des mantras autour du temple, les mendiants au visage couvert de pustules et aux hardes puantes, se regroupent devant la porte du commissariat. Bientôt, la foule bloque l'entrée de l'édifice. En quelques minutes, des Tibétains par milliers envahissent la place et une pluie de pierres s'abat sur le bâtiment. Une centaine de policiers armés de fusils AK-47 font leur apparition sans oser cependant tirer sur cette foule furieuse, des milliers d'hommes, de femmes et d'enfants qui crient leur haine contre eux, contre la Chine. Une haine nourrie par trois décennies d'occupation, de destruction, de pillage, de tentatives d'extermination de la religion et de la culture tibétaines.

Symbole de cette culture tibétaine, le geste d'un enfant d'une douzaine d'années qui, ce jour-là, ramasse une carabine abandonnée par un policier dans sa fuite. Au lieu de tirer contre les hommes en uniforme, le garçon saisit l'arme par le canon et en martèle le sol jusqu'à la réduire en morceaux. Des siècles de philosophie bouddhiste, essentiellement fondée sur la paix, ont ancré dans l'esprit des Tibétains l'idée que les armes ne doivent pas être utilisées contre l'ennemi mais détruites.

La police, qui a dressé une barricade d'une douzaine de véhicules militaires autour de l'édifice, ne peut empêcher les manifestants d'y mettre le feu. Bientôt, les flammes lèchent les murs du commissariat. Des policiers tirent sur la foule. Alors que le sang de nombreux blessés coule sur l'asphalte, l'héroïsme d'un moine de quarante-neuf ans galvanise les forces de la foule. Au mépris des flammes, le vénérable Jampa Tenzin se précipite dans le commissariat pour délivrer ses compatriotes. Il en ressort entièrement brûlé. La foule le porte en triomphe dans les rues de Lhassa. Plus tard, sa photo, le poing levé en signe de victoire, la peau de ses bras brûlés partant en lambeaux, fera le tour du monde.

Enfin dans l'après-midi, le toit du commissariat s'effondre dans un nuage de fumée sous les applaudissements de la foule. Le bâtiment se consume toute la nuit, tandis que des camionnettes sans plaque d'immatriculation patrouillent dans les quartiers tibétains, s'arrêtant devant certaines maisons pour emmener leurs habitants terrifiés vers un destin inconnu.

3.

Un mois plus tard, Pékin tente de profiter de la célébration annuelle de la plus grande fête religieuse du Tibet, le *Monlam Chenmo*, la Grande Prière, pour redorer son image en montrant au monde entier un Tibet en paix. Les autorités comptent sur le succès de cette fête pour faire oublier les événements récents. À la mi-février 1988, des milliers de pèlerins, ainsi qu'un renfort de six mille policiers, envahissent Lhassa. Aucun véhicule ne circule sans laissez-passer.

« Dans les monastères, racontera plus tard Kinsom, les policiers chinois organisaient de nombreuses réunions pour nous "éduquer" sur l'histoire du Tibet, sur nos sentiments patriotiques et sur les dangers du séparatisme. Comme beaucoup de moines des grands monastères, je me refusais à participer à la célébration orchestrée par les autorités chinoises. Nous n'avions pas le cœur à nous réjouir, alors que tant de nos compatriotes étaient en prison. »

Finalement, les Chinois y traîneront de force les moines des quatre coins du Tibet. Les autorités se félicitent déjà du succès de la célébration lorsque, la veille de la grande réunion finale, tandis que des centaines de moines s'apprêtent à célébrer la « bienvenue au Bouddha du futur », un groupe de lamas se détache de la foule. Ils s'approchent de la loge des autorités pour demander la libération de leurs camarades prisonniers. Les représentants chinois, plus effrayés qu'indignés, quittent rapidement leur place, sous les cris et les chants de centaines de moines qui scandent, le poing levé : « Vive le Tibet libre ! Vive le Tibet libre ! » Quelques-uns, parmi les plus jeunes, montent dans la loge et s'emparent des micros : « Nous voulons l'indépendance du Tibet ! Longue vie au dalaï-lama ! » Les moines, filmés par les caméras des forces de l'ordre, sont bien conscients qu'ils n'ont aucune chance d'échapper à la colère de l'occupant.

Les milliers de Tibétains qui se sont unis à cette manifestation spontanée le savent aussi. Il semble que rien ne peut endiguer ce soulèvement. Mais, très vite, deux mille policiers armés jusqu'aux dents encerclent la place et lancent des grenades lacrymogènes. Ils arrêtent des centaines de religieux. Sur fond de salves de mitraillettes, les Tibétains s'opposent, des heures durant, à la police. Au milieu de la foule, un tout jeune moine jette une pierre contre les forces de l'ordre, avant de s'écrouler, atteint d'une balle entre les deux yeux. Trois témoins ont vu le policier en civil viser et tirer sur l'enfant. Jeunes et vieux, avec l'aide des femmes, construisent des barricades pour faire face aux policiers. Le lendemain, lorsque les forces de sécurité entreront dans le temple du Jokhang pour arrêter tous les moines, on dressera des échelles contre les murs pour aider ces derniers à fuir [1]. Lhassa a vécu seize heures d'affrontements sanglants. Deux jours plus tard, le hurlement des sirènes des voitures de police résonne encore dans toute la ville. On ne compte plus les arrestations nocturnes. Les Tibétains sont conduits par centaines dans les

1. *Tibet, Survival in Question*, Pierre-Antoine Donnet, Zed Books, Londres.

prisons de Lhassa pour y être interrogés et torturés. Cependant, malgré la terreur qui s'est emparée de la capitale, quinze nonnes d'un courage extraordinaire prennent la relève. Enveloppées de plusieurs épaisseurs de vêtements afin d'amortir les coups qu'elles ne manqueront pas de recevoir, elles manifestent devant le Jokhang. Avant leur arrestation, elles ont eu le temps de crier en chœur : « Longue vie au dalaï-lama ! Vive le Tibet libre ! »

Les manifestations ne cesseront jamais, malgré la répression, la peur et l'extrême vigilance des forces de sécurité chinoises. La solidarité et la crainte d'une extermination imminente poussent les Tibétains à montrer au monde entier qu'ils sont prêts à mourir pour défendre leur pays.

« Aussi brutale et violente soit-elle, la répression ne pourra faire taire la voix de la justice et de la liberté », déclare le dalaï-lama de son refuge, de l'autre côté des montagnes, dans la ville indienne de Dharamsala.

Devant la tournure des événements, les Chinois décrètent la loi martiale. Le Tibet est de nouveau soumis à l'isolement. Derrière le mur du silence imposé par Pékin, les rares nouvelles qui filtrent font mention de manifestations, d'arrestations, de tortures. C'est dans cette atmosphère d'oppression et de désespoir que se répand la nouvelle de l'attribution du prix Nobel de la paix au dalaï-lama, provoquant un débordement de joie, l'explosion d'un incontrôlable désir de secouer le joug des oppresseurs, ne serait-ce que le temps de voir brûler un bâtonnet d'encens. Ce prix Nobel est aussi un appel à tous ceux qui, lassés de ne pas trouver de solution pacifique, pensaient avoir recours aux armes. Dans un monde secoué par de nombreux conflits, un souffle nouveau et puissant vient raviver la flamme de la non-violence.

Le prix Nobel est enfin un rude coup porté au gouvernement de Pékin, une humiliation pour toute la nation chinoise, car jamais un citoyen de la République populaire ne s'était vu décerner pareille distinction, dans aucune discipline. Comment pourrait-elle admettre que le monde entier couvre d'honneurs un de ces « barbares » ? En privé, les dirigeants chinois concèdent qu'après trente ans de communisme le prestige du dalaï-lama reste intact. Son absence a même grandi son aura aux yeux de son peuple. Les insultes et les calomnies ont à peine égratigné son image. Le moine Tenzin Gyatso, quatorzième dalaï-lama, incarnation du Bouddha de la Compassion infinie, Maître du Lotus blanc, Océan de Sagesse, est, qu'il vive dans son pays ou en exil, le souverain du haut pays des neiges, le Dieu Roi de tous les Tibétains.

4.

La jeune Kinsom caresse le rêve de le rencontrer un jour. Elle admire ceux qui prennent le risque d'affronter les cols, les intempéries, l'inconfort d'un long voyage dans l'Himalaya, trompant la vigilance des gardes frontières, dans le seul but de l'approcher et de sentir sa présence radieuse. Après l'avoir vu, combien d'exilés d'un âge avancé, accablés par la maladie, ont quitté cette vie en paix avec eux-mêmes. Combien de fois Kinsom a-t-elle entendu dire que nombre de ses compatriotes devaient leur survie à l'infatigable protection de ce moine qui les avait amenés à se dépasser, à donner le meilleur d'eux-mêmes, quel qu'en soit le prix. Elle aussi veut sa bénédiction et elle s'accroche de toute la force de sa jeunesse à ce rêve, fût-il impossible à réaliser. « Peut-être qu'un jour... », pense-t-elle tout en marchant avec trois de ses compagnes vers le centre de Lhassa, ce matin de janvier 1990. Elles égrènent les cent huit grains du chapelet et récitent à l'unisson le mantra *Om mani padme Um* ou Joyau dans le Lotus. Gravée sur les pierres au bord des routes, sur les rochers des plus hautes montagnes, écrite sur les drapeaux multicolores qui ondoient au vent, récitée sur le seuil des demeures ou des monastères aussi bien par d'infatigables pèlerins que par des enfants balbutiants, cette litanie millénaire, siècle après siècle, vie après vie, a toujours accompagné le Tibet. Elle symbolise le corps, la parole et l'esprit pur d'un bouddha, pureté définissant l'état spirituel de ceux qui atteignent la connaissance supérieure, l'illumination, de ceux qui ont aboli toute souffrance, toute frustration, et découvert une paix et une joie immortelles.

Absorbée par ses pensées, Kinsom manque d'être renversée par un cycliste, mais ses compagnes lui évitent l'accident. Les rayons du soleil pointent au-dessus des montagnes, illuminent la ville qui s'étend sur le plateau, à trois mille sept cents mètres d'altitude. Les toits dorés et l'imposante façade du palais du Potala, autrefois résidence du dalaï-lama et siège du gouvernement, sont la première vision qu'offre Lhassa au pèlerin. Sa structure monumentale domine la ville, rappelant l'époque où le toit du monde était le creuset d'une civilisation unique. Hormis ce majestueux symbole, il reste peu de chose de sa splendeur passée à Lhassa. Les maisons traditionnelles disparaissent les unes après les autres, les vieux quartiers cèdent la place aux bâtiments en béton construits par des ouvriers chinois. Des avenues rectilignes bordées de tripots, de bars et de bordels, pour satisfaire le grand nombre de militaires et de policiers cantonnés aux alentours, constituent la ville nouvelle. Mais, même ainsi, Lhassa ne ressemble pas aux autres cités chinoises. Le centre a gardé son décor médiéval, avec des moines souriants, des paysans crasseux, des jongleurs et des acrobates. Son charme, ses échappées spectaculaires sur les montagnes, l'air pur, l'éclat du soleil et même son chaos et sa saleté la rendent hospitalière. L'aboiement sporadique des chiens et les cris des enfants ne font que renforcer cette sensation de quiétude. Lhassa est aussi une Babel où se croisent tous les dialectes, un grand marché où se mêlent les mille odeurs des chariots débordant de légumes et de fruits, des brouettes remplies de beurre rance, des sacs de thé et des marchands ambulants qui offrent aux passants des morceaux de yak séchés au soleil.

Avant de faire les courses, Kinsom veut passer par la place du Jokhang. Elle aime ce lieu saint où se rassemblent des moines et des pèlerins joyeux. Point de rencontre des pèlerins de l'Himalaya, Lhassa est une ville cosmopolite que cette diversité enrichit. Le spectacle de ces hommes se prosternant et tournant dans le sens des aiguilles d'une montre autour du Jokhang, ou s'allongeant sur les marches des perrons, dans les rues, sur les berges des rivières, dans les collines avoisinantes, partout et toujours de bonne humeur, représente pour nombre de Tibétains la confirmation secrète que, malgré son viol par les Chinois, l'esprit de la ville est intact.

En traversant la place inondée de soleil, Kinsom et ses compagnes passent devant trois policiers chinois qui veillent sur le drapeau rouge. Parvenues dans la pénombre des autels enveloppés de légers nuages d'encens, elles s'unissent aux prières des pèlerins ; les plus croyants jouent d'une trompette taillée dans un fémur humain, d'autres portent des jarres dont la partie supérieure est faite d'un crâne. Les jeunes Tibétaines prient, se prosternent, répandent sur le sol de minuscules billets de un *jiao* et des grains d'orge. Avant d'abandonner l'enceinte du temple, elles versent avec parcimonie du beurre de yak dans les lampes.

Elles parcourent les rues avoisinantes au milieu des marchands ambulants qui vendent des rubans de prière et des os de yak incrustés de pierres précieuses, lorsqu'elles entendent la mélodie familière d'une chanson traditionnelle. Guidées par ces voix, elles se trouvent bientôt face à un petit groupe de Tibétains entourant un chœur de paysans et de pèlerins qui suivent le chant d'un vieil homme :

... jamais je n'oublierai le visage de mes parents.
Ô, joyau de sagesse !
Mon pays n'a pas été vendu, il a été volé...

Kinsom et ses compagnes se joignent au chœur. Les autres chansons, improvisées, ridiculisent les Chinois. Rires et plaisanteries donnent un air de fête à ce rassemblement populaire. La plus jeune est impatiente de partir, mais Kinsom veut encore s'attarder un instant. Elle tient à profiter d'un de ces rares moments de joie partagée et de liberté. La bonne humeur légendaire des Tibétains, toujours prête à éclater, peut faire disparaître, comme par enchantement, les préoccupations quotidiennes et le poids du joug de l'oppresseur. Seul compte l'instant présent qu'il faut chérir comme un objet unique, un joyau irremplaçable. C'est là que réside la force de ce peuple enraciné dans une religion qui fait de la destruction la condition nécessaire à la renaissance, de la compassion sa règle d'or, de l'impermanence des êtres et des choses sa principale croyance.

La police ne tarde pas à arriver. Les badauds fuient dans toutes les directions, certains lancent des slogans, d'autres des pierres ou des pavés. Ils cherchent tous à se laver de leurs humiliations. Immobile, le vieux Tibétain continue à fredonner sa chanson, étranger à l'agitation qui l'entoure. Sa peau est sombre et tannée, ses yeux semblables à deux fentes noires se confondent avec les rides de son visage, ses cheveux gris et sales tombent sur ses épaules. Un policier lui ordonne de se taire, mais l'homme continue, imperturbable, le regard provocant. Le policier lève sa matraque et, malgré les huées de la foule qui observe de loin, lui assène plusieurs coups sur le visage et le corps. Le vieil homme chancelle mais ne tombe pas. Le sang jaillit des commissures de ses lèvres, de son nez et de ses oreilles. Sa voix n'est plus qu'un murmure. Il sourit. Certains crient : « Laissez-le tranquille ! » d'autres injurient les Chinois, mais le vieux ne se tait pas et les sbires s'acharnent sur lui. Le vieil homme, courbé en deux, lutte pour ne pas s'écrouler sous les coups. Kinsom ne peut en supporter davantage. Elle saisit son écharpe et la fait tournoyer comme un drapeau. « À bas les Chinois ! Vive le Tibet libre ! » crie-t-elle à plusieurs reprises. Ses compagnes ne tentent pas de la faire taire ; au contraire, elles joignent leurs cris aux siens. L'attention des policiers se porte alors sur les nonnes qui partent en courant. Les gens leur ouvrent leurs maisons pour les cacher. Une marchande de légumes dissimule la plus jeune sous son étal. Kinsom se précipite dans une rue adjacente, mais la police est sur ses talons. Soudain, elle sent un coup terrible, sa tête explose... Elle s'écroule.

5.

Kinsom ouvre les yeux. Elle est allongée à l'arrière d'un camion militaire qui roule en klaxonnant vers la sortie de Lhassa. Son visage et son cou sont couverts de sang séché, elle est abasourdie, sa tête lui fait mal, mais cette douleur n'est rien comparée à celle qu'elle ressent dans les bras. En essayant de bouger, elle se rend compte qu'elle a les mains menottées dans le dos. Chaque cahot lui déchire les poignets et lui arrache l'épaule. Elle aperçoit le canon des fusils des soldats, le haut des bâtiments, les réverbères, la cime des arbres et surtout le ciel, si vaste, si bleu, si limpide, qu'elle voudrait s'y dissoudre. Le camion poursuit sa route encore une vingtaine de minutes. Lorsque Kinsom aperçoit la tour de guet, elle panique. Cet endroit fait trembler les Tibétains. La seule évocation de la prison de Gutsa rappelle les milliers de compatriotes disparus dans ses entrailles sans laisser de traces et provoque sanglots ou crises de nerfs chez ceux qui ont eu la chance de sortir vivants de cet enfer. Cet ensemble de bâtiments gris et rectangulaires, planté sur le plateau aride, entouré de hauts murs, est le symbole le plus visible de la cruauté avec laquelle le pouvoir chinois traite le pays des neiges.

À coups de pied, les gardes la poussent dans la salle d'inspection où des femmes en uniforme la fouillent minutieusement, la dépouillent de son unique bien — l'argent des courses —, lui font signer un reçu et inscrivent son nom sur le registre des entrées. Puis elles la remettent aux gardes, qui l'enferment dans une salle d'interrogatoire, une grande pièce encombrée d'escabeaux, de chaises et de tables métalliques. Kinsom frémit à la vue des fouets, des câbles électriques et des crochets de fer suspendus au plafond. Le récit des atrocités que les Chinois font endurer à leurs prisonniers lui revient en mémoire. Ces histoires se transmettent de génération en génération, tel un devoir de mémoire collective. Elle les a entendues au village de la bouche de ses parents et au monastère de ses compagnes.

Un officier chinois, engoncé dans son uniforme vert, enregistre à nouveau son état civil. Trois *gonyi-pa* sont à ses ordres. Gonyi-pa signifie littéralement « deux têtes » et qualifie les Tibétains qui collaborent avec les Chinois. Kinsom sait que ces hommes sont cruels, prêts à tout pour gagner les faveurs de leurs supérieurs.

— Qui était avec toi ? lui demande un « deux têtes ».

Kinsom reste muette. Elle est trop abasourdie pour répondre et en même temps s'y refuse.

— Les connais-tu ?

— Non.

Ils la traînent alors sur une chaise en fer et lui ligotent les mains selon une technique affinée au fil des années de répression. La méthode consiste à croiser la corde autour du buste et à attacher les bras en l'air, derrière la tête. Après lui avoir passé la corde sous les aisselles, l'un des tortionnaires la tire brusquement vers le bas. Kinsom se contorsionne et émet un son rauque : ils lui ont déboîté les épaules. Ce supplice, dit de « l'aéroplane », est si douloureux que de nombreux prisonniers en perdent le contrôle de leurs sphincters.

« Qui a organisé la manifestation ? »

Kinsom hurle de douleur. Lorsque les gardiens s'aperçoivent qu'elle est sur le point de défaillir, ils relâchent la pression de la corde. Ils la frappent au visage, au corps, aux jambes, ponctuant chaque coup de la même question. La réponse de Kinsom est invariable : cet attroupement était improvisé. Mais ce n'est pas le genre de déclaration qu'attendent ses bourreaux. L'un d'eux saisit l'instrument de torture préféré des geôliers chinois : une sorte de matraque électrique, de celles que l'on utilise pour marquer le bétail. Il l'applique contre la chaise. Kinsom tressaille, se plie en deux et s'évanouit. Lorsqu'elle reprend connaissance, le gardien recommence. Une autre décharge, et elle s'évanouit de nouveau.

« Qui était avec toi ? Qui vous a donné l'ordre de manifester ? »

Les Chinois ne peuvent concevoir que les religieuses aient pris l'initiative de protester. Elles font forcément partie d'un complot destiné à saper « le prestige de la mère patrie ». Ils veulent des noms, des noms... Kinsom n'ouvre pas la bouche. Alors, ils la lui ouvrent de force et enfoncent la matraque électrique dans sa gorge. Il lui semble que les os de son visage explosent, que sa langue prend feu, que ses yeux sortent de leurs orbites. Lorsqu'ils retirent la matraque, elle sent entre ses lèvres des morceaux de dents brisées qu'elle crache dans un vomissement sanguinolent. Mais elle ne parle pas. À la fin, le corps ensanglanté, la langue si enflée qu'elle tient à peine dans sa bouche, couverte d'hématomes, Kinsom entend la voix de l'officier qui met un terme à la séance. Les policiers la détachent, lui remettent les menottes aux poignets, des fers aux chevilles, et l'emmènent. Son silence lui vaut l'isolement dans une cellule disciplinaire, sans droit aux promenades ni au contact avec les autres détenus.

La cellule est étroite. Trois mètres et demi sur deux, une dalle en béton en guise de lit, dans un coin, une ouverture munie de barreaux, qui fait office de fenêtre, et une autre, de trappe, pour passer la nourriture. Sur le sol, un seau à moitié rempli d'excréments, souvenir du prisonnier précédent. Plus tard, Kinsom sera incapable de se rappeler combien de temps elle est restée immobile, le regard perdu dans le vague, essayant de reprendre son souffle. Le froid devrait l'inciter à bouger, mais son corps est engourdi, ses articulations sont si douloureuses que même l'infime mouvement provoqué par sa respiration lui est insupportable. Un matin, elle sort de sa stupeur quand on glisse sa pitance par la trappe de la cellule. Elle s'est levée tant bien que mal et, traînant ses pieds entravés, elle attrape de ses mains tremblantes une tasse de thé noir et une bouillie grisâtre. Sa bouche est en si mauvais état que, malgré la faim et la soif, elle ne peut rien avaler. Elle se lave le visage et le cou avec le thé et se réchauffe les mains avec la tasse. Dans la solitude glaciale de sa cellule, au son des ordres lointains et des cris de prisonniers, elle se souvient de son enfance... Avec quelle avidité son jeune frère buvait le lait encore chaud qu'elle trayait des *dzomos*, ces sympathiques bovins issus du croisement de la vache et du yak ! Avec quelle joie elle accueillait l'arrivée au campement des moines mendiants, transis de froid, qui demandaient de la nourriture ! Ils étaient presque nus, à l'image du grand yogi Milarepa, l'ascète le plus renommé du bouddhisme, que l'on disait capable de méditer des jours entiers dans la neige et les glaces de l'Himalaya, vêtu de son seul manteau en coton. Ils priaient jour et nuit pour la prospérité de la famille qui les recevait, mais aussi pour la libération du Tibet et pour la santé du dalaï-lama. Ils priaient devant l'autel qui a toujours existé chez ses parents, malgré les risques de dénonciation, même pendant les pires années de la Révolution culturelle. Pour Kinsom, qui a grandi dans une atmosphère où la religion est indissociable de la vie quotidienne, ces saints hommes sont aussi de véritables héros. Non seulement parce qu'ils ont renoncé au monde et emprunté un chemin difficile, mais aussi parce qu'ils ont défié l'interdiction de culte, imposée par les communistes pendant les trois premières décennies de la domination au Tibet. Lorsque les occupants ont relâché un peu leur surveillance, un moine venait chez ses parents pour célébrer les fêtes et pour faire des offrandes. Guérisseur, toujours prêt à soulager les souffrances de cette population à moitié nomade, c'est lui qui, pour la première fois, a raconté à Kinsom l'histoire édifiante du prince Siddharta. À vingt-neuf ans, marié et père de famille, ce prince avait quitté son palais pour se rendre à la ville. Là, il avait rencontré un vieillard brisé par l'âge, puis un homme atteint de la peste, et enfin un cadavre que l'on portait au bûcher. Ces trois rencontres, trois étapes décisives et communes à tous — la vieillesse, la maladie et la mort —, décidèrent le prince à abandonner son palais, sa famille et les obligations royales qui l'attendaient, pour se consacrer à la recherche d'une lumière qui permettrait aux êtres de se libérer de la souffrance. Le prince Siddharta parcourut une partie de l'Inde, interrogea les sages et vécut six ans en ascète dans la montagne. Mais en vain. C'est en lui-même qu'il découvrit la réponse alors qu'il méditait au pied d'un ficus. Il eut la révélation du mystère de la mort, de la renaissance et de la disparition de la souffrance dans le monde. Il était parvenu à l'illumination qui, plus qu'une idée mystique, est la compréhension de l'ultime réalité de toute chose. Il était devenu Bouddha.

L'illumination est l'idéal de tous les Tibétains, comme il est devenu celui de Kinsom. Celle-ci ne savait ni lire ni écrire, car il n'y avait pas d'école à cinq cents kilomètres à la ronde. Voyager, apprendre, connaître, atteindre la perfection... Petit à petit, dans la solitude des montagnes, elle méditait les enseignements du moine et forgeait son rêve d'avenir. « L'éveil, lui avait dit le moine ami, ne peut s'enseigner. Mais le chemin qui mène à la vérité, oui. Voilà pourquoi l'enseignement a une place si importante dans la vie des bouddhistes. » C'est ainsi que Kinsom, lasse de passer des journées entières dans la montagne avec les animaux pour seule compagnie, annonça à sa famille qu'elle désirait embrasser la vie religieuse.

Son père, un homme âgé, à la peau tannée par le vent, fort mais d'aspect frêle, ne cacha pas sa désapprobation. Il se borna à dire : « Nous avons besoin de toi ici. » Mais Kinsom n'avait jamais eu envie de se marier ni d'avoir des enfants. Elle en avait discuté avec ses amies, filles de bergers ou de paysans, qui, comme elle, s'interrogeaient sur l'avenir de leur pays envahi. Avoir des enfants... À quoi bon ? Pour tout juste les nourrir ? Pour qu'ils vivent comme des parias dans leur propre pays, sans avoir le droit de s'instruire dans leur langue ? Dans la solitude des forêts, Kinsom s'était découvert d'autres aspirations. Elle voulait profiter de son passage sur terre pour améliorer son karma. Selon cette notion, primordiale pour les bouddhistes, le destin individuel est modelé par la somme des actes bons et mauvais accomplis dans la vie présente et dans les précédentes. Comme des fils invisibles qui tisseraient le destin, les bonnes actions sont propices à la réalisation spirituelle alors que les mauvaises y sont des obstacles. Kinsom savait que le destin ne donne rien qui n'ait été semé, et c'est peut-être pour cette raison qu'elle éprouvait le besoin de faire quelque chose de particulier, de transcendant, qui la ferait avancer sur le chemin de l'illumination. Elle développerait un bon karma en aidant autrui. Comment ? Ce n'était pas encore tout à fait clair, mais elle sentait qu'en suivant la voie du dharma, les enseignements de Bouddha, elle trouverait la lumière.

Depuis son enfance, sa mère lui répétait que seule la connaissance religieuse la guiderait jusque dans la mort. Sans l'aide de sa mère, il en aurait coûté à Kinsom de s'opposer à son père pour suivre sa vocation. Sa mère s'était chargée de convaincre son mari de laisser leur fille décider de son destin. Comme la majorité des paysannes du pays des neiges, la mère de Kinsom est à la fois douce et décidée. Elle s'est résignée sans hésiter à perdre sa fille pour une cause supérieure. Kinsom se souvient d'elle le jour des adieux, ses cheveux d'un noir de jais retenus dans une tresse, son sourire découvrant une bouche où manquent deux dents, ses yeux rieurs ; elle la revoit dressée en haut du chemin, lui faisant signe de la main, à côté des drapeaux de prière qui claquent au vent et produisent un son étrange, comme le lointain écho des coups de tonnerre qui précèdent une violente tempête.

Dans l'ombre de son oubliette, Kinsom essaie d'imaginer la vie de ses parents à cet instant précis. Sont-ils avec les bêtes dans les montagnes couvertes de conifères qui parfument l'air ? Sont-ils en train de chercher des baies au milieu des forêts ?... Sont-ils au courant de sa détention ?

6.

La porte de la cellule s'ouvre dans un fracas de clés et de verrous. Ils sont là, prêts à l'emmener de nouveau. Combien de temps s'est-il écoulé ? Kinsom est incapable de le dire. Elle sait seulement qu'elle se sent mieux physiquement, même si la faim et le froid la tenaillent. Elle a refusé de boire la soupe infâme qu'on lui passe par la trappe midi et soir.

Ils la conduisent dans la même salle, où l'attend la même « équipe ». L'officier entreprend de lui expliquer, d'un ton aimable, qu'il a besoin des noms des religieuses rebelles de son couvent. Kinsom lui dit alors que c'est par simple curiosité, de sa propre initiative, qu'elle s'est jointe au groupe qui chantait dans la rue, et qu'elle ne donnera aucun nom car elle a agi seule. L'officier lui rappelle qu'elle est accusée d'anticommunisme et, plus grave, de mener des activités sécessionnistes qui peuvent lui valoir une lourde peine d'emprisonnement, ou encore la peine capitale. Kinsom baisse les yeux. L'officier s'aperçoit que ses paroles sont sans effet et fait signe à l'un des tortionnaires. Il s'approche de la jeune femme et lui ordonne de se déshabiller. Elle ne bouge pas. Cela lui vaut une volée de coups. Ils lui disent encore qu'ici elle n'a pas le droit de porter l'habit, qu'elle ne mérite que des hardes et qu'il lui est interdit de se tondre le crâne et d'exercer toute pratique religieuse. Ils lui arrachent sa tunique. Elle est complètement nue. Ils lui touchent alors les seins, les cuisses et le pubis en proférant des obscénités, jusqu'à ce que l'officier les rappelle à l'ordre. Ce professionnel de la souffrance ne permet pas certains écarts chez ses subordonnés, du moins en sa présence. Ils cessent alors de la toucher, l'obligent à se pencher en avant et lui assènent des coups sur la tête jusqu'à ce qu'elle perde l'équilibre. Jetée dans un coin de la pièce, humiliée, elle a envie de mourir pour la première fois de sa vie, son seul désir est de se jeter par la fenêtre.

Elle se souvient du dernier conseil de son père lorsque, résigné à ce que sa fille abandonne le foyer familial et suive son propre chemin, il l'a enjointe de ne pas entrer dans un des couvents de Lhassa, bastions de la résistance réputés dangereux, mais dans un lieu solitaire, niché dans la montagne, plus propice à la pratique religieuse. Elle a suivi son conseil. Or son père ignorait que le désordre et la violence du monde logent aussi dans les montagnes les plus reculées. Il n'y a pas d'échappatoire, voudrait-elle dire à son père, il n'y a pas de salut au pays des neiges, seulement la mort et la destruction. « Regarde, père, où j'en suis aujourd'hui. »

L'officier intervient à nouveau, toujours sur un ton mielleux. Il lui offre sa protection, insinuant qu'elle pourra retourner au couvent si elle collabore. Il lui offre même de l'argent, tout en sachant par expérience que les religieuses sont réfractaires à ce genre de pression. « Plutôt que de dénoncer mes sœurs, je préfère qu'ils me dépècent et me jettent en pâture aux vautours », pense Kinsom. Las d'attendre, l'officier sort de la pièce, son cartable sous le bras. Kinsom tremble. Elle sait que le pire l'attend.

Kinsom se souvient :

« C'était horrible. Les gonyi-pa s'acharnaient sur moi avec une cruauté inimaginable. Ils m'ont obligée à m'allonger sur la table, et, pendant que l'un d'eux m'écartait les cuisses, l'autre me mettait la matraque électrique dans le vagin. Ils se servaient de cet appareil comme d'un jouet, ils s'amusaient. Leurs rires et leurs plaisanteries rythmaient les décharges électriques. Et moi, j'avais l'impression de me déchirer de l'intérieur. J'ai perdu connaissance. Je suis revenue à moi lorsqu'ils m'ont vidé un seau d'eau glacée sur le visage. "Tu n'es plus une religieuse, m'a dit l'un d'eux. Tu n'es qu'une ordure." Il avait raison, dans un certain sens, j'étais une loque, un tas de chair sanguinolente... En me violant avec cet appareil, ils avaient brisé mes vœux de chasteté et de pureté, et mon corps n'était plus qu'un tas d'os, une plaie à vif... J'étais un animal à l'abattoir. Ils m'ont ramenée à la cellule et, pendant les neufs jours qui ont suivi, ils ne m'en ont fait sortir que pour me torturer. Ils m'ont infligé les pires atrocités, me suspendre nue par les pieds une nuit entière, me jeter au visage des seaux d'urine, m'obliger à manger un *momo*, la galette tibétaine traditionnelle, imprégné d'excréments. Ce n'étaient plus des êtres humains, ce n'étaient pas non plus des animaux, c'étaient des machines. »

À plusieurs reprises, Kinsom est tentée de donner des noms pour en finir avec ce cauchemar. Chaque fois, elle trouve la force nécessaire pour se retenir. En dénonçant ses camarades, elle perdrait sa dignité, son amour-propre et sa conscience d'être humain. Son silence est son dernier refuge.

« Ils pouvaient violer mon corps tous les jours, dira Kinsom, mais, tant que je ne parlais pas, ils ne pouvaient violer mon âme. Je me suis souvenue des enseignements que j'avais reçus et j'ai compris que c'était cela l'important. Plus mon esprit était pur, plus je multipliais les chances d'une bonne réincarnation. Je pourrais alors suivre le chemin du dharma jusqu'à la perfection, au-delà du nirvana, jusqu'à l'illumination. »

Lorsqu'on la reconduit dans sa cellule, une des surveillantes, une Chinoise d'âge moyen, au visage anguleux et coiffée de deux tresses de collégienne, lui remet un grossier vêtement et lui rend ses chaussures. Mais le froid est si aigu et sa faiblesse physique si grande que Kinsom tremble, son corps est agité de spasmes, sa peau craquelée la brûle en plusieurs endroits. La surveillante, dans un acte de commisération inattendu, lui donne une écharpe et un tricot de corps.

Pendant les trente jours qu'elle passera dans la cellule d'isolement, les seuls réconforts de Kinsom seront le coin de ciel qu'elle aperçoit à travers l'ouverture qui lui permet de distinguer le jour de la nuit et la promenade nocturne destinée à vider le seau d'urine dans les latrines.

Une fois, elle trouve l'audace de s'adresser à la surveillante.

« Vous n'avez pas honte de traiter ainsi les gens ? » lui lance-t-elle à voix basse.

La femme la regarde fixement et pendant un instant Kinsom croit qu'elle va payer cher d'avoir enfreint la loi du silence. Mais que peuvent-ils lui faire de plus ? La femme en uniforme se contente de la reconduire à sa cellule et de fermer la porte. Le soir, lorsqu'on lui passera le repas par la trappe, elle découvrira avec surprise deux momos dans la gamelle, au lieu d'un seul. Elle reprend courage, elle a le sentiment que l'esprit est toujours là, vivant, même dans l'âme coriace des Chinois.

Son état physique se détériore. Les plaies ne cicatrisent plus à force d'être rouvertes par de nouvelles tortures. Elle craint par-dessus tout d'être devenue incontinente. La chaleur qu'elle ressent soudain entre ses jambes l'exaspère. Cet écoulement incontrôlable d'urine est dû aux multiples décharges électriques appliquées dans le vagin ; Kinsom sait que certaines prisonnières ne recouvrent jamais la maîtrise de leurs sphincters. Dans cette situation, pas même autorisée à assister à son propre procès, sans autre perspective d'avenir que les sévices, elle sent fléchir sa volonté de vivre. Elle sombre dans une sorte de stupeur. Les paroles de l'officier, qui l'a menacée de la peine capitale, résonnent à ses oreilles. Elle regarde fixement les ampoules électriques de sa cellule, persuadée qu'elle va être exécutée. Elle imagine les autres prisonniers, attendant la mort, enfermés dans les mêmes cellules obscures. La nuit, ses rêves ne sont qu'un enchevêtrement de souvenirs, d'images de son enfance lorsqu'elle jouait au cerf-volant, et de scènes de sa vie en détention. Au réveil, seule la perspective de la mort lui redonne espoir. Elle pense à se pendre avec ses vêtements, mais elle finit par écarter cette éventualité. Même si une religieuse s'est jetée d'un pont lors de son transfert vers un autre établissement pénitentiaire, le suicide reste exceptionnel. Comme de nombreux Tibétains, Kinsom est plus effrayée par cette idée que par celle de la souffrance, aussi grande soit-elle. Selon les enseignements, un suicidé ne peut se réincarner sous une forme humaine et ne peut donc continuer son évolution spirituelle... pendant au moins cinq cents vies ! Pour Kinsom, se donner la mort équivaut à refuser la réalité du monde. Ne lui a-t-on pas enseigné que la souffrance domine l'existence de tous les êtres vivants et que son apogée est la mort ? Même dans la nature, le drame est partout : l'oiseau meurt dans la gueule d'un prédateur, les plantes se disputent un rayon de soleil... Tout paysage idyllique cache un combat effréné et sans merci, un empire de la douleur dont il est impossible de concevoir ni le commencement ni la fin. Dans le discours de Bouddha, il n'existe pas de Dieu rédempteur, de puissance surhumaine ni de promesse d'aide surnaturelle. Kinsom ne peut pas s'accrocher à cette idée dans la solitude désespérante de sa cellule. De toute façon... qu'auraient pu faire les dieux ? Protecteurs miséricordieux, ils n'ont pas guéri le monde de la douleur, ils ne s'en sont même pas libérés eux-mêmes. Seul l'homme peut lutter contre la souffrance et la vaincre avec ses propres moyens. Sa religion n'est bâtie ni sur une vérité absolue ni sur un dogme : elle enseigne le salut. Kinsom doit suivre l'exemple de Bouddha qui a cherché en lui-même le chemin pour supprimer la souffrance indissolublement liée à toute existence individuelle. Il l'a découvert dans l'exercice persévérant et systématique de la méditation. Par la force de l'esprit, tout un chacun peut atteindre son essence la plus intime, transcender les mutations et la mort, et suivre ainsi la nature de l'univers. Ce que chrétiens et juifs appellent Dieu, les Hindous, Shiva, Brahma et Vishnou, les mystiques soufis, l'Essence occulte, les bouddhistes le nomment « Nature de Bouddha ». Comme les autres religions, le bouddhisme est la certitude qu'il existe une Vérité fondamentale et que la vie est l'opportunité sacrée pour évoluer et l'approcher.

Kinsom, qui ne méditait plus depuis son arrivée à Gutsa, s'efforce de réciter des mantras, d'oublier les humiliations, le froid, la faim, la douleur et la mort obsédante. Dans la quiétude de la nuit, elle parvient parfois à se soustraire au tourbillon de ses pensées et à entrer en contact avec son être profond, le joyau au fond de la boue. Elle cherche le silence intérieur, car elle sait que « le fond est visible seulement quand l'étang est calme ». Elle pense que son corps meurtri est comme un vêtement qui recouvre son esprit et que, si elle l'abandonne, ce sera pour renaître à un autre niveau. Le bouddhisme n'enseigne-t-il pas que toute chose est éphémère ? N'enseigne-t-il pas le détachement envers les autres et envers soi-même ? Qu'il ne faut pas se prendre au sérieux, et que la vérité ultime ne se trouve pas dans la douleur et l'ignorance, mais dans la joie et la sagesse ? Le bonheur n'cst-il pas le plus grand bien de l'Homme ? Voir au-delà de sa propre souffrance exige une force mentale intacte. Il faut un grand courage pour rester insensible à sa propre douleur.

7.

Le coin de ciel qu'elle aperçoit de sa cellule lui devient aussi nécessaire que sa nourriture. La nuit, elle tend le cou vers le trou qui fait office de fenêtre, elle s'accroche à la lueur des étoiles. Dans ces moments de contemplation, le ciel et la terre, le temps et l'éternité sont unis. Le mystère devient une force qui illumine l'esprit et réchauffe le corps. Le jour, lorsqu'elle regarde ce coin de ciel bleu turquoise où se dessine parfois une lune pâle, elle a l'impression de respirer et de toucher l'absolu. Cette ouverture est son seul lien avec la beauté du monde, au-delà des lamentations des prisonniers, des cris des gardiens, au-delà des murs humides et sales de sa cellule. Elle est consciente que, sans cette ouverture défendue par des barreaux, elle serait enterrée vivante.

Et les autres ? s'interroge-t-elle. Combien sont-ils à avoir droit à ce privilège ? Combien sont-ils à être internés dans les camps de travail et dans les prisons du Tibet, sous les coups de crosse, les coups de pied et de matraque ? Combien de ses semblables sont mortes sans avoir parlé, comme elle, ou, pis encore, en ayant parlé... ? Combien de temps va durer cette nuit constellée de tortures ?

Elle se demande souvent ce qu'est devenue la vénérable Ani Choki que les policiers ont emmenée le jour de la célébration du prix Nobel de la paix. Pourrit-elle dans une des cellules de Gutsa, à quelques mètres d'elle ? L'a-t-on envoyée dans un camp de rééducation ? Est-elle toujours vivante ? Elle n'ose pas se poser la question qui l'angoisse le plus : a-t-elle subi le même sort qu'elle ?

Elle l'a connue peu de temps après avoir quitté ses parents, juste après son arrivée au monastère qui n'était alors qu'une ruine. Ani Choki et huit religieuses d'un certain âge vivaient dans ce monastère depuis toujours et, quand les Chinois l'avaient détruit, elles s'étaient accrochées à cet endroit avec toute la force de leur foi. Durant les travaux, elles dormaient sous des tentes. C'étaient des femmes extraordinaires, Kinsom n'aurait pu rêver rencontrer meilleures amies. Malgré leur âge, elles s'étaient mis en tête de reconstruire le monastère. Chaque jour, elles allaient chercher de l'aide et rapportaient des matériaux et des vivres. D'abord, elles avaient construit une cuisine, puis avaient dressé un mât auquel elles avaient accroché des drapeaux de prière. Elles cultivaient l'orge et élevaient des brebis pour survivre. Elles recevaient même des offrandes de ceux qui s'aventuraient à fréquenter de nouveau le monastère. C'étaient des femmes instruites qui connaissaient les textes par cœur. Les livres sacrés ayant été brûlés par les gardes rouges, les religieuses les faisaient resurgir des coins les plus enfouis de leur mémoire et les réécrivaient patiemment.

Ani Choki avait tout de suitc accueilli Kinsom, contente d'avoir une jeune femme robuste pour aider à la reconstruction. Elle lui avait dit que la tâche serait dure, mais, en échange, elle lui apprendrait à lire et à écrire, et, lorsqu'elle en aurait le temps, elle lui enseignerait la philosophie bouddhiste. Que pouvait désirer de plus Kinsom ? Elle, une fille de la montagne, pauvre et ignorante, perdue dans l'immensité de son pays ? Le soir même, elle s'installait dans l'une des grottes avec trente novices, toutes filles de nomades et heureuses de vivre dans le plus grand dénuement comme les ermites des légendes bouddhistes.

Chaque jour, il fallait au moins deux heures à ces femmes pour acheminer par le sentier abrupt, sur leur dos, le bois, le bambou et les autres matériaux nécessaires à la reconstruction du monastère. En hiver, après les nuits de tempête de neige, Kinsom et ses camarades devaient déblayer les entrées à main nue. Lorsqu'il pleuvait, la grotte était inondée, et elles abandonnaient leur refuge pour demander asile. « C'était comme ma vie de nomade avec ma famille », se souvient Kinsom. Elles méditaient et récitaient aussi des mantras à l'extérieur, par une température de dix à quinze degrés en dessous de zéro. Jamais Kinsom n'oubliera la *puja*, l'offrande avec laquelle on a célébré son entrée dans la vie religieuse. Ce jour-là, les femmes chantaient de mélodieuses psalmodies, et Kinsom pensait qu'elle n'avait jamais rien entendu d'aussi beau. Au milieu de cette vaste étendue, écrasée par la répression chinoise, balayée par des vents glacés, ces voix, accompagnées de petits nuages de buée, chantaient la grandeur de l'esprit humain, et les montagnes, en leur faisant écho, semblaient partager cette célébration. Comme si la longue liste d'exactions — destructions et massacres —, comme si le long cortège des ombres qui hantaient la récente histoire du Tibet s'étaient effacés. À ce moment-là, quelque chose échappait à la souffrance des hommes et à la démence de l'histoire, quelque chose qu'on pouvait lire sur les lèvres muettes de la statue du Bouddha de la vie infinie autour de laquelle les novices s'étaient réunies.

Une fois familiarisée avec les rudiments de l'alphabet, Kinsom avait prononcé ses vœux. Pour cette cérémonie, deux lamas étaient venus d'un monastère proche. Ils s'étaient assis sur le sol et, au son des trompettes et des cymbales, avaient récité des mantras. La veille, Kinsom s'était rasé le crâne en signe d'humilité, symbole de son passage du monde terrestre au monde spirituel. Devant ces lamas, elle s'engageait à suivre les préceptes de pureté, de chasteté et de renoncement. Désormais, elle cultiverait la sérénité et l'amabilité, renoncerait à la colère et à la cupidité, serait impartiale, traiterait tous les êtres humains avec compassion, ne se laisserait emporter ni par l'euphorie ni par le désespoir, s'exercerait à la discipline mentale, lutterait chaque heure du jour et chaque jour de sa vie à suivre le chemin de l'illumination. Lorsque la musique s'était arrêtée, Kinsom avait levé sa tête rasée et, à travers ses yeux mi-clos pour se protéger du soleil, avait regardé les lamas revêtus, pour l'occasion, des tuniques jaunes par-dessus les habituelles tuniques pourpres. Elle leur avait souri et avait égrené sa profession de foi bouddhiste, la formule des trois refuges : je prends refuge dans le Bouddha, la sagesse ; dans le dharma, la doctrine ; dans le *sangha*, la communauté des fidèles.

En prison, ces souvenirs acquièrent une force insoupçonnée. C'est en eux que Kinsom puise l'énergie de vivre. C'est l'exemple d'Ani Choki et des autres vieilles nonnes qui l'aide à donner un sens à sa souffrance. À l'image et à la ressemblance des grandes figures féminines du bouddhisme tibétain, elles aussi étaient des femmes indépendantes, intelligentes et fortes, qui, sans jamais trahir la foi ni succomber aux privations physiques et mentales, ont supporté les pires épreuves. Ces femmes n'ont tenu compte ni des conventions sociales ni de l'opinion de leurs familles et ont mené une vie errante, dans le seul but de se réaliser spirituellement. Elles ont lutté pour leurs droits, pour leurs traditions, pour leur pays et pour leur religion. Indifférentes au mépris et à la raillerie, elles ont conquis l'égalité. Défiant la répression, elles ont gagné le respect et la vénération de leurs compatriotes.

Les pouvoirs miraculeux prêtés aux vieilles religieuses faisaient l'objet de discussions quotidiennes parmi les novices. Plus d'une assurait avoir été guérie après avoir touché le vêtement ou un objet des vénérables. La rumeur circulait qu'elles étaient capables de lire dans le passé, le présent et le futur. Qu'elles pouvaient, comme les grands *yoginis* d'autrefois, survivre en buvant seulement de l'eau, car elles savaient extraire les essences vitales des plantes et même des pierres. On disait aussi qu'elles pouvaient prolonger leur vie et décider du moment de leur mort. Les novices attribuaient aux huit vieilles nonnes les mêmes pouvoirs qu'aux grandes religieuses d'autrefois, celles qu'on créditait de prouesses physiques extraordinaires : traverser des murs grâce à leur capacité méditative ou laisser l'empreinte de leur pied sur une pierre. Mais une des pratiques les plus classiques des yogis est l'exercice de chaleur intérieure, appelée aussi chaleur psychique. Le grand mystique Milarepa était passé maître en cet art. Quant aux vieilles religieuses, elles racontaient volontiers une des cérémonies rituelles célébrées dans ce même couvent avant l'invasion chinoise. À l'aube du quinzième jour du douzième mois du calendrier tibétain, les nonnes sortaient courir autour du monastère, vêtues de jupes courtes et enveloppées de fins tissus de lin blanc. Dès qu'elles parvenaient à l'un des quatre coins de l'édifice, elles ôtaient leurs tuniques et les trempaient dans de l'eau glacée, puis elles les enfilaient de nouveau. De la terrasse du monastère, au son de la musique rituelle, lamas et disciples observaient la cérémonie. Venus de toute la région pour assister à cet exercice de chaleur intérieure, les bouddhistes renforçaient ainsi leur foi et leur dévotion.

Kinsom, elle aussi, avait rêvé de s'adonner à de telles pratiques spirituelles ésotériques, mais Ani Choki l'en avait dissuadée, lui expliquant que développer les pouvoirs occultes était un obstacle à la réalisation ultime : l'illumination. Elle lui avait raconté comment Bouddha avait fait rendre ses habits à un moine qui avait réalisé un miracle en public, alléguant que le seul miracle digne de ce nom était la transformation du cœur humain. Une autre fois, alors qu'un disciple avait accompli un exercice de lévitation, Bouddha l'avait jugé sans intérêt. Il lui était même arrivé de pleurer sur le sort d'un yogi qui avait gâché vingt ans de sa vie à apprendre à marcher sur l'eau, alors qu'un passeur aurait pu le conduire sur l'autre rive en échange de quelques pièces.

« Aujourd'hui, les temps ont changé, avait poursuivi Ani Choki, et, pour la majorité des religieuses, ni ces pratiques ni les études philosophiques ne sont prioritaires. Maintenant, le plus important est de maintenir l'activité quotidienne, de porter l'habit, de faire des processions dans les lieux sacrés, d'observer les rites et de réciter les prières. »

L'unique objectif était de lutter contre l'oppression. Quel meilleur moyen d'atteindre l'illumination que de sacrifier sa vie aux autres ? Arborer le drapeau tibétain ou crier des slogans, c'étaient là les nouveaux rites. Et les nonnes se savaient fortes du soutien de la majorité de la population. Elles incarnaient la volonté des religieux tibétains d'adapter la tradition au besoin de liberté religieuse et politique. Et au loin planait l'image du dalaï-lama, puissant symbole de liberté religieuse et d'indépendance.

8.

La lumière d'une lampe de poche arrache Kinsom à ses rêveries. « L'heure est venue », se dit-elle, résignée. Avec leur brutalité habituelle, les gardes l'extirpent de sa cellule, son état de faiblesse est tel qu'ils la soutiennent autant qu'ils la traînent. La jeune religieuse, qui attend le moment où on lui tirera une balle dans la nuque, est convaincue qu'on la change de cellule pour la rapprocher de la morgue et économiser ainsi le transport. Elle connaît le sens pratique des Chinois et leur obsession de l'argent. Elle sait qu'après son exécution ils enverront une facture à ses parents, comme c'est la règle. Le prix des balles sera indiqué avec une précision macabre sur une vulgaire feuille de papier portant le cachet de la prison. Le prix de la nourriture et celui de la location de la cellule seront aussi indiqués. Elle sait que, si la famille ne peut pas payer, sa dépouille mortelle ne leur sera pas remise.

Mais, ce jour-là, Kinsom se trompe. Ils l'emmènent dans une pièce face à l'officier qui a mené les interrogatoires.

— As-tu réfléchi à nos questions ? lui demande l'homme.

Kinsom acquiesce de la tête :

— Oui, et je n'ai rien à ajouter. J'ai agi seule après être allée prier au temple du Jokhang. Je ne connaissais ni l'homme qui chantait ni aucun des autres. Il n'y avait pas de conspiration.

— Pourquoi as-tu manifesté ?

— Parce que vous, les Chinois, vous voulez nous détruire.

Elle le lui dit en le regardant droit dans les yeux, ajoutant ainsi l'insulte à l'insolence. Cette franchise jointe à son attitude hautaine est un prétexte plus que suffisant pour la torturer à nouveau. Kinsom attend la gifle dont la violence la jettera à terre, le coup de pied qui lui brisera les côtes, la décharge électrique qui la paralysera, la balle qui la libérera de la souffrance de ce monde. Mais rien de tout cela ne se produit. L'officier sort une feuille de papier de son cartable.

— Pour ses activités contre-révolutionnaires et sécessionnistes, le Tribunal du peuple...

Kinsom se penche légèrement vers la table et tend l'oreille ; l'officier poursuit :

— ... la condamne à trois ans de réclusion.

L'officier n'a pas achevé sa phrase que les gardiens attrapent Kinsom par les bras et la traînent à nouveau dans les couloirs interminables de la prison de Gutsa. Au début, si la jeune femme s'est sentie soulagée de ne pas recevoir d'autres coups, si la certitude de vivre lui a procuré une certaine euphorie, la perspective de passer trois ans dans cet enfer la plonge, maintenant, dans un grand désarroi. Comment va-t-elle supporter ces trois ans alors qu'au bout d'un mois elle ne tient plus sur ses jambes ? Trois ans à voir ces murs, à sentir cette odeur de sang, d'humidité et de désinfectant ; trois ans à manger cette soupe infâme, à subir l'aboiement des ordres, à recevoir des coups... Trois ans. Autant dire une éternité pour une jeune femme de vingt ans. L'acte qu'elle a commis contre les enfants de la République populaire de Chine est-il donc si terrible ? Trente secondes, une minute peut-être, à crier « Vive le Tibet libre ! » pacifiquement, méritent donc trois ans d'une si cruelle punition ? Si on condamne les moines qui manifestent à deux ans de prison, pourquoi les religieuses sont-elles condamnées à trois ? Elles ont conquis l'égalité aux yeux de leurs compatriotes, mais pas aux yeux des Chinois.

Lorsque Kinsom prend conscience de la signification de cette condamnation, toutes les défenses psychiques qu'elle s'était forgées dans la solitude de sa cellule se brisent. Elle se dit que les trente-six mois qui l'attendent à Gutsa sont pires que la mort. Alors, malgré la promesse qu'elle s'était faite, elle pleure devant les Chinois. Des sanglots si violents qu'ils se transforment en convulsions. Elle s'effondre. Les gardiens la traînent jusqu'au pavillon n° 3, la jettent comme un sac dans une cellule collective, et elle reste là, en larmes sur le sol souillé d'urine et de sang, obligée de vivre, voulant oublier, désirant la mort.

« Jamais je n'avais vu quelqu'un pleurer autant. Kinsom ne cessait de pleurer, bien que nous la consolions et que nous la serrions dans nos bras. Je me demande encore comment elle a pu verser autant de larmes », raconte Yandol, l'une des nouvelles compagnes de cellule.

À l'époque, Yandol était une adolescente d'une quinzaine d'années au visage rond, au regard doux et aux yeux couleur de miel qui brillaient avec malice. Elle était menue, gracieuse, féminine.

Le crâne rasé de Yandol laisse deviner qu'il s'agit d'une religieuse.

« Je viens du couvent de Shugsep », lui dit-elle tout en la prenant dans ses bras.

Kinsom esquisse un sourire, mais elle est incapable de parler, les larmes coulent sur ses joues creuses, sa bouche est déformée par la souffrance, son regard flou ; c'est à peine si elle distingue les silhouettes des autres prisonnières.

« Le pire est passé, lui dit Yandol, aie confiance, nous sortirons d'ici... nous sortirons toutes d'ici. »

Peu à peu, les convulsions cessent, sa respiration devient plus régulière, ses larmes sèchent et Kinsom s'assoupit dans les bras de Yandol.

« Dans quel état elle était ! Elle avait des plaies dans la bouche, son corps n'était qu'hématomes et croûtes, ses bras et ses jambes étaient d'une maigreur effrayante, recouverts d'engelures. Elle avait les dents cassées, des blessures à la tête... », se souviendra Yandol.

Les autres femmes l'étendent sur un grabat crasseux, un vrai luxe comparé à la dalle de béton de la cellule d'isolement. Yandol la masse de ses mains habiles et délicates dans un mouvement de vague, régulier et calme, des côtes vers le dos et du dos vers les épaules. Une des femmes murmure une vieille comptine, venue de la nuit des temps, du temps où le Tibet n'était pas encore bouddhiste mais protégé par une infinité de dieux ; elle chantonne d'une voix très faible pour ne pas éveiller la méfiance des gardiens. Yandol masse les mains et les bras de Kinsom. Ses doigts glissent sur son cou pour que le sang circule à nouveau. Elle masse successivement les jambes, les talons, la plante des pieds, la tête, la nuque, le visage, le nez, le dos de Kinsom, et ses doigts agiles semblent lui insuffler la vie. Puis Yandol prend les bras de la prisonnière et lui fait faire quelques mouvements de yoga. C'est une sorte d'exercice rituel, qui apporte au corps meurtri un bienfait qui n'est pas de ce monde. Rapidement, cette cellule laide et puante se transforme en une pièce habitable, lumineuse et chaleureuse. Kinsom ferme les yeux, s'abandonne à ses rêves et laisse vagabonder son esprit sur les hauts plateaux.

Elle voit avec précision les visages affectueux de ses parents et de ses frères ; il lui semble même sentir l'odeur rance du beurre de yak, celle des peaux de mouton, des bouses de yak qui brûlent dans la cuisine ; elle voit des tapis d'herbes odorantes, des étendues idylliques baignées de ciels resplendissants, des vallées bénies par le soleil. Pour la première fois depuis son arrestation, Kinsom s'endort d'un profond sommeil.

À la différence de sa nouvelle amie, Yandol est fille de commerçants aisés de Tolung, un village situé près de Lhassa. Elle est allée à l'école où elle a étudié le chinois, mais pas la culture et la religion tibétaines. Elle a insisté pour entrer au couvent, et ses parents, très croyants, l'ont soutenue. Comme la plupart des Tibétains, ils ont toujours pensé que la connaissance religieuse était ce qu'il y avait de plus important lors du passage sur terre, et que c'était une chance de pouvoir s'y consacrer. Au couvent, les religieuses ont rapidement remarqué la facilité avec laquelle elle assimilait les enseignements complexes du bouddhisme. Elle a voulu consacrer sa vie à la méditation et aux études des textes anciens. Au couvent, elle a aussi appris l'histoire récente de son pays, les détails sur la féroce répression chinoise. Alors, elle s'est mise à rêver de lutter contre l'envahisseur. À l'automne 1991, elle a décidé de se rendre seule à la capitale pour mener une action de protestation. Une manifestation en solitaire : l'expression de la force de sa foi serait son premier pas dans la lutte. Aussi, sur la place du Jokhang, le 1er octobre, jour de la fête nationale chinoise, cette belle et timide jeune fille a levé le poing en criant : « Longue vie au dalaï-lama ! » Son héroïsme lui a coûté deux années de prison.

À Gutsa, ils l'ont obligée à rester debout une journée entière et l'ont frappée pour lui soutirer le nom de « l'organisateur » de cette manifestation. En guise de réponse, elle a ri. Ils l'ont alors menacée avec une matraque électrique qu'ils n'ont finalement pas pu appliquer sur elle.

Yandol raconte :

« En fait, l'officier chargé de l'interrogatoire avait l'air d'être meilleur que les autres. À voix basse, il m'a conseillé de parler le moins possible et de m'en tenir à la version initiale. C'est ce que j'ai fait. Ils se sont contentés de me gifler si fort que j'en ai encore les oreilles qui bourdonnent. »

Tous ses compagnons et ses compagnes de détention ont subi le même traitement que Kinsom. Yandol l'a constaté au nombre de leurs cicatrices et à leur état général à leur retour dans la cellule. C'étaient des morts vivants. Au début, elle a cru que son jeune âge l'avait préservée des pires tortures, mais, plus tard, elle s'est rendu compte qu'elle a simplement eu la chance de rencontrer un officier compréhensif. Non, dans les prisons tibétaines, l'âge n'a jamais dispensé de la torture. Dans chaque cellule sont fixées au mur les chaînes qui servent à attacher les prisonniers. L'une d'elles est plus proche du sol : elle est réservée aux enfants. Dans un coin de sa cellule, il y avait une enfant de treize ans enchaînée. Ne pouvant plus supporter la torture, elle avait tenté de se suicider en avalant sept clous.

Chaque mois, pendant dix minutes, seul moment tolérable de la vie à Gutsa, les familles des prisonniers sont autorisées à leur rendre visite. C'est ainsi que Kinsom peut voir les siens, non plus en rêve, mais en chair et en os. La première fois, elle a dû faire un effort pour cacher son émotion. Ses parents aussi ont lutté pour dissimuler le déchirement que provoquait en eux l'état de leur fille. Kinsom ignorait que ses parents avaient entrepris en vain ce voyage de cinq jours le mois précédent. Non seulement les fonctionnaires leur avaient interdit d'approcher Kinsom, mais, en plus, ils leur avaient violemment reproché la déviation politique de leur fille. Pour tout ce qui concerne la vie de la prison, le règlement dépend de l'humeur versatile des gardiens, et il est fréquent que les familles des prisonniers voyagent des jours durant à travers tout le pays pour se voir refuser un droit de visite de quelques minutes. Sans compter que les policiers peuvent confisquer les vivres destinés aux détenus ou expulser les familles de la prison à coups de matraque.

Le commissaire a vivement conseillé aux parents de Kinsom de mettre à profit cette visite pour inciter leur fille à changer d'état d'esprit. Or ils parlent à la jeune religieuse de ses frères, du troupeau, de la vie quotidienne dans les montagnes, de la neige, des avalanches et aussi de l'arrestation d'autres filles de paysans qui étaient entrées au couvent. Kinsom a le cœur brisé à la pensée que ses amies d'enfance subissent la même sauvagerie. Elle ne veut pas s'effondrer devant ses parents et tente au contraire de les rassurer. On la traite correctement, dit-elle, elle va travailler dans les champs, et ils ne doivent pas se faire de souci. Sa mère n'est pas dupe : c'est à peine si elle reconnaît le visage pâle et maigre de sa fille qui, autrefois, respirait la santé. Les joues creuses, les gencives enflées, les dents cassées — par quoi, elle préfère l'ignorer. Comme ses compagnes, Kinsom souffre de douleurs intestinales provoquées par la mauvaise nourriture. Ses parents lui ont apporté les dix kilos d'aliments autorisés par le règlement. Maintenant, elle a devant elle une montagne de gâteaux, des *tigmos*, des momos, les délices de la cuisine tibétaine. Pour Kinsom, ces gâteaux représentent, à eux seuls, tous les plaisirs de la vie. Puis, très vite, arrive le moment de la séparation. Des mains qui se serrent, un « nous reviendrons vite », un bruit de verrous et un dernier regard alors qu'on emmène l'enfant prisonnière. De nouveau, à la sortie, le père doit présenter les papiers d'identité aux officiers chinois. De nouveau, ils longent des couloirs interminables et, une fois dehors, la mère laisse couler une larme qui gèle en tombant. Ils savent que de l'autre côté des barreaux les corps se brisent et les âmes s'égarent. Kinsom devra se battre avec les gardiens pour qu'ils ne lui volent pas la nourriture, pour pouvoir partager avec ses compagnes d'infortune un peu du bonheur apporté par ses parents et tout entier contenu dans ces colis de vivres qu'elle serre contre elle.

Comme dans les bagnes d'autrefois, Kinsom, Yandol et les autres prisonnières doivent apprendre à supporter l'humiliation et la honte. Les gardiens ne les laissent pas vider quotidiennement le seau hygiénique collectif de la cellule. Elles doivent s'habituer à la saleté, à la puanteur, et à dissimuler leurs croyances religieuses. Pour les gardiens, tout est prétexte à infliger un châtiment arbitraire. Les soirs où ils ont bu plus que leur compte, ils martyrisent les prisonnières. Certains, passionnés de films de kung-fu, en font des mannequins d'entraînement. D'autres s'inspirent de films d'un genre bien différent, et utilisent leurs matraques pour dépuceler « ces femelles récalcitrantes ».

Gutsa est un maillon de plus dans la chaîne qui étrangle le Tibet, un rouage indispensable à la politique d'anéantissement de la société et de la culture tibétaines. La Chine, qui a donné au monde la porcelaine, les allumettes, les horloges mécaniques, le papier-monnaie, la poudre, la cérémonie du thé, la roue des parfums et la première carte du ciel..., la civilisation qui a fait de l'harmonie un art de vivre, applique aussi son raffinement — c'est le yin et le yang, le clair et le sombre — à la torture. En 1990, l'organisation humanitaire Asia Watch a décrit le Tibet comme un immense laboratoire de torture des forces armées chinoises. Quarante ans de colonisation ont mené au bord du gouffre le pays le plus élevé du monde et une civilisation vieille de deux mille ans. Derrière les cimes majestueuses qui l'isolent des autres nations indifférentes, le pays des neiges endure un martyre comparable aux persécutions et aux purges de Staline, au génocide juif de Hitler, à l'extermination des Khmers rouges de Pol Pot au Cambodge. L'holocauste du Tibet est le résultat d'une lutte inégale entre la force brute de celui qui détient le pouvoir politique et la protestation pacifique d'un peuple profondément religieux. La détermination de ce peuple à se libérer par des moyens non violents fait de son combat un acte unique au monde.

II

La solitude du monarque

1.

Une prophétie avait annoncé cette tragédie. En 1933, le treizième dalaï-lama, enfermé dans ses appartements du palais du Potala, sentant sa fin prochaine, écrit son testament politique : « Il est possible qu'un jour, ici, au cœur du Tibet, la religion et l'administration séculière soient attaquées de l'intérieur comme de l'extérieur. Si nous ne veillons pas sur notre pays, les dalaï et les panchen-lamas, le père et le fils, les dépositaires de la foi et les glorieuses réincarnations, disparaîtront et leurs noms seront oubliés. Les moines et leurs monastères seront détruits. Les fonctionnaires religieux et laïcs seront réduits à la servitude par l'ennemi et erreront comme des vagabonds. Tous les êtres vivants seront prisonniers de la misère et de la terreur, et la nuit tombera lentement sur la souffrance du monde. »

L'après-midi du treizième jour du dixième mois de l'année de l'Oiseau et de l'Eau, c'est-à-dire le 17 décembre 1933, la dernière réincarnation du dalaï-lama prenait fin. Si ceux qui l'avaient fréquenté soulignaient son ouverture d'esprit, son intelligence, sa fidélité en amitié, l'Histoire, elle, retiendrait son envergure, sa politique visionnaire et, surtout, son habileté à protéger son pays des désirs annexionnistes de la Chine, en déclarant le Tibet État souverain et indépendant. Conscient de l'évolution du monde, il avait décidé que son pays ne pouvait continuer à mener une vie certes paisible mais dans un isolement qui datait de la nuit des temps. Ses réformes avaient montré sa volonté de moderniser le Tibet. Sous ses auspices, les punitions dégradantes furent abolies ; pour la première fois, des billets de banque furent émis, une petite armée fut créée, une ligne télégraphique fut tendue entre Lhassa et Gyantse, une centrale hydroélectrique construite dans la capitale, un officier du Sikkim organisa le premier corps de police, enfin le tout nouveau passeport tibétain fut internationalement reconnu. Malgré ces réformes, le Tibet resta encore pendant quelques années en marge de l'évolution mondiale, sans contact avec les autres peuples sauf lors de brefs affrontements avec les soldats de Mao déserteurs des troupes nationalistes.

Mais, en ce treizième jour du dizième mois de l'année de l'Oiseau et de l'Eau, dans la pénombre des sanctuaires, la préoccupation essentielle est la minutieuse recherche de la quatorzième réincarnation du Bouddha de la Compassion infinie ; celle qui de mort en renaissance, depuis quatre cents ans, vie après vie, revient veiller sur son peuple.

En ce jour de décembre 1933, des moines de Lhassa observèrent des nuages en forme d'éléphant ou de dragon au-dessus du flanc nord-est de la ville. Quelques minutes plus tard, un fait curieux se produisit dans la chapelle ardente où reposaient les restes du Grand Treizième : une sorte d'énorme champignon apparut sur une poutre dans la partie nord-est de la salle. Selon la coutume, le corps du défunt avait été placé dans une sépulture du palais de Norbulingka, assis en position de lotus et tourné vers le sud, direction traditionnellement favorable. Mais, un matin, les moines découvrirent le visage du Grand Treizième tourné vers le nord-est...

Un régent, désigné par l'Assemblée nationale, gouvernait alors en attendant que le Trône du Lion, symbole de la suprême puissance spirituelle et temporelle, revienne à son légitime occupant. Conformément à ses attributions et respectueux de la tradition, le régent avait donné les instructions nécessaires pour entreprendre la recherche de la réincarnation du Grand Treizième. Dans tout le pays, des cérémonies et des prières étaient organisées pour assurer son retour rapide. Le régent en personne, accompagné de quelques grands lamas, avait entrepris un voyage, à cent cinquante kilomètres au sud-est de Lhassa, au lac de Lhamo Latso. Celui-ci, selon la croyance populaire, favorisait les visions.

Après quelques jours de méditation, le régent eut une vision d'une grande clarté où se détachaient trois lettres de l'alphabet tibétain — A, K et M. Le lendemain, il rêva d'un monastère aux toits d'or et de jade, d'un village au fond d'une vallée perdue et d'une modeste grange aux tuiles turquoise, avec un chien blanc et brun qui gambadait dans un champ. Le lac avait parlé.

Consultés à nouveau, les oracles décidèrent le régent à envoyer dans la plus grande discrétion une mission vers le nord-est du pays, commandée par le vieux Ke-Tsang Rimpoché, haut dignitaire du monastère de Sera. Lorsque, trois mois plus tard, celui-ci aperçut au loin le monastère de Kumbum, avec ses toits d'or et de jade, il sut que le lac sacré les avait bien guidés. Si la lettre A faisait référence à la région d'Amdo, la lettre K devait désigner Kumbum. À peine venait-il de formuler cette pensée qu'un majestueux arc-en-ciel déploya ses fastes sur le monastère en signe de bienvenue.

Au cours des débats sur l'interprétation des prédictions, le chemin à suivre s'était très vite dessiné : il conduisait au village de Takster, près de la frontière chinoise. C'est pourquoi les moines de Kumbum guidaient les émissaires vers ce village, déguisés en commerçants pour ne pas éveiller de soupçons quant à la raison véritable de l'expédition. Les voyageurs gravirent de hautes collines d'un vert intense où l'on cultivait l'orge et le seigle avec, en toile de fond, une montagne aux neiges éternelles que les habitants de la région tenaient pour sacrée. Ils traversèrent des forêts de genévriers et de peupliers, des vergers de pêchers, pruniers, noyers. Des eaux cristallines jaillissaient en cascade, les oiseaux et les animaux sauvages — daims, singes, léopards, ours ou renards — allaient librement sans craindre l'homme. Sur cette splendeur naturelle se découpait la silhouette du monastère de Karma Rolpai. Ses toits dorés, ses emblèmes de la Roue de la Religion encadrés par des cerfs en cuivre imprégnaient le lieu d'une atmosphère de sainteté, renforcée par les drapeaux de prière qui flottaient sur chacune des maisons du village.

À peine eurent-ils pénétré dans le village que les notables reconnurent la maison au toit de tuiles turquoise. Orientée vers la montagne sacrée, elle était construite en pierre et en terre autour d'une cour où se dressait un mât à l'extrémité duquel flottait un drapeau de prière. Ses gouttières, faites de branches de genévrier évidés, la distinguaient des autres maisons. En découvrant cet ensemble, les moines sentirent qu'ils approchaient du nouveau dalaï-lama. Ils demandèrent l'hospitalité pour la nuit. Afin de cacher véritablement le but de leur visite, Ke-Tsang Rimpoché, le responsable de l'expédition, se fit passer pour un serviteur.

Le père de famille était un homme robuste, de petite taille, vêtu d'une tunique retenue par une ceinture et chaussé de hautes bottes en cuir. Il avait la passion des chevaux et sa dernière acquisition le remplissait de bonheur. Dans la région, on disait de lui qu'il avait le don de les soigner. La mère qui avait accouché de seize enfants, dont sept avaient survécu, était d'une bonté proverbiale. Elle leur avait immédiatement servi du tsampa et du thé salé mélangé à du beurre de yak, la boisson nationale du Tibet, et avait invité leur suite à se restaurer dans la cuisine pendant que visiteurs et hôtes discutaient. C'était l'occasion propice pour le lama, déguisé en serviteur, d'explorer le lieu. Caractéristique de la région, la maison possédait une cuisine où l'on recevait, un autel où la famille se réunissait à l'aube pour les offrandes, la chambre des parents, celle des invités, un garde-manger bien rempli et une étable pour le bétail. Elle sentait l'herbe fraîche et la sueur des animaux. Le mobilier était constitué d'armoires en bois peintes comme le sol. Le grand lama retrouvait, en tremblant secrètement d'émotion, les détails de la vision du régent, notamment le chien blanc aux taches brunes sur le flanc. Il retournait à la cuisine, satisfait de son inspection, lorsqu'il tomba sur un gamin d'environ deux ans. Ke-Tsang s'assit. Aussitôt l'enfant monta sur ses genoux tout en cherchant à saisir le chapelet que le moine portait autour du cou. Ce chapelet de cent huit perles de bois sombre avait appartenu au « Grand Treizième ».

— Je te le donnerai si tu me dis qui je suis, lui dit le lama.

La réponse ne se fit pas attendre :

— Tu es un lama du monastère de Sera.

Qui était cet enfant qui devinait si juste ? La main du vieux moine tremblait en passant le chapelet autour du cou de l'enfant. Le lama décida de regagner Lhassa au plus vite afin de faire part au gouvernement du résultat de sa recherche. Au moment du départ, dans l'encadrement de la porte, l'enfant le supplia de le laisser l'accompagner à la capitale. Ce n'était pas tâche facile que de le convaincre d'attendre, et seule la promesse d'une visite prochaine parvint à calmer son impatience.

Quelques mois plus tard, cette fois-ci officiellement, les émissaires revinrent au village. Les parents reconnurent tout de suite l'humble serviteur de l'hiver précédent dans le vieux moine Ke-Tsang Rimpoché, malgré sa coiffe d'or et sa tunique couleur lie-de-vin. À la vue de l'impressionnant cortège, ils comprirent que leur descendant était peut-être l'une des réincarnations, car selon leur croyance, après la mort, l'esprit abandonne le corps comme un vêtement usé pour en prendre un nouveau, et chacun sait que les lamas les plus érudits choisissent le moment de leur mort et le lieu de leur renaissance. Il est courant, durant les années qui suivent la disparition d'un *tulku*, un maître réincarné, de voir les disciples chercher la nouvelle réincarnation. Le fils aîné de cette famille n'avait-il pas été reconnu comme la réincarnation de l'abbé de Kumbum ? Pourquoi un autre des enfants ne serait-il pas reconnu comme une haute réincarnation ? La mère se souvint alors que, la veille d'accoucher, elle avait fait un rêve étrange : deux dragons bleus la saluaient en grande cérémonie. Quant aux voisins, honorés que de si grandes réincarnations se produisent dans leur modeste village, ils se rappelèrent aussi qu'au retour d'un pèlerinage le Grand Treizième avait passé la nuit dans le monastère le plus proche et y avait laissé ses vieilles bottes éculées, signe que, tôt ou tard, il reviendrait. Mais ni les voisins ni les parents n'imaginèrent une seconde que l'espiègle benjamin de cette famille de paysans pouvait être le quatorzième dalaï-lama en personne, et les dignitaires eurent soin de ne pas en souffler mot.

2.

La nouvelle délégation venait cette fois soumettre l'enfant de la modeste famille de Takster à des épreuves. Sommé de choisir entre deux chapelets noirs identiques, l'enfant prit celui qui avait appartenu au Grand Treizième et le passa autour de son cou, sans même accorder un regard à l'autre. Au cours des examens relatifs à la mémoire antérieure, il se montra capable de reconnaître certaines reliques mêlées à d'autres objets plus beaux, mais faux. Entre deux cannes, l'enfant eut un doute. Muets, dissimulant leur émotion, les moines attendaient patiemment. L'enfant choisit d'abord la mauvaise, celle au pommeau en fer. Mais, après l'avoir longuement observée, il la laissa de côté et empoigna l'autre d'une main ferme pour ne plus la lâcher. Les dignitaires furent soulagés, et le vieux Ke-Tsang Rimpoché expliqua l'hésitation de l'enfant : la première canne avait appartenu au treizième dalaï-lama avant qu'il l'offre à un vénérable lama. L'enfant venait de le lui rappeler. Le cœur serré, le vieux moine posa son regard sur le *damaru*, ce tambour rituel muni de petites boules. L'enfant saisit le plus modeste, le vrai, et en joua comme pour accompagner une méditation. Autour de lui, les hommes n'osaient prononcer un mot. Enfin, un examen physique mit en évidence les attributs de l'incarnation du Bouddha de la Compassion infinie : des oreilles avec de grands lobes, des yeux bridés, des sourcils recourbés aux extrémités, sur les jambes des rayures de tigre et dans la paume de la main une marque en forme de coquillage. Les derniers doutes écartés, l'un des moines pleura de joie : « Nous étions si émus que nous ne pouvions ni respirer, ni rester assis, ni parler. »

Mais, pour cette famille d'humbles paysans, il faudrait attendre encore plusieurs mois avant de recevoir l'annonce officielle que leur fils était la plus haute réincarnation.

La province d'Amdo, dont dépendait le village de Takster, était sous tutelle chinoise bien qu'elle fasse partie du Tibet, et le gouverneur avait manifesté son intention de participer à l'élection des hauts dignitaires. Pour protéger l'enfant des ambitions chinoises, les lamas demandèrent à ses parents de le conduire le plus tôt possible au monastère de Kumbum. Plus tard, le dalaï-lama se souviendrait qu'après une longue chevauchée, à l'aube, il était arrivé à l'immense monastère et que lui, le petit paysan d'à peine trois ans, on l'avait assis sur un trône tel un grand maître. Ses parents partis, il était resté seul et avait pleuré avec le sentiment d'être abandonné. Ainsi débuta le dur apprentissage de la solitude et de la discipline. Plus tard, il dirait que la première séparation d'avec ses parents avait été la période la plus triste de sa vie.

Après avoir pris connaissance des résultats de la mission religieuse, l'Assemblée nationale, réunie à Lhassa, confirma le retour du Bouddha de la Compassion infinie parmi les Tibétains. Les préparatifs de l'intronisation commencèrent. Des messagers furent dépêchés pour porter la bonne nouvelle ainsi que des invitations au gouvernement britannique de l'Inde, à Pékin, au roi du Népal, aux rajahs du Sikkim et du Bhoutan. On organisa aussi le voyage de la nouvelle réincarnation à Lhassa.

La joie de l'enfant à l'idée de quitter bientôt le monastère et de parcourir le pays en compagnie de sa famille contrastait avec la mélancolie de ses parents qui se voyaient contraints d'abandonner leur village, leur foyer, leurs terres, leurs animaux et leurs amis, sans connaître leur avenir, car, s'ils savaient que leur enfant était une grande réincarnation, personne ne leur avait encore dit qu'il était le quatorzième dalaï-lama. Enfin, le sixième mois de l'année du Lièvre, c'est-à-dire l'été 1939, le moment arriva pour cet enfant de quatre ans, espiègle et rubicond, d'entreprendre le grand voyage de sa vie, accompagné d'une cinquantaine de personnes : sa famille, la mission qui l'avait découvert, des fonctionnaires, un grand nombre de muletiers et de guides, trois cents mules et chevaux. La caravane avançait lentement parmi les paysages les plus beaux et les plus sauvages du monde. Elle longea les rives du lac Kokonor, un énorme saphir étincelant réfléchissant les blanches cimes. Telle une colonne d'insectes, elle escalada péniblement des sommets mauve et orange coiffés de chapeaux de neige. Tous les deux ou trois jours, elle passait près de minuscules villages situés dans de vertes prairies ou accrochés à flanc de montagne. Mais, la plupart du temps, elle traversait des contrées désertiques, balayées de tempêtes de poussière et d'orages de grêle. Pour l'enfant qui voyageait dans un palanquin, tout était source d'étonnement : les grands troupeaux de yaks, les hordes d'ânes sauvages, les cerfs et les antilopes, agiles et rapides comme des fantômes, les berges des lacs turquoise où se reflétait l'émeraude des vertes prairies. S'il levait les yeux vers le ciel, il voyait le vol des oies qui déchiraient l'air de leurs cris. Et l'enfant qui, entre deux fous rires avec ses frères, contemplait ce paysage, ignorait qu'il en était le seigneur.

À l'automne, alors que la caravane était à quinze jours de sa destination, une délégation de hauts fonctionnaires vint à sa rencontre pour l'escorter jusqu'à Lhassa. L'un d'eux offrit à l'enfant une écharpe de soie appelée *kata* et qui, au Tibet, est marque de bienvenue. Puis le vieux Ke-

Tsang Rimpoché annonça aux parents que leur fils était la réincarnation du dalaï-lama.

Muets d'émotion, incrédules, ils n'essayaient pas d'imaginer à quel point leur vie allait être bouleversée. Le gamin qui se chamaillait avec ses frères et tombait sans cesse du palanquin était l'Enfant Roi en personne. Ils éprouvèrent d'abord une grande joie, puis un mélange d'orgueil et de respect craintif qui ne les abandonnerait jamais complètement.

Sur le chemin, un ministre du gouvernement tibétain se joignit à la caravane. Le dignitaire lut une déclaration conjointe du régent et de l'Assemblée nationale qui proclamait officiellement quatorzième dalaï-lama l'enfant de Takster. Suivant des instructions précises, la mère troqua les vêtements de paysan de l'enfant pour l'habit monastique de satin jaune et brocart et le coiffa du bonnet pointu à rabats. Entouré des maîtres de cérémonie à son service, l'enfant accorda sa première audience où, de sa petite main, il donna ses bénédictions sereinement, à peine surpris que ses parents et ses frères l'appellent désormais Kundun, « la Présence ».

Il avait achevé le voyage dans un palanquin d'or, porté par seize nobles vêtus de longues tuniques de satin vert et coiffés de chapeaux de velours rouge. L'astrologue d'État, des musiciens, des moines et des ministres ouvraient la procession, puis venaient le régent, le Premier ministre, les membres de la famille du dalaï-lama, toujours pas remis de leur surprise et ouvrant de grands yeux étonnés, suivis de nombreux abbés et fonctionnaires. Dans chaque village, dans chaque ville, la caravane était accueillie par des processions de lamas et de moines dont les étendards flottaient dans l'air saturé de parfums d'encens. Les effluves protecteurs de l'armoise et du genévrier s'élevaient d'immenses brasiers. On jouait de la flûte, des cymbales et du tambour. Prêtres et laïcs avaient revêtu leurs plus beaux habits et joignaient leurs paumes en signe de bienvenue au merveilleux enfant : leur chef, leur fils, leur père et presque leur Dieu. L'air tranquille, celui-ci contemplait le spectacle de cette foule d'inconnus venue pour lui.

À trois kilomètres des portes de la ville, dans un vaste campement, les moines de Sera, Drepung et Ganden, les trois piliers du bouddhisme tibétain, ainsi que les représentants des pays étrangers, attendaient le cortège autour d'un trône en bois sculpté. Deux bras robustes soulevèrent le dalaï-lama enveloppé de couvertures et le juchèrent sur des monceaux de coussins. L'enfant de Takster souriait, attentif à la cérémonie, menée par l'un des oracles de l'État qui lui confiait la direction spirituelle de son peuple. Les soldats de tous les régiments de l'armée tibétaine présentèrent leurs armes au petit Dieu Roi et l'interminable procession reprit sa marche vers la ville sainte. Un haut dignitaire montrait aux parents, quelque peu réticents, les lieux les plus caractéristiques de Lhassa que tous les Tibétains connaissent au moins de nom. Au loin, on distinguait les collines de Chakpori avec ses deux célèbres écoles de médecine. Puis ils longèrent le monastère de Drepung, le plus grand du monde. C'était une vraie ville, constituée de maisons en pierre et de centaines de sanctuaires dont les pinacles dorés se dressaient vers le ciel. Le bâtiment de la délégation britannique, caché par une forêt de saules, se trouvait juste avant la porte de la ville sainte couronnée de trois *chortens*, trois sanctuaires blancs qui abritaient les cendres de grands lamas. Postés sur les toits dorés que les rayons du soleil faisaient étinceler, les prêtres annonçaient l'arrivée de la procession en soufflant dans des hautbois de trois mètres de long. La mère de l'enfant eut un pincement au cœur en levant les yeux vers le palais du Potala. Elle songea que son fils allait passer la plus grande partie de sa vie dans cette immense bâtisse. Pour toute la population de Lhassa, hommes et femmes, jeunes et vieux, cette majestueuse procession symbolisait la continuité dynastique et, par là même, la stabilité, la survie du Tibet. Un avenir radieux s'offrait aux Tibétains venus en nombre. Les auberges étaient pleines et on dormait ici et là dans les étables et les cours des maisons. Rien ne pouvait freiner la joie débordante de ce peuple, pas même les fouets et les matraques des policiers qui cachaient difficilement leur nervosité.

« Notre jour de bonheur est arrivé ! » criaient certains, tandis que la majorité de la foule se massait pour tenter de voir, ne serait-ce qu'une fraction de seconde, la nouvelle réincarnation, l'Enfant Roi à qui rien n'échappait, ni les cris de joie ni les plaintes de la foule.

« J'étais comme dans un rêve. Un parfum inoubliable de fleurs sauvages, de liberté et de bonheur flottait dans l'air », dira-t-il plus tard.

Parvenu dans le sanctuaire du bouddhisme tibétain, le temple du Jokhang, situé au cœur de Lhassa, l'enfant s'était humblement incliné devant les images sacrées, surprenant tous les observateurs par sa patience et sa familiarité avec les gestes rituels. Le petit moine ajoutait au charme et à la séduction un stoïcisme à toute épreuve qu'il avait déjà montré quand on lui avait rasé le crâne et, plus tard, quand on lui avait appris son nouveau nom : Jetsun Jamphel Ngawang Lobsang Yeshi Tenzin Gyatso — Saint Seigneur, Gloire, Aimable, Éloquent, Compatissant, Défenseur de la Foi, Océan de Sagesse. La procession s'arrêta au palais de Norbulingka, la résidence d'été du dalaï-lama, où Tenzin Gyatso, comme on appelait désormais le fils des modestes paysans de Takster, allait découvrir les superbes appartements de son prédécesseur.

« J'avais l'impression étrange d'être enfin arrivé à la maison. »

3.

Alors que l'on installait la famille du dalaï-lama dans sa nouvelle résidence de soixante pièces donnant sur un parc qui, selon la fille aînée, était « splendide, impressionnant et majestueux », le benjamin de la famille était conduit au septième étage du palais du Potala, dans la chambre ayant appartenu au cinquième dalaï-lama. On avait le sentiment qu'elle était habitée depuis des siècles. Et, si l'enfant remarqua très vite que les offrandes aux bouddhas, déposées au pied de l'autel, étaient invariablement grignotées par les souris, il finit au fil du temps par apprécier ces créatures qui lui tiendraient compagnie durant les nuits d'hiver solitaires, lorsque le froid pénétrant engourdit tous les membres.

Le Potala, avec ses cinq cents mètres de long, ses treize étages, ses mille pièces et salles, ses couloirs sombres, ses escaliers étroits et ses vieilles chapelles, ressemblait davantage à un musée qu'à la maison d'un enfant. On y conservait des parchemins, vieux pour certains de plus de dix siècles. De vastes salles débordaient d'objets ayant appartenu aux premiers rois du Tibet, de cadeaux somptueux des empereurs chinois et mongols qui venaient s'ajouter aux trésors des dalaï-lamas successifs, aux armes et aux armures qui constituaient l'histoire du Tibet. Dans les bibliothèques reposaient les annales de la culture et de la religion tibétaines, sept mille volumes énormes écrits, pour la plupart, sur des feuilles de palme importées d'Inde. Deux mille volumes de textes bouddhistes calligraphiés avec des encres d'or et d'argent, de cuivre en poudre, de poussière de coquillage turquoise et de corail, où chaque ligne était d'une couleur différente. Dans les souterrains du palais, beurre, thé et tissus étaient emmagasinés pour être distribués par le gouvernement à l'armée, aux monastères et aux fonctionnaires. Au centre se trouvaient les tombeaux de tous les dalaï-lamas qui avaient précédé l'enfant de Takster.

Dans cet imposant décor, l'éducation du jeune Tenzin Gyatso était entièrement assurée par des moines. On l'appelait « Précieux Protecteur », « Gemme qui calme le Désir » ou simplement « Présence ». Rares étaient ceux autorisés à s'adresser directement à lui. Il ne voyait sa famille que toutes les quatre ou six semaines, excepté son père qui tenait à assister à la cérémonie du thé tous les matins. L'Enfant Dieu n'apparaissait en public que pour présider les éternelles charges religieuses et gouvernementales. Hormis l'unique fois où il s'était presque évanoui d'angoisse en entonnant une prière devant vingt mille moines dans le temple du Jokhang, le jeune dalaï-lama semblait être à son aise dans son rôle. Plus tard, il dirait : « J'appréciais le spectacle. »

À six ans, son éducation devint plus stricte : prières matinales, méditation, leçons d'écriture, de mémorisation, de dialectique, et réunions avec les représentants du gouvernement étaient précédés d'un protocole rigoureux. Les après-midi, il bénéficiait de temps libre. Un meccano, offert par le chef de la délégation commerciale britannique à Lhassa, et un télescope étaient, de tous les cadeaux qu'il avait reçus, ceux qu'il préférait. Mais, quand, avec l'autorisation de son précepteur, l'enfant se précipitait sur une des terrasses, ce n'était pas pour le seul plaisir de scruter le firmament avec sa lunette. De cet endroit, il avait une vue magnifique sur toute la ville : la colline de Chakpori avec ses facultés de médecine et surtout la résidence de sa famille. Il apercevait les chevaux de son père, ses frères qui jouaient dans le jardin, parfois même sa mère et ses sœurs, qui lui manquaient cruellement. Il se souvenait aussi de ses camarades, des animaux, de tout ce qui l'avait rendu heureux dans son village. Ce n'était pas toujours facile d'être la Présence. Avait-il déjà compris, si jeune et cependant vieux de tant de vies passées, que, plus on est puissant, plus on a de responsabilités ? Au Tibet comme ailleurs, il ne suffisait pas d'être érudit pour devenir un sage, et ses maîtres l'invitaient aussi à développer l'intelligence du cœur et la clairvoyance. Après chaque leçon, Tenzin Gyatso méditait les enseignements de la journée. Il lui avait fallu de nombreux mois pour parvenir à imposer le silence à son esprit qui bondissait en tous sens comme un lion en cage. Peu à peu, il avait appris à prendre de la distance avec les pensées que lui inspirait la connaissance pour mieux appréhender de l'intérieur la réalité du monde.

Grâce à son télescope, il assouvissait sa curiosité d'enfant cloîtré. De la terrasse du Potala, il observait les pèlerins qui se prosternaient devant le Jokhang, la silhouette d'une femme portant son dernier-né, plus loin, un marchand qui poussait ses mules chargées de tissus. Au fil des mois, il s'était fait des amis, des détenus de la prison de Shol. De sa cage dorée, Tenzin Gyatso se sentait peut-être solidaire de ces hommes. Quant à ces derniers, ils se prosternaient dès qu'il apparaissait sur la terrasse.

À l'inverse, lorsque les invités voyaient le dalaï-lama sur sa terrasse les jours de fête, ils couraient se cacher pour ne pas attrister l'Enfant Dieu qui ne pouvait même pas rêver à de telles distractions. Le dalaï-lama s'en souvient [1] :

« Lorsque j'avais dix ou onze ans, je m'asseyais dans une pièce sombre qui donnait au nord et je lisais des textes religieux avec mon tuteur. En contrebas, il y avait un chemin que les enfants empruntaient pour revenir des prés avec le bétail et souvent ils chantaient des chants de l'opéra tibétain. J'aurais tant voulu être avec eux ! »

Mais sa vie d'alors est un mélange de solitude et d'éducation spartiate pour une préparation à un destin excep-

1. *Au loin la liberté*, autobiographie du dalaï-lama, Paris, Fayard, 1993.

tionnel. L'étude et la méditation doivent lui permettre de dominer peu à peu ses pensées qui ont tendance à la dispersion, d'élever son propre esprit pour s'identifier à lui à chaque instant de sa vie, sans distractions, de développer la perception la plus profonde.

Tous les ans, à la fin de l'hiver, le dalaï-lama quittait le Potala pour le Norbulingka, et la procession marquait le début de l'été. Le régent, les ministres et les chefs de l'armée présentaient les armes à l'Enfant Dieu. Une foule galvanisée et tenue en respect par les fouets entourait son palanquin. À la grande joie du peuple, les perroquets et les rossignols de l'enfant chantaient dans leurs cages pendant que les chevaux, parés de magnifiques harnais, de selles jaunes et de brides en or, caracolaient derrière les palefreniers. Les moines soufflaient dans leurs cornes des notes aiguës, et la fanfare d'un des régiments entonnait « *It's a long way to Tipperary* » pour un public qui avait depuis longtemps oublié les paroles de la chanson populaire irlandaise mais qui avait fait sienne la mélodie. La langue tibétaine manquant de vocabulaire militaire, l'armée avait adopté les marches des instructeurs britanniques depuis que le Grand Treizième les avait fait appeler pour contrer une éventuelle invasion chinoise.

Le Norbulingka, le parc du Joyau, construit au XVIIIe siècle par le huitième dalaï-lama, était la villégiature préférée des citadins qui venaient s'y baigner et piqueniquer. Car, même pendant les mois d'été où le gouvernement transportait ici ses activités, il régnait une atmosphère de paix et de tranquillité dans les nombreux temples et les deux palais cernés d'une muraille longue de deux kilomètres. Cerfs, paons et faisans se promenaient entre les pavillons. Les poissons des étangs montaient à la surface lorsqu'ils sentaient approcher l'Enfant Roi. Les jardiniers prenaient le plus grand soin des massifs de fleurs et des plantes exotiques. Le dalaï-lama n'oubliera jamais que c'est dans le parc du Joyau qu'il a passé les moments les plus heureux de son enfance.

Influencé par les numéros du *National Geographic* et de *Life Magazine* que collectionnait son prédécesseur, l'enfant s'était passionné dès son plus jeune âge pour les inventions modernes. En grandissant, il démontait les montres et les appareils de projection et les remontait de mémoire. Puis il s'était attaqué aux deux Austin et à la Dodge orange, les seuls véhicules motorisés de tout Lhassa, inutilisés depuis la mort du Grand Treizième. Tenzin Gyatso les avait réparés avec l'aide de deux Tibétains de la ville qui savaient conduire, et il les conduisait lui-même en cachette sur les sentiers bordés de peupliers et dans les jardins. Quelquefois il percutait un arbre ou une grille sous les yeux de ses tuteurs et de ses serviteurs médusés. C'est aussi à cette époque, toujours guidé par ces revues, qu'il étudia seul l'histoire contemporaine, jusqu'à sa rencontre avec Heinrich Harrer, un Autrichien échappé d'un camp d'internement anglais en Inde.

Dès les premiers instants, l'Enfant Dieu avait assailli Harrer de questions. Comment fonctionnait un moteur ? À quoi ressemblait un gratte-ciel ? Qu'était une bombe atomique ? Ce fut Harrer qui lui ouvrit les yeux sur le monde. Curieusement, dans les cercles proches du dalaï-lama, ni les moines ni les laïcs n'avaient la moindre connaissance de la vie au-delà des frontières du Tibet. Personne ne lisait l'anglais ou toute autre langue des pays où la presse se faisait l'écho des idées, des opinions ou des événements internationaux. Harrer avait perfectionné l'anglais que le jeune monarque avait appris dans les revues de son prédécesseur, il lui avait enseigné des notions de mathématiques, de géographie et toutes sortes de choses aussi intéressantes que la structure de l'atome ou pourquoi il y a sept heures de décalage entre Lhassa et Vienne. Il avait fait aménager une salle de projection. Parmi les films à sa disposition, il y avait un documentaire que le dalaï-lama ne se lassait pas de regarder et qui resterait à jamais gravé dans sa mémoire : la vie du Mahatma Gandhi, l'apôtre de la non-violence, l'artisan de l'indépendance de l'Inde. Obéissant aux désirs de l'enfant, Harrer le lui avait projeté des dizaines de fois. L'Autrichien resterait fasciné par le caractère de Tenzin Gyatso. Il écrivit dans ses Mémoires : « Il était modeste, tout l'étonnait et l'émerveillait. N'importe quel enfant de n'importe quel riche commerçant était plus capricieux que lui. »

Mais l'histoire mit brusquement un terme à cette amitié. Le 7 octobre 1950, trente mille soldats de l'armée chinoise, alors la plus grande machine militaire du monde, attaquèrent simultanément six points du Tibet. Deux mois plus tôt, un tremblement de terre avait dévasté le sud-est du pays des neiges, dévié le lit du fleuve Brahmapoutre, inondé des centaines de villages et provoqué la disparition de milliers de paysans. Les Tibétains avaient riposté à leur manière à ce sombre présage en lisant des textes sacrés en public, en multipliant les drapeaux de prière, les offrandes, et en brûlant des montagnes d'encens. Selon Heinrich Harrer, les Tibétains étaient convaincus que le pouvoir de la religion suffisait à les protéger. La vie à Lhassa n'avait pas changé avec l'annonce de l'invasion. Ses habitants profitaient des derniers beaux jours et se baignaient dans le fleuve, à l'ombre des saules et des peupliers qui ondulaient lentement sous une brise tiède. Partout se jouaient des opéras classiques tibétains. On chantait, dansait et buvait des coupes de *chang*, la bière tibétaine, servie par des jeunes filles. Certaines d'entre elles dissimulaient leurs rires en couvrant de leur main des lèvres peintes au rouge à lèvres Elizabeth Arden importé de Calcutta, pendant que de jeunes aristocrates récitaient des vers sous les louanges de la foule. Personne n'avait pris conscience du désastre imminent ; après, rien ne serait pareil. Lorsque Harrer apprit la nouvelle, il pensa que cette fois il faudrait bien plus que des prières pour sauver les Tibétains.

4.

Destiné à gouverner un pays aussi grand que l'Europe, le jeune Tenzin Gyatso n'avait pourtant rien appris sur les affaires du monde, hormis les quelques notions que Heinrich Harrer avait pu lui inculquer. Sans doute conscient de cette ignorance, le jeune dalaï-lama avait ressenti une angoisse indicible en apprenant, par les moines balayeurs du Potala, qu'au petit jour les murs de Lhassa s'étaient couverts d'affichettes réclamant son intronisation immédiate. La cérémonie était censée avoir lieu un an plus tard. À quatre ans, les dalaï-lamas sont investis du pouvoir spirituel, mais doivent attendre leur majorité pour qu'on leur confère les pouvoirs des affaires temporelles. Ainsi, dans les rues, lui disaient les moines balayeurs, des chansons populaires réclamaient son intronisation. Comment, se demandait-il, accablé, son peuple pouvait-il le prendre pour son sauveur ? Il n'était pas suffisamment préparé ni en âge de relever un tel défi. Cependant les communistes chinois étaient là, au sein même du Tibet, et parlaient de révolution... Évidemment, « le toit du monde » possédait tout ce que les Chinois pouvaient désirer : de l'espace, des richesses minérales, des forêts. Et surtout une position stratégique d'où pointer leurs armes sur le monde entier. Qui tient le Tibet tient le cœur de l'Asie. En se rappelant les paroles prémonitoires du Grand Treizième, Tenzin Gyatso n'avait pu réprimer un frisson. Il pressentait que pour un peuple désarmé, façonné par une foi pacifique, cette épreuve serait dramatique. Jamais il n'avait connu de nuits si agitées.

Sous la pression des événements, dans une extrême tension, l'oracle de l'État, le traditionnel conseiller du gouvernement, trancha la question. Une commission d'urgence avait été convoquée au palais du Potala, et l'oracle avait offert un spectacle de transe impressionnant. Tremblant de la tête aux pieds, se contorsionnant sous l'influence de l'esprit, il avait sauté brusquement de son fauteuil, posé sur les genoux du dalaï-lama une kata, l'écharpe de soie blanche, et prononcé les paroles qui allaient transformer à jamais la vie du jeune monarque : « Votre temps est venu. Régnez. » Par ces phrases, l'oracle décidait de l'entrée irrémédiable de Tenzin Gyatso dans le monde des adultes et déposait dans ses mains les rênes d'un pays en guerre. L'Enfant Roi avait alors quinze ans.

C'est au monastère de Kumbum que son frère, devenu abbé, l'avait informé, le premier, du comportement des Chinois dans la zone occupée. Lui-même était prisonnier dans son propre monastère. Non seulement les Chinois avaient voulu l'endoctriner, mais ils avaient essayé de le corrompre. Ils l'avaient laissé se rendre à Lhassa à la condition qu'il parvienne à convaincre le dalaï-lama de se soumettre aux autorités chinoises. Dans le cas contraire, il devrait l'assassiner et son acte serait alors récompensé avec largesse.

Tenzin Gyatso était horrifié. Le peu qu'il savait des Chinois et du communisme, il l'avait appris de ses lectures dans *Life*. Son frère affirmait que le seul espoir était d'obtenir une aide de l'étranger et de prendre les armes contre les Chinois. Selon ce dernier, bien que Bouddha l'interdise, certaines circonstances justifiaient la violence, et il était bien décidé à rompre ses vœux pour se rendre à l'étranger et trouver de l'aide. Il avait imploré le dalaï-lama d'en faire autant, mais ce dernier avait d'autres préoccupations. Il restait dix jours avant la cérémonie d'intronisation, et il voulait réaliser un vieux rêve : accorder l'amnistie générale. L'idée que désormais la prison serait vide l'enthousiasmait, seule lui manquerait la fragile amitié qui l'unissait à ces détenus. Dans son vieux télescope, il ne verrait plus alors que quelques chiens errants. Une page de sa vie serait tournée.

La cérémonie d'ouverture débuta par une fête splendide, à laquelle étaient conviés tout le gouvernement, ainsi que les fonctionnaires étrangers résidant à Lhassa. Pour cette occasion, ils avaient revêtu leurs plus belles tenues. Durant cette cérémonie interminable, où le jeune dalaï-lama s'était parfaitement maîtrisé, on lui avait remis la Roue d'or, symbole du pouvoir temporel. Maintenant il allait devoir affronter une situation difficile et faire tout son possible pour éviter la catastrophe. Selon la tradition, il avait nommé deux Premiers ministres : un moine et un laïc. Puis il avait envoyé des délégations aux États-Unis, en Grande-Bretagne et au Népal, dans l'espoir d'obtenir leur aide, et une autre en Chine pour négocier le départ des soldats. Mais toutes les réponses étaient négatives : les portes se fermaient, les espoirs s'envolaient. Le monde ne voulait rien savoir de ce pays replié sur lui-même depuis des temps immémoriaux. Lorsque les Chinois avaient renforcé leur présence dans l'est du pays, le gouvernement avait craint pour la vie du monarque. Quoi qu'il arrive au toit du monde, son bien le plus précieux, son guide et son protecteur, ne devait pas tomber entre les mains ennemies. Alors, dans la plus grande discrétion, on avait organisé la fuite de Tenzin Gyatso vers le sud du Tibet d'où il pourrait, sans difficulté, se réfugier en Inde si la situation s'aggravait.

5.

Dans la nuit du 18 décembre 1950, les hauts dignitaires, réunis au palais du Potala, buvaient en silence une dernière tasse de thé. Après quoi, ils avaient rempli les tasses de nouveau et les avaient abandonnées là, signifiant ainsi leur espoir d'un retour rapide. La caravane était partie de nuit, sous un ciel étoilé comme il en existe seulement sur le toit du monde. La veille, un convoi l'avait précédée, chargé de plus de cinquante caisses d'or et d'argent autrefois entreposées dans les souterrains du Potala. Le dalaï-lama, ému par ce départ précipité et accablé à l'idée d'abandonner son peuple, voyageait incognito, déguisé en laïc, sur ordre du gouvernement qui craignait qu'on ne le reconnaisse et ne lui barre la route. Pendant ce temps, les rumeurs les plus folles se répandaient à Lhassa : on disait que les communistes mangeaient leurs ennemis, qu'ils avaient trois mains et une bouche bizarre ; on racontait qu'il n'y avait ni hommes ni femmes, qu'ils se ressemblaient tous. Abandonnée à son sort, la population de la capitale plongeait dans la peur et le désespoir.

Vêtu d'une houppelande et coiffé d'un bonnet de peau qui lui tombait sur les yeux, l'adolescent se plaisait à descendre de cheval pour parler avec ses compatriotes. Jamais Tenzin Gyatso n'avait été aussi proche de son peuple. Il sentait croître sa force sous ces regards de vénération anxieuse ; il voulait mériter leur confiance. Il découvrait une nouvelle partie de son pays et ressentait ce que tout voyageur ressent au Tibet. Il était saisi par les vastes étendues désertiques, les rochers aux formes étranges, les grottes vertigineuses, les horizons à la lumière aveuglante et le silence que seul le vent venait interrompre. Ce pays de titans et de dieux, qui occupait, au cœur de l'Asie, un plateau aussi grand que l'Europe occidentale, semblait appartenir à un autre monde. Un monde où l'altitude moyenne est de quatre mille mètres au-dessus du niveau de la mer, où la densité de l'air est la moitié de celle du reste de la planète et où les trois quarts de l'humidité sont concentrés sur les territoires qui s'étendent au pied des hauts plateaux.

Les sept millions de Tibétains descendent de tribus nomades apparentées aux Mongols. Selon la légende, ils viendraient de la région de la mer de Téthys. Une fois la mer disparue, un singe, émanation de Chenresi, le Bouddha de la Compassion infinie, et une ogresse auraient fait leur demeure de cette immensité. De leur union seraient nés six enfants, les premiers Tibétains. Ils s'étaient multipliés, avaient fait la guerre, et nommé des rois et des généraux, mais ils avaient dû attendre le règne du trente-troisième monarque, Songtsen Gampo, pour s'unifier et former l'empire qui deviendrait le plus grand d'Asie.

Paradoxalement, le trente-septième monarque, Trisong Detsen, qui avait fait parvenir son empire au zénith, allait semer les graines de sa décadence en développant les principes de non-violence d'une nouvelle religion : le bouddhisme. La ferveur avec laquelle les Tibétains s'exerçaient aux arts de la guerre s'était alors orientée vers la quête de la paix. Ce changement s'explique par l'essence même du bouddhisme, qui préconise que la souffrance est inséparable de toute forme de vie, et que c'est seulement en prenant conscience de la nature illusoire de l'existence que l'on peut accéder à la liberté, à l'état de bouddha. Le bouddhisme mahayana, l'école qui a fait souche au Tibet, met non seulement l'accent sur la nécessité d'atteindre l'illumination afin de libérer de la souffrance tous les êtres sensibles, mais aussi sur le fait que la quête du nirvana est une œuvre collective. En conséquence, la compassion, avec sa projection sur toute la communauté, avec sa charge de renoncement et de sagesse, a imprégné l'âme tibétaine. Chasser, pêcher et même tuer un insecte sont devenus des actes immoraux. À l'époque du voyage de Tenzin Gyatso, partout des moulins de prière accompagnaient le chuchotement des mantras et des drapeaux sacrés constellaient le ciel. Les montagnes de pierre où était gravé *Om mani padme Um* et les sanctuaires en forme de spirale, les chortens, transformaient le paysage en un réseau vivant de lieux sacrés, reliés entre eux par un flux constant de pèlerins.

Sur l'un des innombrables sentiers de montagne que le dalaï-lama avait dû parcourir pour se rendre près de la frontière indienne, il s'était produit un incident qui avait failli faire échouer le voyage. Des moines en pèlerinage l'avaient reconnu et l'avaient supplié de rebrousser chemin.

« C'était un moment d'une tension extrême. Leurs larmes exprimaient leur angoisse et leur détresse. Ils ne pouvaient supporter l'idée que je puisse les abandonner [1] », raconte le dalaï-lama.

Le précepteur du monarque avait dû se prosterner jusqu'au sol afin de les prier de laisser passer la caravane. Les moines avaient accédé à sa demande après lui avoir fait promettre qu'il serait de retour rapidement.

Toutes les délégations envoyées à l'étranger étaient revenues bredouilles. Restait à connaître les nouvelles en

1. *Au loin la liberté*, autobiographie du dalaï-lama, *op. cit.*

provenance de Pékin, où se trouvait encore la mission dirigée par Ngabo Ngawang, gouverneur de la région de Chamdo. L'envoyé était chargé par le dalaï-lama de faire savoir que les Tibétains ne souhaitaient pas être « libérés » par les Chinois, mais que, pour autant, ils ne tenaient pas à voir les relations avec leur voisin se dégrader. Il prétendait surtout éviter les morts qu'entraînerait inévitablement la prise de Lhassa par l'Armée de libération du peuple. S'il n'attendait aucun miracle, il n'aurait pu cependant prévoir la nouvelle transmise par Radio Pékin dans la nuit du 23 mai 1951. De la cellule d'un monastère proche de la frontière indienne, le dalaï-lama avait entendu, sur les ondes, une voix dure et agressive qui tenait des propos incompréhensibles. Le gouvernement de la République populaire de Chine et le « gouvernement local » du Tibet venaient de signer un accord en dix-sept points pour la « libération » du toit du monde. Était-ce un cauchemar ? La délégation tibétaine avait signé, contre sa volonté, un accord qui transformait, *de facto*, le pays des neiges en territoire chinois.

Peu de temps après, un télégramme du chef de la délégation qui s'était rendue à Pékin confirmait la nouvelle et prévenait que le nouveau gouverneur du Tibet, le général Chian Chin-wu, était en route pour s'entretenir avec le dalaï-lama. Tandis que son frère et Heinrich Harrer, qui s'était enfui de l'autre côté de la frontière, lui conseillaient de se réfugier en Inde — « Les États-Unis sont prêts à nous aider. S'ils luttent contre le communisme en Corée, ils le feront aussi au Tibet » —, ses deux Premiers ministres le suppliaient dans des messages pressants de revenir à la capitale. Son peuple réclamait la Présence. Quelle décision prendre ?

L'exil et l'aide américaine signifiaient la guerre dont son éducation non violente l'écartait naturellement. Convaincu que l'espoir était dans le dialogue avec l'ennemi, il décida d'attendre la délégation chinoise, puis de revenir à Lhassa pour retrouver son peuple.

Le 16 juillet 1951, un messager parvenait au monastère et annonçait l'arrivée imminente des Chinois. Le jeune monarque était sorti sur le balcon pour scruter la route avec son télescope. Sous l'effet de la chaleur, des nuages de brume montaient du fond de la vallée. Bientôt, il avait distingué trois hommes vêtus d'uniformes gris qui contrastaient avec les habits de soie rouge et dorés des dignitaires tibétains. Une cordialité glaciale avait présidé à la rencontre. Le dalaï-lama se souvient :

« Le général était amical, en rien protocolaire. Il me remit une lettre de Mao Tsé-toung qui reprenait la première phrase de "l'accord" où il me souhaitait la bienvenue dans la mère patrie. Une phrase que j'avais déjà en horreur. Lorsque le général me tendit la lettre, je remarquai une montre en or à son poignet. Puis il me demanda si j'avais l'intention de revenir à Lhassa. Je lui répondis que je ne tarderais pas. J'étais convaincu qu'il voulait faire le voyage avec moi pour tirer un bénéfice politique de notre entrée simultanée dans la capitale. À la fin de l'entrevue, j'avais réussi à ne pas me compromettre, et je rentrai à Lhassa deux jours avant lui. »

Pour son retour à la capitale, toute la population était

dans la rue. Mais la joie de revoir la Présence se mêlait à la crainte de l'avenir.

Et trois semaines plus tard, en effet, la même foule s'attroupait pour voir passer un contingent de trois mille soldats de l'Armée de libération du peuple, qui agitaient leurs drapeaux rouges et l'effigie de leur dieu, le président Mao. Les yeux des femmes étaient remplis de larmes, les hommes crachaient par terre, en signe de mépris, ou tapaient dans leurs mains pour chasser les démons.

Le roulement lent et obstiné des tambours de guerre avait réveillé le jeune monarque bien avant que les soldats entrent dans la capitale. De l'une des terrasses du Potala, il suivait la progression de l'interminable colonne enveloppée d'un nuage de poussière. En les observant dans son vieux télescope, il s'était rendu compte que les soldats étaient d'une grande maigreur et semblaient épuisés par les blessures et l'altitude. Il avait ressenti de la pitié pour ses ennemis en même temps qu'un profond malaise à la vue des drapeaux rouges (n'était-ce pas la couleur par laquelle la nature exprime le danger ?), du pas martial des hommes et de leur regard vide, fixé sur l'horizon. Les phrases du testament de son prédécesseur lui étaient revenues à l'esprit et alors, le cœur serré, son télescope sous le bras, il avait fait demi-tour et était rentré au palais.

Les semaines suivantes, vingt mille hommes supplémentaires arrivaient à Lhassa. Ils avaient besoin de nourriture, de vêtements et de logements. Les Chinois réquisitionnèrent d'abord les maisons et obligèrent le gouvernement à leur donner deux mille tonnes d'orge. La population ne comprenait pas que le prix des céréales puisse doubler du jour au lendemain. Les Chinois, venus les mains vides, exigeaient tout, brisant ainsi la fragile économie du pays des neiges. Pour la première fois dans l'histoire, les habitants de Lhassa souffraient de la faim. L'hostilité envers les Chinois redoubla. Les Tibétains crachaient sur les soldats, leur lançaient des pierres ; les moines faisaient une boule avec les plis de leurs tuniques pour en frapper ceux qui les approchaient de trop près. Très vite s'étaient répandues des chansons ridiculisant le général Chian et sa montre en or, et, lorsque les Tibétains avaient découvert que les officiers chinois portaient d'épaisses fourrures de peau sous leurs uniformes, leur mépris avait redoublé. Un mouvement de résistance populaire s'était constitué, exigeant du gouvernement tibétain, ainsi que du commandant chinois, le retrait des troupes. Au matin, les murs de Lhassa étaient recouverts d'affichettes réclamant le départ des envahisseurs. Le bureau du gouvernement était inondé par les plaintes du peuple tibétain mais aussi par celles des officiers chinois, indignés de l'hostilité que leur témoignait la population de la capitale occupée. Petit à petit, le ton montait. Les généraux chinois accusaient le gouvernement tibétain d'appuyer les rebelles. Les relations entre le général Chian et les deux Premiers ministres du dalaï-lama étaient de plus en plus tendues. Plusieurs réunions s'étaient terminées par des insultes et des coups de poing. Le temps de la cordialité distante était révolu.

Les menaces étaient telles que Tenzin Gyatso pensa à éloigner ses deux Premiers ministres pour épargner leur vie. Irriter les autorités chinoises ne pouvait qu'alimenter le cercle vicieux de la répression chinoise et du ressentiment de la population et déboucher sur des explosions de violence. Pour le jeune monarque, il était illusoire de penser chasser les Chinois par la force. Les occupants sortiraient victorieux de n'importe quel affrontement, et le peuple tibétain, désarmé et désorganisé, en serait la principale victime. Seule la non-violence permettrait peut-être de regagner une certaine liberté au fil du temps. Autrement dit, il fallait résister passivement ou coopérer dans des limites précises.

C'est le cœur lourd que le dalaï-lama congédia ses ministres, même si ces derniers comprenaient sa décision. Avant de s'en séparer, le Dieu Roi leur avait passé autour du cou les traditionnelles écharpes sacrées, et ils n'avaient pu retenir leurs larmes. Tenzin Gyatso décida de ne pas nommer de successeurs. Désormais, il affronterait les généraux chinois. À seize ans, il restait seul face aux occupants.

6.

Accablé par son rôle et par le poids de la solitude, Océan de Sagesse n'avait plus que son sourire à opposer aux irascibles officiers chinois. Sa famille était partie en exil, ses frères tentaient désespérément d'obtenir quelque aide de l'étranger, ses deux ministres lui manquaient. Mais il ne se laissait pas manipuler pour autant ; il résistait à chaque instant aux généraux, ne cédant aux pressions que pour éviter un mal plus grand. Son but était d'empêcher à tout prix que l'invasion ne se transforme en bain de sang. Cependant la situation empirait chaque jour. L'économie était exsangue : non seulement les Chinois avaient interdit le nomadisme, mais ils monopolisaient désormais le commerce et imposaient des cultures agricoles inadaptées à l'altitude du pays. Non seulement ses compatriotes étaient affamés par les Chinois, mais leur pays était transformé en une immense caserne. Sur les ondes de Radio Pékin, les dirigeants du parti annonçaient leur intention d'ouvrir le Tibet à la colonisation chinoise.

À Shigatse, la deuxième ville du Tibet, les Chinois préparaient la cérémonie d'intronisation du panchen-lama, seconde autorité spirituelle du pays. Élevé dans un monastère proche de la frontière chinoise, ce dernier était tombé très tôt entre les mains des envahisseurs. De passage à Lhassa, il avait eu un entretien avec le Dieu Roi. Tous deux étaient de la même région, tous deux avaient été reconnus dans leur plus jeune âge comme étant de hautes réincarnations. Ils représentaient les deux plus importants lignages des maîtres spirituels tibétains. Émus, les deux jeunes moines s'étaient avancés l'un vers l'autre, mais les agents chinois de la sécurité avaient pris soin qu'ils n'échangent aucune confidence et accéléré le départ du panchen-lama. En le regardant s'éloigner, Tenzin Gyatso savait déjà que les Chinois feraient tout leur possible pour le rallier à leur cause. Il serait une arme parfaite contre le dalaï-lama : un contre-pouvoir, une marionnette sous leur contrôle. Deux ans plus tard, ignorant qu'au Tibet les panchen-lamas n'avaient jamais eu d'autorité politique, Mao organisait l'entrée triomphale de l'enfant à Shigatse. Il était entouré d'une escorte impressionnante et de tout l'attirail du pouvoir. Mais le panchen-lama allait rapidement tomber en disgrâce aux yeux des Chinois car, malgré tout, il resterait fidèle à son peuple. La tragédie de sa vie symboliserait plus que toute autre le drame tibétain.

Au Potala, la révocation des Premiers ministres avait légèrement détendu l'atmosphère. Les Chinois avaient promis de garantir la liberté religieuse, de construire de nouveaux hôpitaux, de nouvelles écoles et des routes. Les pamphlets propagandistes étaient toutefois curieux. Que les Chinois veuillent aider à moderniser le Tibet, soit, mais qu'ils incitent à « s'unir pour expulser les forces impérialistes » n'avait aucun sens. Six Occidentaux s'étaient installés au Tibet avant l'invasion et, depuis, ils étaient tous partis. Pour le frère du dalaï-lama, les promesses chinoises étaient « du miel sur un couteau : si tu y goûtes, tu te coupes la langue ».

À la fin de l'année 1953, Pékin devait se rendre à l'évidence que ses tentatives pour installer un gouvernement fantoche et garder le contrôle du pays, tout en faisant taire les critiques de l'étranger, avaient échoué. Le parti communiste décida de passer outre à l'accord en dix-sept points de Pékin et d'intervenir directement dans les affaires du Tibet. Le dalaï-lama fut invité à se rendre dans la capitale chinoise où le président Mao lui exposerait ses décisions. Tenzin Gyatso accepta l'invitation, malgré une forte opposition de ses proches conseillers qui craignaient que les Chinois ne le laissent pas revenir. Mais il ne voulut pas négliger une occasion de persuader la plus haute autorité chinoise d'adoucir la politique d'occupation.

Le matin du 11 juillet 1954, des dizaines de milliers de fidèles étaient réunis sur les rives du fleuve pour lui souhaiter un bon voyage, et surtout un heureux retour. Il était salué par la musique des fanfares. Des étendards ondoyaient au vent au milieu des brumes d'encens. Un tapis blanc était déroulé jusqu'aux berges du fleuve où le Dieu Roi prit place dans un canoë en peau de yak. Une ombrelle en soie jaune, portée par un moine, protégeait son visage du soleil. Une fois assis, il s'était retourné pour saluer son peuple et avait constaté que beaucoup pleuraient. Certains semblaient prêts à se jeter à l'eau ou convaincus qu'ils ne le reverraient jamais. Tenzin Gyatso avait alors ressenti la même tristesse que lors de son départ pour l'Inde quatre ans plus tôt. La tristesse de ne pouvoir faire davantage pour soulager les souffrances de son pays.

Une imposante suite l'accompagnait lorsqu'il monta dans la Dodge orange qui avait été transportée sur une barge. Le dalaï-lama avait choisi le monastère de Ganden pour sa première étape. Ce monastère, situé à quarante kilomètres de la capitale, était le plus beau et le plus impressionnant du Tibet. Sur fond de pics enneigés se détachaient les temples au toit doré étincelant, et d'élégants bâtiments aux murs blancs bordés d'un liseré pourpre. Ganden, qui signifie « paradis de joie », était la troisième université monastique du Tibet. Ses trois mille trois cents moines se chargeaient de préserver l'héritage littéraire et artistique du pays, d'assimiler les vastes connaissances médicales de leurs ancêtres, de se perfectionner dans les arts plastiques ainsi qu'en architecture.

C'est dans le cloître de ces grands monastères habités, à certaines époques, par le quart de la population masculine du pays qu'avait fleuri la culture du Tibet. Les enfants y entraient à l'âge de sept ans, et seuls les plus brillants étaient admis à suivre les études supérieures qui leur permettaient de devenir, pour les meilleurs d'entre eux, des lamas, pour les autres, constructeurs, artistes, artisans, cuisiniers, serviteurs, tandis qu'un groupe de moines se voyait confier les tâches administratives. Tous essayaient d'atteindre l'illumination par une discipline mentale rigoureuse portée par le rituel, la contemplation et la méditation quotidiennes. L'existence des moines était réglée par la volonté divine, dont les lamas, ces moines qui avaient accédé à la haute condition de maîtres après vingt ans d'étude et de méditation, étaient les interprètes. À Ganden, qui suivait les enseignements de l'école Gelugpa, l'école des bonnets jaunes dans la tradition bouddhiste du dalaï-lama, les étudiants mémorisaient et débattaient des sujets pendant vingt ans avant d'être soumis aux examens finaux qui les feraient parvenir au rang de docteurs de la divinité. Seuls les ermites les surpassaient en rigueur. Ils s'isolaient, parfois toute leur vie, dans une grotte ou dans une hutte de montagne, accompagnés de quelques disciples, pour mettre en pratique une extrême austérité physique et mentale. Mais les religieux les plus éminents restaient les quatre mille tulkus, incarnations de lamas capables de choisir le moment et le lieu de leur réincarnation. Reconnus par les adeptes dès leur plus jeune âge, ils étaient rendus à leurs monastères pour mener à bien la grande œuvre bouddhiste : conduire tous les êtres à l'Éveil. Au sommet de cette hiérarchie spirituelle siègent aujourd'hui encore les hautes émanations de Bouddha, parmi lesquelles se détache le dalaï-lama, la présence la plus sacrée sur terre, incarnation vivante de Chenresi, le saint patron du Tibet.

Tenzin Gyatso, suivi des abbés au regard grave et au geste posé, était allé prier sur la tombe de Tsongkhapa, le fondateur de l'école Gelugpa, située dans un temple au centre de Ganden. L'attention de Tenzin Gyatso s'était portée sur une statue représentant une tête de buffle, symbole de la divinité protectrice du Tibet, qui regardait le sol avec soumission.

Le dalaï-lama raconte [1] :

« Je n'étais pas préparé au curieux phénomène dont j'ai alors été témoin. Avant de quitter Ganden, j'ai constaté avec surprise et sans l'ombre d'un doute que la statue s'était transformée. Sa tête était tournée vers l'est et son regard exprimait une cruauté évidente. Plus tard, j'ai appris que, lorsque je suis parti en exil, les murs d'une des chapelles de Ganden se sont couverts de sang. »

Le dalaï-lama quitta les abbés, inquiets de son voyage. Ils l'avaient mis en garde contre les Chinois qui ne manqueraient pas de lui faire un lavage de cerveau. Le dalaï-lama leur avait répondu : « C'est impossible, ce serait comme arracher la mémoire à un homme. »

La Dodge avait dû être abandonnée au bout de quelques kilomètres, car il n'y avait pas de routes au Tibet. Le cortège avait continué le voyage à dos de mule et Tenzin Gyatso avait eu tout loisir de réfléchir à l'avertissement des moines. Il se rendait compte de leur anxiété, mais il

1. *Au loin la liberté*, autobiographie du dalaï-lama, *op. cit.*

avait confiance en lui-même. Rien ne pouvait effacer ce qu'il avait hérité de ses vies antérieures : le respect de la sagesse et la certitude que le bonheur ne peut être dicté. Le bonheur est en chacun et se cultive dans la paix intérieure, là où se trouve l'esprit infini. Est-ce que les Chinois le comprendront un jour ?

III

Jours de lune et de vent

1.

Pour les détenues de la prison de Gutsa, l'espoir de rencontrer le dalaï-lama est plus qu'un rêve, il leur permet de supporter une existence d'humiliation et de souffrance. Après les vingt-cinq mois passés dans cette prison, elles ont pris conscience qu'il leur sera impossible de vivre au Tibet après leur libération. Si les Tibétains sont marginalisés dans leur propre pays, pour elles ce sera bien pis. Elles vivront dans une prison sans barreaux où elles seront surveillées sans relâche par les comités populaires et par les commissaires politiques des villages, elles ne pourront ni pratiquer leur foi, ni s'instruire avec un lama, ni avancer sur le chemin de la réalisation intérieure.

Il faut attendre la fin de la condamnation, sortir de Gutsa. Ensuite penser à s'échapper de cette prison gigantesque, entre ciel et terre : le Tibet. La seule voie possible, vers le sud, effraie les plus courageux. Mais il faut fuir, à pied. Marcher, marcher, marcher..., un autre rêve dans l'obscurité de la cellule. Marcher est devenu le symbole de la liberté, et sa simple évocation stimule les prisonnières. Depuis toujours, les Tibétains se déplacent à pied avec un bagage léger, sans s'attacher à rien, mais sans rien mépriser non plus. Sous la voûte céleste, entourés des sommets enneigés, un sentier de pèlerinage à leurs pieds et de nombreuses vies devant eux, les Tibétains parcourent les sites sacrés, en un voyage qui est la réplique terrestre du seul cheminement qui leur importe vraiment, le voyage intérieur. Le pèlerin va au-delà de l'horizon, vers un lieu qui existe au plus profond de lui, même s'il ne le voit pas. Et nombreux sont les pèlerins qui, durant plusieurs années, parcourent des milliers de kilomètres tout en se prosternant jusqu'au sol à intervalles réguliers.

Les religieuses incarcérées parce qu'elles ont osé lancer un cri de liberté veulent s'évader pour offrir leur témoignage au monde, pour parler de la capitale où toute tentative de protestation est si durement réprimée, pour dénoncer le fléau de l'alcoolisme, la stérilisation forcée des femmes, pour dire le combat d'un peuple devenu minorité opprimée sur son propre territoire.

En 1993, il y avait sept millions et demi de Chinois pour six millions de Tibétains, une invasion démographique de plus en plus alarmante. Des hordes de Chinois immigrent au pays des neiges en application des consignes des hauts dignitaires du parti communiste. Afin de leur faire oublier les préjugés, selon lesquels le Tibet est un désert gelé peuplé de sauvages, on leur offre de nombreux avantages : trois ou quatre fois le salaire qu'ils gagnent en Chine, des crédits sans intérêt, la garantie du logement. On leur octroie de nombreux privilèges et même une prime de risque pour d'éventuels problèmes respiratoires, un avantage dû au fait que le Tibet est perché à quatre mille mètres d'altitude. Des forêts entières ont été détruites, des paysages saccagés pour laisser la place aux colonies chinoises installées dans des immeubles de cinq ou six étages, équipés d'eau courante et d'électricité, les quartiers tibétains, eux, bénéficiant de l'électricité pendant trois ou quatre heures, uniquement s'ils se trouvent à proximité des quartiers chinois. Les immigrés s'approprient les restaurants qui sont par tradition des commerces tibétains, ainsi que les professions de tailleurs, charpentiers et constructeurs. Le nombre de mendiants tibétains croît de jour en jour.

Cette invasion s'accompagne d'un génocide. Personne n'échappe aux mesures inhumaines pour le contrôle de la natalité, renforcées en 1989 à la suite d'un rapport de l'Académie des sciences sociales de Shanghai qui conseillait de créer une force de police spéciale pour pratiquer l'avortement systématique sur les femmes appartenant à des minorités nationales et dont la population serait supérieure à cinq cent mille. Des équipes sanitaires parcourent le pays des neiges pour appliquer la loi, et des avantages économiques sont offerts à ceux qui effectuent le plus grand nombre de stérilisations et d'avortements [1]. On assiste à des scènes atroces où des groupes de femmes, et même des adolescentes, sont poussées de force dans des camions qui les conduisent vers des hôpitaux. Dans les régions les plus isolées, des équipes d'infirmières et de médecins chinois circulent en jeep, suivis de camions chargés du matériel sanitaire. Ils partent pour trois ou quatre mois et vont de village en village, à la recherche de

1. *Tibet, Survival in Question*, Pierre Antoine Donnet, Zed Books, Londres.

femmes enceintes de leur troisième ou quatrième enfant, parfois même du deuxième. À la fin de chaque voyage, ils ont traité, en moyenne, deux mille cas. Les rapports dénonçant des avortements forcés chez des femmes dont la grossesse était avancée ont été confirmés avec la découverte de fœtus de quatre ou cinq mois dans les poubelles de l'hôpital de Chamdo. Ils sont allés jusqu'à exterminer des nouveau-nés dans des familles de deux enfants. La mère accouche, entend le cri de son bébé, et, plus tard, on lui apprend qu'il est mort pendant l'accouchement. Une doctoresse tibétaine attestera que les bébés, sains et bien formés, sont noyés dans des seaux d'eau à la naissance. Et elle ajoute : « Les mères perdent la tête. » Un médecin chinois, interrogé par un comité d'enquête des droits de l'homme, admettra qu'il a été obligé de tuer des nouveau-nés pour atteindre son quota d'avortements. S'il ne l'avait pas fait, il aurait perdu les avantages économiques liés à son activité et aurait été renvoyé. Pour les Tibétains, qui vivent intensément leur foi bouddhiste, mettre fin à toute forme de vie est une terrible transgression, et le contrôle de la natalité un véritable traumatisme à l'effet dévastateur.

Entre ces murs, qui semblent exsuder toute la souffrance du monde, Kinsom, Yandol et leurs amies rêvent de dénoncer les conditions de détention, les tortures, les viols. Peu à peu, la fuite et l'exil s'imposent à leur esprit. Kinsom le sent à mesure qu'approche la fin de sa peine de trente mois. S'obstiner ne lui servirait à rien. Sa condamnation lui interdit de retourner dans son couvent et elle ne sera admise dans aucun autre. Elle ne pourra ni étudier ni participer au combat de son peuple. Il faudra qu'elle parte à pied, qu'elle franchisse des cols à plus de cinq mille mètres d'altitude sans papiers, car les autorités chinoises ne lui donneront jamais de passeport, de crainte qu'elle ne dénonce les atrocités dont elle a été la victime et le témoin. Mais elle a entendu parler des réseaux clandestins. Elle devra trouver le bon contact et l'argent nécessaire au voyage jusqu'à la frontière indienne ou népalaise. La jeune Yandol, avec ses joues pleines et rouges, son visage de femme-enfant au teint cuivré, partage également ce rêve de liberté. Elle s'imagine en Inde, à Dharamsala, dans un couvent de sa communauté, où elle méditera et s'instruira en attendant de revenir un jour dans un Tibet indépendant. C'est une chimère, pense-t-elle, mais nécessaire pour survivre à Gutsa.

On a transféré les deux prisonnières au pavillon n° 4, celui des détenus politiques, constitué en majorité de religieux. Elles sont soulagées, car elles ont craint d'être mêlées aux détenus de droit commun. Or les Chinois veulent avant tout éviter la contagion réactionnaire chez les laïcs. Les deux femmes partagent leur cellule avec sept autres jeunes nonnes, parmi lesquelles Dawa, dont l'histoire est tristement célèbre dans la prison et dans les milieux de la résistance [1]. En 1989, après son arrestation, elle avait été torturée dans les bureaux de la police. Un des policiers avait brandi une lame de rasoir et lui avait coupé le mamelon du sein gauche et les tendons des gros orteils. Ensuite, on l'avait enfermée dans une cellule disciplinaire

1. L'histoire de Dawa est citée dans *Les Rebelles de l'Himalaya*, de Philippe Broussard, Paris, Denoël, 1996.

sans la soigner. Lorsqu'elle avait été transférée dans la cellule de Kinsom et de Yandol, elle s'était tapie dans un coin comme un animal traqué, les mains sur la poitrine, craignant la présence d'une espionne parmi les détenues. Petit à petit, Kinsom avait gagné sa confiance ; elle lui offrait de la nourriture et la couvrait d'un vêtement quand elle était prise de tremblements. La jeune Yandol était parvenue à laver ses blessures en versant du thé tiède sur ses plaies pour décoller sa peau de ses vêtements.

Excepté la visite mensuelle de la famille et la brève sortie à tour de rôle pour vider le seau qui fait office de toilettes collectives, les jeunes femmes sont plongées durant cette première année de détention dans le plus total désœuvrement. Elles n'ont même pas le droit de parler en tibétain, aussi le font-elles à voix basse, en surveillant du coin de l'œil la porte de la cellule. Toute personne surprise en flagrant délit de méditation s'expose à être pendue par les pieds et rouée de coups. Les heures, les jours et les semaines s'écoulent dans une exaspérante monotonie. C'est comme une image fixe accompagnée d'une bande-son qui aurait été composée par la radio chinoise : on entend le rire grossier des gardiens, les toux, les verrous et le grincement des gonds.

Heureusement, il y a l'amitié. Ce groupe de femmes, privé de toute intimité, constitue une famille. Elles se protègent mutuellement. Pour lutter contre le froid, elles se blottissent les unes contre les autres ; elles se répartissent les vivres apportés par leurs familles ; contre le désespoir, elles partagent la même foi ; contre la peur, les mêmes rêves de liberté. La solidarité est si forte que chacune ressent dans sa chair les épreuves subies par ses camarades. Lorsque l'une d'elles est libérée, les autres s'en réjouissent et celle qui part sanglote. Elle pleure parce qu'elle est seule désormais, loin de ce royaume sacré, protégé du monde profane qu'était devenue sa cellule crasseuse. Ni Kinsom ni Yandol n'ont jamais éprouvé de tels sentiments. Ils n'ont rien à voir avec les émotions qu'elles ont connues sous le toit familial. Le lien qui les unit aux prisonnières est plus profond, forgé par la solidarité face à la douleur. Elles sont soudées par la même pureté d'esprit, la même indifférence à leur souffrance, la même adoration pour leur pays agonisant et pour, symbole suprême, le dalaï-lama.

2.

Le courage et l'indépendance des femmes tibétaines ont toujours surpris les voyageurs qui se sont aventurés au fil des siècles dans le haut pays des neiges [1]. Une vieille légende parle d'une terre où les hommes étaient des soldats ou des serviteurs, jamais des chefs. Le pouvoir était aux mains des femmes. Au grand étonnement des Occidentaux, elles avaient alors deux ou trois époux qui acceptaient de partager leur couche. En fait, la polyandrie s'expliquait par le nombre de femmes insuffisant dans les

1. Sur l'histoire des femmes au Tibet, lire *La Femme au temps des dalaï-lamas*, d'Anne Chayet, Paris, Stock, 1993.

régions les plus reculées. Cette coutume, ajoutée aux dures conditions de vie, a façonné le caractère de la femme tibétaine. Alexandra David-Neel, qui a parcouru seule cette région au début du XXe siècle, a, elle aussi, souligné le courage des Tibétaines [1] : « Peu d'Européennes ou d'Américaines s'aventureraient à vivre sur des hauts plateaux, complètement isolées, par petits groupes de quatre ou cinq. Peu s'aventureraient à entreprendre, dans ces conditions, des voyages de plusieurs mois, voire de plusieurs années, dans des contrées de hautes montagnes solitaires où rôdent des bandits et des animaux sauvages. »

L'occupant chinois se heurtera d'ailleurs à ce tempérament modelé par des siècles de lutte pour la vie au sein d'une nature si hostile à l'être humain qu'elle semble d'un autre monde. Plus attachées à la tradition que les hommes, du fait de leur rôle essentiel dans la famille et dans l'éducation des enfants, les jeunes Tibétaines se battent pour défendre ce qui reste de leur ancienne culture. Pour la plupart d'entre elles, le meilleur moyen d'assurer la survie de cet héritage est de doubler leurs vœux religieux d'un engagement politique ; un religieux peut s'impliquer dans l'action politique plus facilement qu'un civil, qui doit protéger sa famille.

Or, au Tibet, la religion était précisément le seul domaine où, par tradition, la femme n'était pas considérée comme l'égal de l'homme. Les nonnes, moins nombreuses que les moines, ont toujours eu un rôle marginal, voire sous-estimé. Les couvents étaient, contrairement aux

1. *Le Tibet*, d'Alexandra David-Neel, Plon, 1979, cité dans *Les Rebelles de l'Himalaya*.

monastères, des institutions pauvres et incapables de dispenser les mêmes enseignements.

Quelles étaient donc les raisons qui poussaient une jeune Tibétaine à devenir religieuse ? Bien souvent la vocation, mais aussi le désir de plaire à ses parents, ou encore pour échapper à la dure vie des laïcs, pour vivre au côté d'un membre de sa famille, pour progresser dans l'échelle sociale. Porter l'habit de Bouddha conférait un certain statut, mais seuls le dévouement religieux et le sincère accomplissement des vœux inspiraient le respect. Pour toutes ces jeunes, vivre retirées dans un couvent permettait surtout d'accéder à la mémoire collective de leur pays et aux racines de sa spiritualité.

Contrastant avec le nombre de maîtres qui ont marqué l'histoire du Tibet, peu de femmes ont acquis une véritable renommée par leur enseignement, bien que les vies de quelques yoginis soient devenues sources d'inspiration pour les religieuses contemporaines. Les biographies de ces grandes yoginis, très connues des Tibétains, mêlent légende et histoire véridique, de telle sorte qu'il est difficile de les dissocier. Ainsi on raconte l'histoire d'une religieuse qui méditait dans une grotte et ne lavait jamais son habit. À sa mort, ses disciples réduisirent son vêtement en poudre et le mélangèrent à du sable pour préparer des remèdes, qui avaient la réputation de soigner les maladies les plus courantes. Une autre histoire narre la vie d'une religieuse isolée dans une hutte, qui pouvait lire le passé et prédire l'avenir avec la plus grande exactitude. D'autres encore vivaient plus de cent ans en pratiquant le *chulen*, qui consiste à substituer aux aliments ordinaires des herbes ou de petites pierres [1]. Cette littérature évoque enfin des religieuses dont le corps s'est dissipé au moment de leur mort, ou dont la dépouille est restée intacte des jours durant. Pour le bouddhisme tibétain, la réalisation spirituelle est souvent liée à la mort. À ce moment précis, l'esprit peut décider de la qualité de sa future réincarnation, la mort étant un miroir où se reflète tout le sens de la vie. Le passage vers la mort favorise une méditation intense qui permet d'atteindre un niveau sans égal. De fait, l'espoir de tout bon bouddhiste est de mourir avant son maître, sachant que ce dernier saura le guider sur les chemins du *bardo*, laps de temps entre l'agonie et la mort qui est aussi une nouvelle forme de vie dans le cycle des réincarnations. Le bardo est l'écho de la vie entière, c'est pourquoi les maîtres disent que bien vivre, c'est apprendre à bien mourir, pour vivre mieux à nouveau. Dans la tradition tibétaine, on ne célèbre pas l'anniversaire de naissance des maîtres mais celle de leur mort, c'est-à-dire l'illumination.

Lors de l'incinération des grands adeptes, il se produit parfois des manifestations surnaturelles, telles que l'apparition d'un arc-en-ciel ou une pluie de fleurs et d'étincelles. Les personnes présentes à la mort de Jetsunla, une religieuse très dévote, racontent que l'air s'était imprégné de parfum, que l'on entendait le tintement des cymbales et que, lors de son incinération, un arc-en-ciel était apparu dans le ciel. La sainteté de ces femmes suscitait, et continue de susciter, chez les Tibétains une immense vénération.

Les mérites de ces saintes ont permis aux femmes d'être

---

1. *Combat des nonnes tibétaines*, de Hanna Havnevik, Paris, Dharma, 1995.

reconnues dans le bouddhisme tibétain, car au pays des neiges, comme dans les autres cultures, les hommes s'étaient attribué toutes les charges publiques et ecclésiastiques, sans laisser aux femmes le droit d'y accéder. Un moine pouvait recevoir une éducation, obtenir un soutien économique et une position élevée avec une plus grande facilité qu'une religieuse. D'ailleurs, les couvents étaient toujours sous la tutelle d'un monastère voisin et sous l'autorité d'un ecclésiastique. Ce dernier y allait rarement, ce qui, paradoxalement, permettait aux religieuses d'exercer le contrôle des affaires quotidiennes de leur institution.

Pourtant l'histoire récente a bouleversé cette hiérarchie. Depuis que les novices, presque des enfants, se sont engagées dans la résistance, les Tibétains ont commencé à leur porter une vénération sans bornes. Autrefois, ces femmes avaient un rôle secondaire, et, si aujourd'hui elles sont en première ligne, c'est à la fois le signe du désespoir du peuple tibétain, mais aussi celui de sa capacité à résister. En quelques années, elles ont gagné le respect et la reconnaissance refusés durant des siècles. Entre 1988 et 1994, à Lhassa, cinquante-cinq des cent vingt-six manifestations ont été organisées par les nonnes [1]. Les religieuses tibétaines d'aujourd'hui appartiennent à une génération d'insoumises, prêtes à sacrifier leur jeunesse, qui considèrent l'activisme politique comme un complément à la recherche de l'illumination. Elles sont convaincues qu'en consacrant leur vie à la cause elles se réincarneront sous

1. D'après le gouvernement tibétain en exil. Cité dans *Les Rebelles de l'Himalaya.*

une autre apparence humaine, et qu'elles pourront ainsi continuer leur chemin vers le nirvana.

Ainsi s'explique leur détermination. À moins d'atteindre l'Illumination, aucune forme de vie n'échappe au cycle de la naissance et de la mort, cet océan de souffrance appelé « samsara », flux de perpétuelles dissolutions où se manifeste la vie de la matière. Cette condition douloureuse oblige les hommes et les femmes à se réincarner à des niveaux parfois inférieurs à ceux qu'ils ont connus dans leurs vies antérieures. Ils peuvent, par exemple, se réincarner en animaux. Mais, comme la renaissance est déterminée par le karma de chacun (la somme des bonnes et des mauvaises actions accumulées pendant les vies) et par la plus ou moins grande pureté de l'esprit au moment de la mort, dans un certain sens, la réincarnation est un choix. C'est le pouvoir de certains individus méritants que de contrôler leur naissance future à l'instar de Bouddha, le prince qui a vécu comme un mendiant. En accédant à un certain niveau de perfection, celui que les bouddhistes appellent la « conscience subtile », l'esprit humain ne meurt pas, au sens où on l'entend habituellement. Il mérite de renaître dans un autre corps. Les bouddhistes croient que cette conscience primordiale et pure, d'une force sans égale, est aussi le principe créateur de l'existence ; en dernière instance, l'esprit de tout ce qui existe. Cette conscience subtile existe en chacun depuis la nuit des temps et perdure jusqu'à ce que l'illumination soit atteinte. Ils l'appellent « l'être », et elle apparaît sous des formes de vie différentes : animale, humaine et bouddhique. C'est la base de la théorie de la renaissance. Au cours des siècles, l'esprit subtil a adopté des aspects différents et tend toujours vers l'Illumination, vers le nirvana, un repos infini, si grand que l'on s'en éloigne si l'on y pense trop ou si l'on en fait un objet de désir.

Précisément, lorsque l'esprit atteint un tel degré de perfection, il s'oublie lui-même et ne fait qu'un avec le monde, sans réflexion, sans doute et sans distance. Lorsque l'individu parvient à une haute réalisation spirituelle, son esprit choisit sa forme suivante, une renaissance humaine, qui représente le seul espoir de connaître un jour l'éveil. C'est la réincarnation, à laquelle aspirent les religieuses prisonnières, convaincues qu'elles ont en elles quelque chose que rien ni personne ne peut ni détruire ni altérer, et qui ne peut pas mourir. Là-bas, aux confins de l'éphémère et de l'éternel, résident leur secret, leur force, leur volonté de tout sacrifier pour la cause.

3.

Au bout de quinze mois, les autorités décident que le moment est venu d'entreprendre une rééducation plus active. Le temps du simple châtiment est révolu ; maintenant, il s'agit de corriger par le travail et l'endoctrinement les esprits corrompus des recluses. Un matin, on conduit Kinsom, Yandol, Dawa et quatre autres de leurs compagnes à la salle d'interrogatoire. Kinsom frémit d'effroi en approchant de la porte et se le reproche. Elle croyait avoir gagné en sagesse, mais sa terreur lui montre le chemin qu'il lui reste encore à parcourir pour dominer ses émotions. Elle invoque la déesse Tara, perfection de la sagesse, émanation des larmes du Bouddha de la Compassion, l'éternel protecteur du Tibet. Tara préserve des peurs et de l'attachement, et aide à s'éloigner du samsara, du cercle de la vie terrestre, des émotions primaires et de l'océan des douleurs.

Dès le début de la séance, Kinsom comprend qu'elle n'a pas à craindre les décharges électriques ou le supplice de l'aéroplane. Désormais, selon l'officier chinois, les prisonnières seront considérées comme des « étudiantes ». Ne leur a-t-il pas promis la rééducation par le travail ? Les Chinois tiennent toujours leurs promesses. Même la nourriture sera meilleure. Il est vrai qu'elles devront réaliser un certain quota de production. Les Chinois leur offrent la rédemption par la productivité. Et, comme il n'y a pas de choix possible, les religieuses baissent la tête en signe de soumission.

La petite Yandol est assignée aux cuisines. Elle abandonne la cellule très tôt le matin et passe treize heures entre les marmites et les casseroles, à préparer le thé noir ou à cuire à feu doux la soupe de légumes. Lorsque la surveillance se relâche, elle y ajoute des légumes, jusqu'au jour où ils la rappellent à l'ordre. Elle doit multiplier les précautions, mais, à la moindre occasion, elle ajoute un peu de beurre dans la mixture. Elle a accès aux provisions, aussi en profite-t-elle pour voler de la farine et du riz. Un jour, ils la prennent la main dans le sac et l'enferment dans une chambre froide où sont entreposés les vivres. Elle est brusquement entourée de quartiers de viande suspendus à des crochets, de la nourriture comme elle n'en a jamais vu de sa vie. Elle a à peine dix-sept ans. Au début, elle redoute d'être chassée des cuisines, puis le temps passant, d'avoir été oubliée là. Elle se voit semblable à un de ces morceaux de viande inertes ; abandonnée à son sort, elle se dit qu'elle va mourir de froid et d'inanition. Aussi se met-elle à cogner contre la porte, en vain. Une angoisse, comme jamais elle n'en a ressenti, l'étreint. Incapable de dominer cette sensation de claustrophobie, elle voudrait crier, mais sa gorge est si serrée qu'aucun son n'en sort. Elle commence à grelotter lorsque la porte s'ouvre brutalement. Un gardien la fait sortir. Elle s'étonne qu'on ne lui assigne pas d'autres tâches, qu'on ne la frappe pas et qu'on ne l'enferme pas dans une cellule d'isolement. Très vite, elle se rendra compte que le châtiment qu'on lui a réservé est beaucoup plus subtil. Ils la forcent à prendre part, au côté de prisonniers musulmans, à l'abattage des porcs et des canards. Le bouddhiste, et particulièrement le moine, a l'interdiction de mettre fin à toute forme de vie. La pauvre Yandol pleure l'agonie de ces animaux et pleure de rage d'être ainsi obligée de briser ses vœux. Malgré le risque, sa vengeance consistera à continuer de voler de la nourriture pour la partager avec ses compagnes et d'ajouter de l'huile et des légumes dans la soupe. Ce sera sa façon à elle d'aider tous les prisonniers, tant religieux que laïcs, à supporter le calvaire de Gutsa. À cause du froid, du manque d'hygiène et des blessures dues aux tortures, beaucoup de prisonniers sont malades et n'ont pas droit aux soins médicaux. La majorité des gardiens restent indifférents aux plaintes et accusent les malades de mentir.

Mais la fièvre, les douleurs dans le dos et les diarrhées sont bien réelles.

La vie de ces jeunes religieuses est basée sur une complicité parfaite. Chacune essaie par tous les moyens d'aider les autres. Kinsom a été désignée pour travailler dans les serres, une corvée beaucoup plus pénible que celle des cuisines. Lorsqu'elle revient à sa cellule, elle manque de temps pour informer ses camarades de ce qu'elle a vu : des camions pleins de nouveaux prisonniers, essentiellement des moines et des nonnes. Dans la rue, la répression se fait plus dure. Dawa, la religieuse mutilée du sein, assignée au nettoyage des toilettes des officiers, recueille de la part d'autres prisonnières des informations sur les changements dans la politique des Chinois, sur les activités du dalaï-lama ou les dernières rumeurs de la résistance. Sans doute par réaction à tout ce qu'elle a enduré, Dawa est convaincue que le Tibet sera rapidement libéré, ce qui laisse les autres sceptiques. Cependant, à l'écouter, les plus jeunes sentent redoubler leur espoir.

Chaque matin, Kinsom doit rassembler toutes les déjections dans une brouette, les mélanger à de la tourbe et épandre ce mélange sur le potager. Les excréments humains ont toujours été utilisés en Chine comme engrais, et le Tibet ne peut faire exception à la règle. Après, Kinsom se rend aux serres. Les détenus y cultivent des légumes pour les besoins de la prison et l'approvisionnement des marchés locaux. Ils sont tous tenus à un quota mensuel de production, ceux qui ne l'atteignent pas se voient, la première fois, sévèrement réprimandés pendant la séance d'éducation politique, ensuite ils sont punis. Le soir, pendant cette séance odieuse, les étudiants doivent faire des commentaires sur la leçon du matin. Ceux qui y mettent trop peu de conviction ou les simples traînards finissent dans une cellule disciplinaire. Les professeurs, chinois et membres du parti, sont envoyés au Tibet pour dénigrer l'ancien régime : « Nous avons invité le dalaï-lama à visiter Lhassa, et il a refusé de venir » est une de leurs calomnies préférées. « Avant, au Tibet, on coupait les mains et les pieds des prisonniers. Maintenant, cela ne se pratique plus... », disent-ils à un auditoire composé de personnes au corps détruit par la torture. De ces mensonges, Kinsom et ses compagnes tirent encore plus d'énergie pour résister. Le Tibet d'autrefois n'était certes pas un modèle de démocratie, même le dalaï-lama en convient, mais comment ces précepteurs chinois peuvent-ils le leur reprocher, eux qui sont au service d'un État tortionnaire ?

4.

Ainsi s'écoulent les semaines et les mois. Kinsom voit partir ses amies les unes après les autres. Dawa, la jeune mutilée, a été libérée en premier. Elle aspire à réintégrer son couvent, malgré ses antécédents. C'est sa seule chance de survivre, étant donné qu'elle n'a pas d'argent, même pour retourner chez ses parents qui habitent aux confins du Tibet. « Je vous attendrai et ensemble nous irons voir Sa Sainteté ! » leur a-t-elle dit en quittant la cellule, car, comme les autres et avec elles, Dawa rêve de s'enfuir. Elle s'accroche encore à ce rêve le jour de sa libération, alors que, courbée, la peau couleur de cendre, décharnée, elle avance en boitant comme un oiseau blessé vers la porte. À vingt-cinq ans, elle ressemble déjà à une vieille portant sur ses épaules tous les malheurs du monde. Pourtant, elle reste optimiste. Un optimisme qui frise la déraison.

Puis c'est le tour de la jeune Yandol, avec qui Kinsom a partagé misères et espoirs pendant près de deux ans. Le moment venu de se séparer de son amie qu'elle considère comme sa sœur, Kinsom ne peut cacher son désarroi. Les larmes baignent son visage. Elle pleurait lorsque Yandol l'a connue, et c'est en pleurant qu'elle la quitte. Que de chemin parcouru depuis leur rencontre ! Elle prend entre ses mains le visage rond de son amie et l'embrasse de toutes ses forces. « Nous nous reverrons bientôt », lui dit Yandol. Lorsque la porte de la cellule se referme, Kinsom ressent un immense vide. Les jours et les nuits suivantes, il lui semble que Yandol est encore dans la cellule ; elle la sent, comme un mutilé sent son membre amputé. Les yeux mi-clos, un murmure sur les lèvres, elle se réfugie dans la méditation pour ne pas sombrer dans la mélancolie. Au fond de son être, une énergie cachée, celle-là même qui lui a permis de survivre à l'emprisonnement, lui donne force et lucidité. Bientôt, ce sera à son tour d'être libérée.

Un jour, alors que le pire semble passé, les gardes conduisent à l'hôpital toutes les prisonnières de la cellule de Kinsom. C'est un baraquement délabré, sale, avec un équipement vétuste. Une trentaine de prisonnières sont enfermées dans une pièce, meublée de sièges et de poêles à charbon. Les gardiens, avec la plus grande courtoisie, leur ont offert, dans des bols, une boisson très douce. Kinsom ne comprend pas pourquoi on les traite bien tout à coup. Elle ne va pas tarder à le savoir. Sous l'effet de la boisson et de la chaleur elle se met, tout comme ses compagnes, à transpirer énormément et son visage devient cramoisi. Au bout d'une heure, un groupe de médecins chinois entre dans la pièce. Ils s'assoient et, de leurs mallettes, ils sortent de grandes seringues qu'ils enfoncent dans les mains des prisonnières pour prélever leur sang. Ils en remplissent des bouteilles entières. Elles réalisent alors que cette boisson est destinée à activer leur flux sanguin. Certaines, le corps enflé, s'évanouissent. Kinsom a failli perdre connaissance en regagnant sa cellule. Elle est restée une journée entière étendue sur son grabat, incapable de bouger. Les autres prisonnières lui diront que son visage était devenu livide.

C'est une sorte de cadeau d'adieu macabre. En effet, peu de temps après, on lui annonce qu'elle sortira avant la fin du mois de juin, sa peine ayant été écourtée de trois mois. Soit ses gardiens de prison pensent qu'elle est rééduquée, soit il faut faire de la place dans les cellules pour de nouveaux prisonniers. La véritable raison est que Gutsa va être visité par une délégation d'observateurs étrangers ; les Chinois veulent se séparer de celles qui pourraient trop parler ou qui présentent des marques de tortures trop visibles, et Kinsom n'est plus que l'ombre d'elle-même.

« Nous montrons notre bonne volonté en te libérant avant la fin de ta peine. Tu peux être reconnaissante envers la mère patrie », lui dit l'éducateur.

Ils la libèrent le 22 juin 1993. Au moment de remplir les formulaires de sortie, ils font les comptes : elle doit payer deux yuans par jour pour les frais de manutention, soit un total de 1 980 yuans, une somme dont elle ne dispose pas, bien sûr. Mais on lui ordonne de la demander à quelqu'un, sinon elle pourrait bien être retenue en prison jusqu'au règlement de la dette. C'est alors que Kinsom se souvient du reçu de six cents yuans qu'elle a signé le jour de son entrée à Gutsa.

« Prenez cet argent », leur dit-elle, avec la promesse de payer le reste en mendiant dans les rues de Lhassa.

Ils l'autorisent enfin à partir, non sans l'avertir auparavant qu'elle ne doit parler à personne : ni de la nourriture de la prison, ni de la prise de sang forcée, ni des coups et des tortures. En lui remettant ses effets personnels, ils ajoutent :

« Si tu participes à une autre manifestation, nous te tuerons. »

Ce sont les dernières paroles qu'elle entendra avant de sentir dans son dos le grincement des portes métalliques.

Enfin libre ! Kinsom respire à pleins poumons l'air sec du printemps. Elle est devant l'entrée de Gutsa, avec un misérable balluchon et sans un yuan. Toutefois elle est heureuse. Pratiquement toutes les Tibétaines qui ont eu la chance de sortir vivantes de la prison gardent des lésions physiques : soit des problèmes de vue à cause des coups au visage, soit une surdité partielle, soit une claudication ou une faiblesse chronique. Kinsom, quant à elle, souffre d'incontinence urinaire, et la prise de sang l'a laissée sans forces. Mais elle sort victorieuse. Les Chinois ne sont pas parvenus à la briser. Elle a survécu au froid, aux séances de rééducation, au vol de son sang... Désormais, elle se sent plus tibétaine et plus bouddhiste que jamais.

Où aller ?... Vers l'Inde, afin de réaliser le rêve entretenu durant ces longs mois. Mais elle est trop épuisée pour entreprendre un voyage, ne serait-ce jusqu'au hameau de ses parents. Elle doit agir avec calme, savourer sa liberté, s'y accoutumer comme si elle recouvrait un plaisir oublié. Elle décide de retourner au couvent qu'elle a quitté pour une simple course, il y a maintenant trois ans. Elle veut tenter d'y être admise de nouveau, bien qu'elle redoute un refus. Elle portera l'habit, se rasera le crâne et redeviendra celle qu'elle était.

Un camionneur la dépose dans l'agitation de Lhassa, elle a l'impression de plonger dans une ville inconnue. Le centre-ville a beaucoup changé. Dans les années quatre-vingt-dix, trois mille maisons d'un étage ont été détruites. Le quartier traditionnel, qui entoure le temple du Jokhang, est un énorme chantier où poussent en vrac des bâtiments en béton armé. Le bruit assourdissant des pelleteuses et des marteaux-piqueurs se mêle à une circulation effrénée au milieu de laquelle se détachent les nouveaux taxis rouges. Des monuments millénaires et des lieux sacrés sont démolis, victimes du plan de développement urbain. Les petites rues, qui, en 1989, servaient de refuge aux manifestants, ont été transformées en de larges artères pour faciliter l'intervention rapide des forces de l'ordre [1].

1. *Les Rebelles de l'Himalaya*, *op. cit.*

Sous son apparente modernité, Lhassa devient vulgaire. De plus en plus de touristes trottent derrière leur guide chinois, mais il ne faut évidemment pas y voir un signe d'ouverture. « S'ils pouvaient visiter Gutsa », pense Kinsom en croisant un groupe.

5.

La jeune religieuse se rend compte de son état de faiblesse en gravissant les derniers kilomètres qui la séparent du couvent. Elle a les jambes en coton et, tous les deux pas, elle doit reprendre son souffle. Elle qui, autrefois, était capable de porter des sacs de pierres sur son dos ne parvient pas aujourdhui à porter son âme. Mais la perspective de revenir vers son foyer — c'est ainsi qu'elle voit le couvent —, avec ses sœurs, la soutient.

Elle fait des pauses fréquentes. Assise sur une pierre, elle contemple au loin les scintillements orange des derniers rayons de soleil, les sommets des montagnes qui semblent posés sur un édredon de nuages. Plus près, les eaux d'un ruisseau coulent, semblables à du mercure. Les abricotiers sont en fleur, les herbes aromatiques parfument l'atmosphère et le chant des oiseaux baigne le printemps. Ivre de tant d'espace et de tant de beauté, Kinsom poursuit son ascension lentement, en dosant son effort et en s'imprégnant de tout ce qui vit autour d'elle. Peu à peu, l'ombre des montagnes, tel un sombre manteau, s'étend sur la vallée. Kinsom presse l'allure pour arriver avant la morsure du froid.

Son visage s'éclaire à la vue des ardoises argentées du couvent. Sa demeure est toujours là, le fruit de son travail. À ce moment-là, elle ne ressent plus la fatigue, au contraire. Enveloppée par les trilles des oiseaux et le doux arôme des genévriers, elle a l'impression de reposer au centre de l'univers, de se fondre avec la vie primordiale de la création. Oui, il est possible de sortir du champ de bataille qu'est l'existence humaine, de vaincre la crainte de la mort et de la souffrance. Elle en a la certitude en cet instant de bonheur éternel et fugace où son corps, son esprit et la nature forment un tout. Le battement qu'elle entend n'est pas celui de son cœur fatigué, mais celui du cœur du monde. Qu'est-ce que la religion sinon appréhender l'infini à tout moment ? Cette expérience pure, qu'elle souhaiterait prolonger, lui procure une exaltation inhabituelle, comme si la longue nuit de Gutsa n'avait pas existé. Comme si les horreurs, les pleurs de son pays n'étaient qu'un mauvais souvenir, lointain et flou. Comme si le chemin qui conduit au paradis était déjà le paradis.

Il fait nuit lorsque Kinsom parvient au couvent. Elle frappe à la porte. Le cri d'une chauve-souris lui répond. Elle insiste, et finit par entendre un bruit de pas accompagné d'une respiration haletante. Une novice ouvre la porte et prend peur en voyant cette inconnue au visage émacié, échevelée et vêtue de haillons. Kinsom a beau la rassurer sur son identité, la novice est très nerveuse.

— Tu ne peux pas rester ici, lui dit-elle. C'est dangereux, nous sommes constamment surveillées...

Toutes deux savent que les Chinois, pour éviter que la révolte ne s'étende, maintiennent à distance des communautés religieuses les anciens détenus.

— Je n'ai nulle part où aller, répond Kinsom dans un souffle.

Dans l'encadrement de la porte, la novice la scrute.

— C'est bon, entre.

Le couvent n'est plus qu'un bâtiment sans vie où les pas résonnent en un lugubre écho. Non seulement sa construction est interrompue mais, en plus, une partie du toit s'est effondrée. Les religieuses vivent entassées dans trois pièces. Kinsom apprend qu'à la suite des célébrations du prix Nobel de la paix la situation s'est aggravée dans les monastères. Un groupe de dix fonctionnaires chinois s'est installé dans le couvent pendant cinq mois. Ils prenaient toutes les décisions et ont rendu la vie tellement impossible aux religieuses que nombre d'entre elles ont choisi de retourner dans leurs villages. D'autres ont été expulsées. Désormais, les Chinois surgissent à n'importe quel moment, inspectent tout et contrôlent leurs moindres faits et gestes. Sur deux cents religieuses autrefois, il en reste à peine une vingtaine.

Kinsom demande des nouvelles d'Ani Choki, son ancien maître. Les religieuses ne l'ont jamais revue depuis son arrestation. Elles savent qu'elle a été internée dans un camp de travail près de Lhassa et qu'à sa sortie elle est restée en ville où elle vit dans la clandestinité. Elle n'est jamais revenue au couvent, pas même une fois. Kinsom comprend alors le danger qu'elle fait courir aux religieuses. Ani Choki a évité de les compromettre. Elle a agi avec sagesse. Kinsom, au contraire, s'est comportée égoïstement. Son attachement aux souvenirs a été plus fort que son respect d'autrui. Maintenant, elle regrette son attitude.

Elle se cache au couvent le temps de reprendre des forces. Bien que chaque bruit de l'extérieur lui fasse craindre l'arrivée des Chinois et bien qu'elle se prépare à abandonner cette maison, ce séjour lui est très doux. Elle a pris la décision de ne pas se raser le crâne et de ne pas porter l'habit. Il est clair que sa seule chance de survie est en Inde. Pour ce faire, elle doit passer inaperçue et s'habiller en garçon, comme maintenant. Elle a également pris la décision de passer chez ses parents avant d'entreprendre le grand voyage. Non seulement pour se refaire une santé, mais aussi parce qu'elle brûle du désir de les revoir. Peut-être n'aurait-elle pas survécu à Gutsa sans leurs visites, les colis de nourriture et leur soutien constant.

Contrairement à Lhassa, le hameau n'a pas changé. Elle y retrouve les mêmes maisons de pierre entourées de prairies et les mêmes bois de cèdres. Il y a aussi quelques tentes, occupées par de la famille de passage, ou par ceux qui n'ont pas d'argent pour se construire une maison. Les drapeaux de prière flottent au vent. Au début, ses frères n'ont pas reconnu la silhouette décharnée de Kinsom. Il a fallu les cris d'allégresse de sa mère pour que tous, parents et voisins, accourent recevoir la fille prodigue, celle qui a osé crier au nom de tous. Jamais le foyer de ces paysans, en partie nomades, n'a connu un tel débordement de joie et de solidarité. L'enfant est de retour. Maltraitée, couverte de cicatrices, mais vivante. Kinsom les embrasse. Plus tard, elle s'approche de l'autel, toujours le même, allume une lampe de beurre de *dri* [1] et la pose à côté d'une image de Bouddha.

À première vue, il lui semble que le hameau vit au même rythme qu'auparavant mais, au bout de quelques jours, elle se rend compte que la tension règne chez les paysans et les bergers, tenus de donner une partie de leur production aux autorités chinoises. Pour nourrir le nombre croissant des fonctionnaires chargés de les surveiller, les villageois finissent par se ruiner. Et la méfiance règne : les Chinois s'informent de tout et terrorisent la population.

Kinsom apprend l'arrestation d'une de ses amies d'enfance, qui était aussi entrée dans un couvent. Ses parents sont venus lui rendre visite. Ils veulent connaître les conditions de vie du camp de travail de Chizom, où se trouve leur fille, et savoir ce dont elle manque le plus, car, dès que les autorités le leur permettront, ils iront la voir. Kinsom ne leur a rien dit des coups, des viols et des tortures. Au contraire, elle les a rassurés. N'est-elle pas saine et sauve ? « ...Chizom est beaucoup moins dure que Gutsa », a-t-elle ajouté tout en leur offrant une tasse de thé bouillant. Les parents de la jeune détenue sont partis, réconfortés. Kinsom, elle, se sent vidée. Qui sait ce qu'ils infligent à la fille de ces pauvres gens ? La visite de cette famille lui a fait prendre conscience de son propre

1. Le dri est la femelle du yak.

malheur. Elle est surprise de constater que les souvenirs, en affleurant, provoquent en elle une telle souffrance. Une douleur presque physique. Est-elle la même qu'autrefois ou est-elle irrémédiablement marquée ? se demande-t-elle. Cette visite lui apprend combien il lui est pénible de parler de Gutsa, sauf avec ses compagnes de cellule ou avec celles qui ont vécu la même expérience. Ces souvenirs ne se partagent pas. Ils font partie du karma de chacun ; il vaut mieux qu'ils restent cachés au plus profond de la mémoire.

6.

Kinsom passe l'été 1993 avec les siens, mais tout la pousse à s'enfuir du Tibet : le fait de ne pouvoir réintégrer la vie monastique, le contrôle toujours accru des Chinois sur les nomades, l'emprisonnement de la fille des bergers. Là-bas, à Dharamsala, elle pourra continuer à s'instruire, à étudier les textes anciens, à aider les réfugiés. Elle sera utile, libre d'offrir son témoignage, de raconter les détails sanglants de l'occupation de son pays. L'inévitable moment de la décision approche. L'hiver arrive ; si elle ne part pas maintenant, il lui faudra attendre l'année prochaine.

Elle aimerait savoir où est Yandol, sa compagne de captivité, mais par où commencer les recherches ? Le plus urgent est de se rendre à la capitale et de nouer des relations avec un guide, un montagnard disposé à conduire des réfugiés jusqu'au Népal. Une amie, à qui elle s'est confiée, lui dit combien il est difficile de rencontrer quelqu'un d'honnête. Elle a entendu parler d'un couvent à Lhassa, qui met en contact les candidats à l'exil avec des guides de confiance. Le problème est de trouver l'argent, quelque deux mille yuans, l'équivalent de plusieurs mois de traitement d'un fonctionnaire. Kinsom n'a d'autre recours que de demander l'aide de ses proches, tâche on ne peut plus délicate, car elle ne veut pas faire part à ses parents de ses plans de fugue. Elle sait que, en cas de problème, sa famille subira des représailles. De plus, elle est sûre que son père s'opposera à sa décision. Cette fois, elle joue le tout pour le tout. Le périple qu'elle est sur le point d'entreprendre est sans espoir de retour. Ce sera la grande aventure de sa vie, mais elle doit l'organiser dans le plus grand secret.

Kinsom n'a pas eu besoin d'expliquer à ses proches le motif de son voyage. Tous savent qu'elle est marquée au fer rouge et qu'elle ne pourra plus jamais reprendre une vie normale. Lorsque la nouvelle de son départ s'est répandue, de petites sommes d'argent lui sont parvenues de ses oncles, de parents lointains, de familles d'amies emprisonnées... La solidarité, dans les plus hautes montagnes du monde, est aussi naturelle que l'instinct de survie. Kinsom soupçonne sa mère de participer de façon indirecte à la collecte. Cependant la vieille montagnarde ne lui a pas posé de questions ni laissé entendre qu'elle était au courant de ses projets. Le père ne s'est douté de rien. Tous ceux qui aident secrètement Kinsom savent que c'est mieux ainsi.

Un matin d'octobre, Kinsom annonce à ses parents qu'elle se rend pour un court séjour à Lhassa. C'est à peine si elle peut parler tant est grande son émotion. Cette même nuit, le doute l'a assaillie. « Et s'ils m'arrêtent ? » Elle sait que, étant récidiviste, les Chinois s'acharneront sur sa famille. « Ai-je le droit de les mettre en danger ? se demande-t-elle. Ma décision est-elle conforme aux préceptes du dharma ? » Alors, elle s'imagine restant chez ses parents, et elle se trouve dans la même impasse. Être bergère dans ses montagnes ? « Laisser passer la vie sans rien faire pour aider les autres, pour améliorer mon karma ? » Sa décision a un sens. Il faut qu'elle saute le pas, qu'elle prenne le risque. Son expérience l'aidera à relever victorieusement le défi. Elle évite de prolonger les adieux ; cependant, sa mère insiste pour l'accompagner sur le chemin, fidèle à son habitude. Elles n'échangent plus un mot, mais, dans le regard lumineux de la femme, la fille croit deviner un mélange d'inquiétude et de confiance, d'angoisse et d'espoir. Elles s'étreignent en silence. On n'entend que le claquement des drapeaux de prière qui flottent au vent.

À Lhassa, Kinsom se dirige vers un couvent situé près du temple du Jokhang, un îlot de tranquillité au milieu du chaos. Selon son amie, là-bas, on lui dénichera un guide fiable qui ne l'abandonnera pas au premier signe de danger. Une novice lui ouvre la porte et la conduit à travers un dédale d'étroits corridors, jusqu'à une cellule meublée d'un matelas posé à même le sol et d'une petite table garnie d'offrandes et de textes sacrés. La religieuse qui organise les fuites arrive rapidement. Elle est âgée, légèrement voûtée, le visage si ridé qu'on lui donnerait cent ans. Ses lèvres sont fines, et tout en elle respire l'austérité d'une ascète. Elle est habillée en civil, ses cheveux sont longs et raides. Le regard pénétrant de ses yeux noirs et brillants est singulier. Un regard que Kinsom reconnaîtrait entre mille. Elle est en face de son maître, Ani Choki, la sainte rebelle.

Kinsom dira plus tard : « Elle avait l'air en bonne santé, bien que plus maigre. Son corps était comme un jonc après la tourmente. C'était la même vénérable Ani Choki qu'autrefois, un peu plus petite si c'est possible. Seule la vivacité de son regard laissait transparaître l'intensité de sa foi et la force de son caractère. » Toujours aussi sobre, elle ne multiplie pas les démonstrations affectueuses. Elle se contente de serrer un instant, contre sa poitrine, les mains de Kinsom. Ensuite, elle allume quelques bâtonnets d'encens, plaisir raffiné des heures de méditation. Leur doux parfum envahit l'atmosphère de la minuscule pièce. Kinsom se sent transportée aux temps heureux de la reconstruction du couvent. Elle se met à évoquer Gutsa. Elle est tourmentée d'avoir dû rompre ses vœux... Et de quelle façon ! Elle a beau se raisonner, elle est convaincue, dans son for intérieur, de ne plus être pure et ne parvient pas à chasser cette idée de son esprit. Un acte est impur seulement si l'intention est impure.

« Tu ne pouvais rien faire, lui dit Ani Choki. Ne pense plus à ça et va de l'avant... L'important c'est le bonheur, pas la souffrance. »

Ani Choki organise un passage qui aura lieu quatre jours plus tard, le dernier de la saison, car l'hiver approche. D'autres religieuses, anciennes prisonnières à Lhassa, feront sans doute partie de l'expédition.

Kinsom bénéficie d'un répit avant son départ. Aussi Ani Choki lui a-t-elle recommandé d'être la plus discrète possible, de ne parler à personne de sa fuite et surtout de ne pas essayer de retrouver ses compagnes de Gutsa. « Elles peuvent être surveillées », lui a-t-elle dit. Puis elle lui demande de rendre visite à une jeune fille emprisonnée à Drapchi, la prison des longues condamnations. Arrêtée lors d'une manifestation pacifique, son comportement force l'admiration des Tibétains. À vingt et un ans [1], Sandrol, avec l'aide de treize autres détenues, s'est procuré un magnétophone grâce auquel elle a enregistré des chansons patriotiques. Les jeunes prisonnières ont réussi à sortir la cassette de la prison et à la faire circuler en ville. Kinsom l'écoute, le cœur serré. Ces chansons racontent aussi sa propre histoire.

Ani Choki a passé cette cassette en Inde, d'où elle a été diffusée jusqu'en Europe. Les quatorze religieuses ont payé cher leur initiative. Les autorités ont triplé leurs condamnations. Le cas des « chanteuses de Drapchi » ajoute au drame tibétain.

Kinsom doit vaincre sa peur de pénétrer dans l'enceinte d'une prison. Il suffit qu'elle entende le grincement métallique d'une porte pour que les pires souvenirs l'assaillent à nouveau. Mais elle a su se contrôler. Les heures de méditation n'ont pas été vaines. Dans le parloir, les gardiennes

1. *Les Rebelles de l'Himalaya, op. cit.*

sont si nombreuses qu'elle a tout de suite compris qu'il sera impossible d'échanger des informations. Sandrol est arrivée, menottes aux mains et fers aux pieds. Elle est squelettique. Elle sourit comme une enfant. Il n'y a aucune trace de haine dans ses paroles, mais une féroce volonté de résister. Elle a juste le temps de lui raconter qu'elle vient de passer quatre mois dans une cellule d'isolement, car, après une dispute avec une gardienne, elle a été suffisamment courageuse, ou inconsciente, pour crier : « Vive le Tibet libre ! » Elle vient d'apprendre que sa condamnation est passée de neuf à dix-huit ans.

« On sera en l'an 2010 lorsque je sortirai », dit-elle en riant.

Elle charge Kinsom d'en informer sa famille. La jeune femme ne peut poursuivre, le gardien qui les espionne mettant fin à l'entrevue.

Dix-huit ans d'emprisonnement pour avoir lancé des slogans politiques ! La moitié d'une vie derrière des barreaux ! Kinsom est effarée ; personne ne peut mesurer mieux qu'elle les souffrances de Sandrol. Maintenant, elle considère qu'elle a eu de la chance de sortir de Gutsa... puisqu'elle aussi s'est révoltée contre les gardiens.

En quittant Drapchi, elle se dit que non seulement elle portera le message de la jeune femme, mais aussi qu'elle fera tout son possible pour diffuser son histoire au Népal et en Inde. « Nous te tirerons de là », a-t-elle promis à Sandrol, qui lui a répondu par une moue affectueuse, semblable au salut traditionnel des Tibétains, qui se frottent le nez en signe d'amitié.

7.

« Tu pars mercredi prochain », lui a dit Ani Choki. À ma connaissance, il y aura une autre novice, un enfant et une famille *khampa*, peut-être plus. On ne sait jamais, avec les guides.

La discrétion est indispensable durant ces dangereuses tractations pour le passage des fugitifs au Népal. Plus d'une fois, une taupe s'est infiltrée dans un groupe, les guides se méfient de tous.

Kinsom est heureuse. Elle sait qu'il leur faudra franchir les plus hauts cols avant les premières neiges, sinon ils risquent d'être bloqués. Toutefois, elle a confiance ; cette fille des montagnes est consciente de ses limites face au froid glacial et au manque d'oxygène.

Elle a soigneusement préparé son bagage. Elle achète un sac à dos et elle y met d'abord une couverture, puis deux pantalons, une chemise, un pull, des chaussettes de laine, un bonnet et trois paires de chaussures de sport. Ensuite, elle s'occupe des vivres : du tsampa, de la viande séchée, du beurre et du thé. Elle aimerait emporter un souvenir de sa famille, mais il n'y a de place que pour l'essentiel.

Le premier mercredi de novembre, Kinsom prend congé de son maître et amie.

— Nous reverrons-nous ?

— Si ce n'est dans cette vie, ce sera dans une autre..., lui répond, en souriant, la vieille religieuse.

Elle reste un moment dans l'encadrement de la porte,

regardant s'éloigner sa disciple dans la rue. Puis elle rentre dans le couvent afin de poursuivre sa tâche, celle qui consiste à aider les jeunes religieuses à passer de l'autre côté de la frontière. Chaque exilé est une graine, qui fait germer ailleurs la culture et la tradition du Tibet. Les Chinois peuvent détruire leur pays, non leur esprit. Ainsi pense Ani Choki, dans cette glaciale nuit d'automne.

Sac à dos sur l'épaule, Kinsom, inquiète, marche vers le lieu de rendez-vous. La nuit, Lhassa s'étourdit de plaisir. Dans les tripots et les bordels, les Tibétains se soûlent au whisky et au vin chinois. Les bars de karaoké débordent de jeunes prostituées, qui débitent des rengaines à un public de militaires. Les bagarres éclatent pour un rien. Lhassa rappelle les villes des pionniers de l'Ouest américain ou de l'Amazonie, avec des rues animées, des autochtones et des colons qui s'affrontent, des prostituées et des voyous, un monde de violence et de désespoir. Bien qu'habillée en garçon, la religieuse a peur. Elle a l'impression que tous ceux qu'elle croise sont des policiers prêts à donner l'alerte. Mais personne ne la remarque. S'il est difficile de deviner qu'une femme se cache sous cet accoutrement, il l'est plus encore de se douter qu'il s'agit d'une nonne.

Dans la pénombre d'une rue peu fréquentée, elle aperçoit un camion en stationnement. Gris, sans pare-chocs, pareil à un animal féroce. Un groupe discute à voix basse devant la porte de la cabine. Il y a un vieil homme, si maigre qu'il paraît sans poids ni substance. Elle distingue aussi un homme plus jeune, qu'elle suppose être le guide. On ne peut lui donner d'âge précis. Le visage caché par le col de son anorak, il porte des lunettes de soleil jaunes malgré l'obscurité. Il parle d'une voix cassante et surveille les alentours du coin de l'œil.

« Tu as l'argent ? » lui demande-t-il sèchement.

Kinsom serre très fort la liasse de billets. L'homme ne lui inspire pas confiance. Ces quelques morceaux de papier froissé représentent tout l'effort de sa famille et de ses amis, tout son avenir, tous ses espoirs.

« Allons, donne-les-moi. »

Kinsom scrute le visage de l'homme, parsemé de grains de beauté. « Ce doit être un khampa, un enfant des montagnes, des hauts plateaux », se dit-elle. Kinsom n'a d'autre choix que de s'en remettre à lui et d'oublier sa tignasse désordonnée, ses traits austères et ses gestes brusques. De toute façon, il n'y a pas d'autre guide. D'un geste rapide, Kinsom lui remet presque toute sa fortune. Et le guide lui fait signe de monter.

Kinsom jette son sac en premier, puis grimpe à l'arrière du camion. À l'intérieur l'attendent des silhouettes muettes, pitoyables, misérablement vêtues, blotties les unes contre les autres. Kinsom les enjambe et s'assied dans le fond. Elle pose son sac sur ses jambes et relève la tête. En face d'elle est assis un jeune garçon dont les traits lui sont familiers.

« Kinsom ? » murmure le jeune homme.

La jeune femme a du mal à en croire ses yeux. Ce n'est pas un jeune garçon, c'est Yandol, sa compagne de cellule qui, elle aussi déguisée en garçon, est emmitouflée dans une veste en peau d'antilope, que sa mère lui a donnée pour le voyage. Son sourire ne ressemble à aucun autre. Lorsqu'elle rit, ses yeux en amande se plissent au coin des paupières. Stupéfaites, les deux amies se prennent les mains, s'étreignent en étouffant leur joie pour ne pas attirer l'attention. Une joie qui célèbre la magie de la vie. Les autres fuyards les regardent avec méfiance ; l'ambiance n'est pas propice à de telles effusions. Mais comment pourraient-ils imaginer ce qui les unit et provoque ce rire incontrôlable ? Comment pourraient-ils imaginer l'insondable abîme de douleur d'où elles ont réussi à s'échapper ? Les dangers du voyage, l'inquiétante personnalité du guide, les patrouilles chinoises, les tempêtes de neige... tout cela est bien peu de chose comparé à la joie des retrouvailles. Ani Choki, en les réunissant sans rien dire, leur a offert à toutes les deux le plus inespéré et le plus inestimable des cadeaux. Ce voyage ne s'annonce plus comme une aventure pénible et solitaire ; désormais, c'est un acte de résistance, une profession de foi, une étape de plus sur le chemin de la liberté à partager. En une seconde, tout a changé.

« Et Dawa ? » demande Kinsom.

La religieuse au sein atrocement mutilé n'a pas été autorisée à regagner son couvent. Après avoir mendié un certain temps, elle est entrée, comme nounou, au service d'une famille aisée de Lhassa. Depuis Gutsa, elle souffre d'une anémie. Malgré son brûlant désir de les accompagner, elle a dû renoncer à traverser l'Himalaya.

Le moteur ronronne. Le guide aide le dernier passager à monter : c'est un enfant d'une dizaine d'années, aux joues rouges et rebondies, la morve au nez ; il porte une veste à laquelle manquent presque tous les boutons. Il pleure en quittant son père, dont la silhouette s'éloigne dans la ruelle. Cest une véritable fortune que l'homme a remise au guide pour que son fils puisse se réfugier en Inde et étudier à Dharamsala.

« Si l'on nous arrête, on va en pèlerinage, dit le guide. Surtout, vous ne me connaissez pas, et cachez bien l'enfant, car il peut éveiller les soupçons. »

Les passagers ont entendu la portière se refermer, puis le moteur rugir lorsque le conducteur a passé la première. Dès qu'ils roulent, le vent devient glacial, ils se serrent encore plus les uns contre les autres. Le camion passe devant le Norbulingka, l'ancien palais d'été du dalaï-lama, avant de prendre la route de l'amitié qui relie Lhassa à Katmandou. Cette route n'est goudronnée que sur les premiers kilomètres. De temps à autre, des bornes, où figurent des nombres qui semblent indiquer l'altitude, signalent en réalité la distance jusqu'à Pékin.

Yandol regarde l'enfant avec inquiétude, se demandant comment il va résister aux rigueurs du voyage. Il n'est pas préparé à l'odyssée qui les attend. Il porte une simple veste sur un pull épais et des chaussures de sport usées. L'enfant fait de la peine à la jeune religieuse, qui devine aisément pour quelles raisons ses parents l'ont mis dans ce camion. Chaque année, des centaines d'enfants sont exilés par leur famille parce qu'ils ne peuvent pas être élevés comme des Tibétains dans leur propre pays. On les force à devenir chinois. En Inde, les jeunes réfugiés sont à la charge de la communauté en exil. Éloignés de leurs parents, définitivement dans la plupart des cas, ils deviennent des orphelins de fait.

Le camion traverse le Tsang-Po, un fleuve qui, dans les basses régions de l'Inde, devient le tumultueux Brahmapoutre. Les passagers échangent à peine quelques mots. Les histoires, les plaisanteries, les contes et les rires d'un peuple plein de vie et de bonne humeur se sont taris. De temps en temps, l'un d'eux soupire ou prie, mais ce murmure finit par s'éteindre. Seule la chaleur des corps les préoccupe encore.

Le vieil homme, un peu à l'écart des autres, paraît ne ressentir ni tristesse ni anxiété. Au-delà du paysage lunaire, son regard intérieur semble découvrir des vallées enchantées, des villes animées et des steppes immenses. C'est le Tibet. Il en connaît tous les chemins et tous les sentiers. Dès qu'il le voudra, il pourra retrouver ces images au fond de sa mémoire. Vivre, pour lui, c'est se souvenir.

Dans la nuit, Kinsom imagine la vie des villages que traverse le camion : la chaleur que les animaux exhalent en dormant, la toux des enfants, les plaintes des vieillards, au loin l'aboiement d'un chien, l'odeur de la fumée, de la paille et du beurre rance, la flamme vacillante de la lampe qui éclaire les autels cachés, la lune qui grimpe jusqu'au cœur du ciel. Elle pense à sa famille, à son père. A-t-il compris sa décision ? Lui qui désirait tant que sa fille reste au hameau, à mener une vie simple et tranquille, que penserait-il en la voyant dans un camion à côté de ces corps transis ? Se séparer de ses parents, c'est aussi le cours naturel de l'existence ; en fin de compte, à chacun son karma.

Chaque kilomètre parcouru est malgré tout un déchirement. Les reverra-t-elle ? Se promènera-t-elle à nouveau dans les rues de Lhassa ? Reviendra-t-elle au Tibet ? Un instant, l'idée que la fuite est un acte de lâcheté, qu'elle laisse ses compatriotes seuls face à l'envahisseur, lui traverse l'esprit. Il est trop tard pour douter : un contrôle de police oblige le camion à s'arrêter. Les passagers retiennent leur respiration tout en écoutant le guide expliquer qu'ils se rendent au mont Kailash, lieu sacré de l'hindouisme et du bouddhisme. Le faisceau des phares éclaire le guide qui montre aux soldats un papier froissé : l'autorisation pour le pèlerinage. Il a payé très cher ce visa intérieur. Afin de s'assurer du succès du voyage, le guide a dû soudoyer un haut fonctionnaire et lui offrir une énorme quantité de bière, ce qui n'a pas été sans répercussions sur le prix du voyage.

Le camion poursuit sa route. Kinsom et Yandol se sont endormies l'une contre l'autre. Pour franchir les cols des montagnes, le véhicule, monstre rugissant, se transforme en guimbarde plaintive qui gravit péniblement la piste sinueuse. La carrosserie craque, l'arbre de transmission grince, le tuyau d'échappement pétarade. Parfois, la route est si étroite que les roues tournent dans le vide. Il suffirait d'une maladresse, un moment de distraction du conducteur, une défaillance du moteur ou des freins, pour que tous finissent dans le ravin.

À l'aube, lorsque les faibles rayons du soleil apparaissent au loin sur les sommets montagneux, le camion est déjà près de Shigatse, la deuxième ville du pays, dominée par le monastère grandiose de Tashilumpo, siège historique du panchen-lama, la seconde autorité spirituelle du Tibet. Ce monastère a lui aussi été pillé par les troupes de l'Armée rouge. Le guide affirme qu'il vaut mieux attendre dans la campagne plutôt que dans la ville où les auberges et les restaurants regorgent d'informateurs. Le camion a poursuivi son chemin et s'arrête derrière une rangée de saules pleureurs, entre deux champs d'orge.

Les passagers descendent du camion et, pour la première fois, s'observent à la lumière du jour, une lumière absolue, intense et pure. Selon les Tibétains, la lumière est l'œil de Bouddha, elle peut traverser les masques et révéler la vraie nature des choses. Ils regardent le guide avec méfiance, sous l'éclat du soleil il a vraiment l'air d'une crapule. Les passagers sont étonnés de se trouver là, si différents les uns des autres. Les femmes préparent le thé, pendant que le gamin court autour du camion avant de tomber, épuisé. Kinsom leur paraît rassurante, peut-être à cause de son aspect de montagnarde robuste. Yandol, elle, semble beaucoup plus fragile. Le fait qu'elle sache lire et écrire le chinois et le tibétain éveille une certaine admiration chez les autres. Le vieil homme reste toujours en retrait, semblable à un sage des temps anciens, capable de tout sauver par la seule pureté de sa voix. Il passe son temps à chantonner, et cette musique va et vient comme le vent, subjuguant les autres.

8.

Le camion redémarre à la tombée de la nuit. Les passagers ne réussissent pas à se reposer. Ils sont trop impatients et trop nerveux en songeant à l'interminable étape qui les attend. Le guide a décidé de rouler jusqu'aux alentours de Tingri, le dernier village avant la frontière, et, là, de continuer le chemin à pied. Le trajet se révèle très pénible. Le camion va si lentement pour franchir le col, à cinq mille deux cents mètres d'altitude, qu'un marcheur pourrait le dépasser. Le froid est vif. Plusieurs fois, les passagers, blottis à l'arrière du camion, ont cru tomber dans le vide, surtout lorsqu'un véhicule arrivait en face et que le camion était obligé de mordre sur le bas-côté. Comme la veille, le guide a estimé plus prudent de passer la nuit dans la campagne plutôt que dans la ville, où soldats, commerçants et camionneurs font halte pour se reposer et manger. Ils ont déjà quitté la route autorisée par le visa intérieur. Dès lors, toute rencontre avec une patrouille chinoise signifierait la fin du voyage.

Il fait encore nuit lorsque le camion traverse la ville délabrée de Tingri. Au lever du jour, les sommets montagneux se dessinent à l'horizon, comme une succession de dents acérées où se détachent l'Everest et son voisin le Cho Oyu ; là où il manque une dent, on peut apercevoir le bleu du ciel du Népal. C'est le col de Nangpa, perché à cinq mille sept cent seize mètres d'altitude. Le chemin de la liberté. Le camion a fait un détour pour éviter un campement militaire et a continué sa route pour s'arrêter enfin au milieu d'une vaste étendue désertique. Un vent glacial balaie le plateau, et les crêtes blanches des montagnes ont l'air encore plus imposantes. Le guide fait descendre les passagers à l'abri d'une colline et leur annonce qu'il va à la ville pour y déposer le camion ; il reviendra à la tombée de la nuit.

— Tu vas nous laisser seuls ? proteste Kinsom.

— Il faut que je rapporte le camion. Restez tranquilles, coupe le guide.

— Si tu nous rends notre argent, nous serons plus tranquilles.

Le guide la regarde avec indifférence. Sans même répondre, il met ses lunettes de soleil jaunes sur son nez proéminent et monte dans la cabine. Le véhicule disparaît sur la piste, laissant derrière lui un nuage de fumée. Les passagers, perplexes, tentent de dissimuler leur inquiétude. Ça sent l'escroquerie. Mais que faire ? Ils sont au milieu d'un désert, entourés de rochers et d'herbes, à la merci de n'importe quelle patrouille.

Ils improvisent un bivouac. Adossées à leurs sacs à dos, les religieuses réfléchissent. L'enfant partage l'angoisse générale ; il ne joue pas, il ne rit plus. Comme les autres, il attend le retour du guide ou qu'il se passe ce que personne ne veut imaginer. Le vieil homme médite. En contrebas, près du ruisseau, des vautours jaunes planent au-dessus d'un cadavre, spectacle habituel sur les hauts plateaux. La terre, trop dure, ne permet pas aux Tibétains d'enterrer leurs morts ; le corps du défunt est déposé sur un rocher, où il est dépecé et dévoré par les animaux sauvages ; les os sont brisés et réduits en poudre, puis offerts aux oiseaux, qui les mangent. Ainsi, la mort retourne à la vie. Peut-être les oiseaux de proie prennent-ils ces étranges silhouettes pour des cadavres, car un jeune aigle, au resplendissant plumage noir et bronze, s'approche d'eux en poussant des cris aigus. Il passe si près de la tête de Kinsom que cette dernière sent le battement de ses ailes. Ce présage de mort la fait sursauter. Le geste brusque de la jeune femme effraie l'oiseau noir, qui s'éloigne rapidement.

Les heures passent avec une lenteur exaspérante. Le guide n'a encore donné aucun signe de vie, et le moindre mouvement suspect dans ce paysage lunaire a raison de l'apparente tranquillité du groupe. De temps à autre, tous, excepté le vieil homme, se précipitent derrière des monticules de terre, seules cachettes possibles. Pourtant, chaque fois, il s'agit soit d'un berger, soit d'un troupeau de yaks. En fin d'après-midi, Kinsom ne croit plus au retour du guide. A-t-il été arrêté ? S'agit-il d'une escroquerie pure et simple ? Que faire ? Il ne leur reste qu'une somme d'argent ridicule, insuffisante pour payer un autre guide. Dans ces conditions, ils sont réduits à avancer seuls, ou à retourner comme ils le peuvent à Lhassa pour tenter de nouveau leur chance. Kinsom, encore perturbée par le vol sinistre de l'oiseau au-dessus de sa tête, suggère de continuer. Le vieil homme rit à cette folie. Oui, c'est une folie, mais elle se sent parfaitement capable de l'accomplir. Elle essaie de convaincre Yandol de l'accompagner, mais cette dernière refuse de céder à la tentation.

« C'est imprudent », lui oppose-elle.

Ils s'arrangent comme ils peuvent pour passer la nuit au milieu de la désolante nudité de ces rochers balayés par le souffle glacial des cimes du monde. Ils trouvent difficilement le sommeil.

Le lendemain matin, Kinsom annonce au groupe qu'elle s'en va. Yandol est déchirée entre l'envie de suivre son amie et son instinct de survie. Elle essaie de calmer l'impatience de Kinsom, en vain.

— Je pars.

— *Tashi delek* (bonne chance), lui souhaite Yandol.

Le vieil homme sourit, incrédule. Yandol est déçue de ne pas avoir réussi à fléchir son amie qui est aussi têtue qu'un yak. Kinsom met son sac sur son épaule et part. Au bout de cent mètres, elle jette son bagage à terre, scrute l'horizon, reprend son sac et fait demi-tour. Elle revient vers le groupe ; non qu'elle ait eu peur des dangers du voyage en solitaire, mais elle n'a pas la force morale d'abandonner ses compagnons. Yandol l'accueille avec cet incomparable sourire qui laisse apparaître des fossettes sur ses joues. Le vieil homme rit de nouveau.

Ils passent la matinée aux aguets. Lorsque le soleil atteint le sommet de la voûte céleste, une lueur au loin attire leur attention. C'est le camion du guide. Les fugitifs rassemblent précipitamment leurs maigres bagages. Soudain l'euphorie fait place au doute. Et si ce n'était pas le guide ? Si c'étaient des soldats chinois venus les arrêter ? Pris de panique, ils se dispersent en tous sens. Certains se cachent derrière des fourrés, d'autres derrière des rochers ou dans des ornières. Le vieil homme se tient debout, immobile, fier. Cet homme, décharné, semble tout savoir. Il vit depuis si longtemps, et les racines de ses souvenirs sont si profondes, que rien ne paraît le surprendre ou l'inquiéter.

Ils restent ainsi jusqu'au moment où ils distinguent le véhicule. C'est une camionnette conduite par le guide chaussé de ses éternelles lunettes de soleil jaunes et pleine de passagers. Ce ne sont pas des Chinois mais des khampas, des fugitifs eux aussi, vêtus de leurs habits traditionnels, avec leurs longues chevelures flottant au vent où sont enfilés des turquoises, des anneaux d'os de yak, des rubans rouges et d'anciennes pièces de monnaie en argent, trouées au milieu. Kinsom et ses camarades sortent de leurs cachettes, sous l'œil ahuri du guide, qui ne comprend pas quelle mouche a piqué ses clients. La religieuse a choisi de se taire et de ne pas se plaindre du retard. Une attente si frustrante et une telle angoisse... parce que le guide a profité de la dernière étape pour recueillir plus de gens et tirer un meilleur profit de l'expédition. Le groupe aura plus de mal à passer inaperçu, se disent les religieuses. Cependant, hantées par l'idée qu'elles doivent atteindre le versant népalais de l'Himalaya le plus vite possible, elles préfèrent se fier à leur bonne étoile et à l'expérience du guide.

« On y va ! » annonce l'homme, tandis que la camionnette conduite par un autre s'éloigne en sens inverse.

Le guide commence à marcher, sans attendre que les derniers passagers soient prêts.

Cet enfant des montagnes est si dur qu'on se demande s'il a un porte-monnaie à la place du cœur. Mais il connaît son affaire et sait prévoir le temps en observant le ciel. Les gros cumulus qui s'amoncellent au sud annoncent la neige. Sur les collines fouettées par la bise, il presse l'allure, indifférent à ce qui peut arriver aux membres de l'expédition. Il s'adresse aux fugitifs uniquement pour leur répéter que, si les Chinois les interceptent, ils doivent dire qu'ils sont des pèlerins... Chaque fois qu'il jette un coup d'œil en arrière, il semble se demander si ces pauvres diables supporteront quinze jours de marche. Il sait que le groupe est trop disparate pour avancer rapidement. Équipés comme ils le sont, il suffit d'une tempête de neige pour que la majorité périsse. C'est pourquoi il ne peut se permettre aucun sentimentalisme. Il marche vite, tel un automate, tête baissée face au vent violent, tout en sachant que le groupe le suit avec difficulté.

En face, l'Himalaya dresse ses murailles. Au cours de la matinée, l'enthousiasme des fugitifs diminue. Sans s'arrêter, ils s'enduisent le visage de beurre de yak afin de se protéger des brûlures du soleil. Il se trouve toujours quelqu'un pour passer de la graisse sur le visage de l'enfant ou pour lui offrir de l'eau. Affublé de lunettes de soleil trop grandes, il a été adopté par le groupe. De ses lèvres minces ne sortent ni une plainte ni une lamentation.

Les khampas n'ont pas l'air affectés par la marche. Si jadis leur réputation de féroces guerriers en a fait la terreur des caravanes, aujourd'hui ils sont considérés comme de solides montagnards. Plus grands et plus robustes que la majorité des Tibétains, ils sont originaires d'une région de l'Est, aussi étendue que la France, et restée inaccessible pendant des siècles à tout étranger. Les khampas ont toujours repoussé les tentatives de conquête. Même Gengis Khan n'a pas réussi à les soumettre. Ils ont d'ailleurs été les premiers à se révolter contre l'Armée rouge. Les Chinois ont beau les appeler « les chiens de compagnie de l'impérialisme », eux, les khampas, ne croient que ce qu'ils entendent depuis leur naissance : Ils sont d'« une race de rois ».

Pour Kinsom et Yandol, l'autorité avec laquelle le guide mène sa troupe les convainc peu à peu qu'il est un digne héritier des rebelles d'autrefois. De plus, elles ont appris que les khampas sont originaires du même village que le guide et qu'il les conduit gratuitement de l'autre côté de la frontière. En fin de compte, ce n'est peut-être pas le rapace qu'elles imaginaient, uniquement motivé par l'appât du gain, peut-être abrite-t-il, dans son cœur, la grandeur de sa race.

Maintenant il leur inspire un tel respect qu'elles n'osent pas lui adresser la parole. De toute façon, il marche très loin devant elles, à un rythme qui interdit toute conversation. Il avance d'un pas régulier, sans hésitation, comme s'il connaissait exactement le moindre repli du terrain. Le cortège de fugitifs s'étire sur une cinquantaine de mètres. On dirait des soldats en déroute. Ils n'ont rien à envier aux voyageurs qui, depuis des siècles, ont parcouru ce même chemin. Autrefois, les transports se faisaient cependant à dos de yak et les riches marchands bénéficiaient d'une escorte pour repousser les attaques des bandits. Les fugitifs de Lhassa n'ont que leurs canifs pour affronter ces nouveaux bandits de grand chemin que sont les soldats chinois.

9.

Les marcheurs se lèvent à l'aube et, malgré les kilomètres parcourus, les rivières traversées et les pentes rocailleuses dévalées, les montagnes de l'Himalaya leur semblent toujours inaccessibles. Derrière chaque sommet franchi, il en surgit un autre, encore plus haut. C'est à désespérer car la cadence imposée par le guide est épuisante. Après quinze heures de marche, ils campent près d'une source ou d'un ruisseau. À une telle altitude, il faut boire au moins six litres d'eau quotidiennement pour éviter la déshydratation. Les femmes profitent de la moindre halte pour préparer du thé. Mélangé à de la farine d'orge, il constitue la base de leur alimentation.

Les fugitifs dorment à la belle étoile, blottis sous les couvertures. Kinsom se rappelle sa vie de bergère, lorsqu'elle s'était trop éloignée du village et qu'elle devait passer la nuit couchée dans l'herbe. Le froid ne lui fait pas peur. Comparé aux cellules glaciales de Gutsa, le climat de ces contrées sent la liberté.

Yandol le supporte moins bien. Au moment de dormir, elle enfile tous les vêtements qu'elle transporte et s'approche si près du feu que, plusieurs fois, les bords de son manteau en peau d'antilope, offert par sa mère, ont brûlé. Il n'y a pas de bois, mais, sur le chemin, chacun ramasse suffisamment de bouses de yak pour les faire flamber. Les khampas, à moitié nus, se pelotonnent devant le foyer et pétrissent du tsampa en fredonnant des chansons. Le vieil homme, d'une voix très douce, raconte tant d'histoires qu'il donne l'impression d'avoir parcouru le monde entier dans une autre vie. Sa voix enchante les khampas, même s'ils se méfient de lui et se tiennent à distance, se demandant si le vieil homme est un vagabond, un moine, un saint ou un sorcier. Quoi qu'il en soit, ce dernier bénéficie du respect inspiré par ce que les Tibétains nomment la « folle sagesse ».

En réalité, ce vieillard réalise un vieux rêve : rencontrer son petit-fils, moine dans un monastère de réfugiés tibétains au sud de l'Inde. Son fils a fui le Tibet, vingt-cinq ans plus tôt. Le vieil homme ne veut pas mourir sans le revoir et sans connaître ce descendant qui s'est engagé sur le noble chemin du dharma. Il est si fier de son petit-fils que son visage s'illumine lorsqu'il en parle.

Le matin, les voyageurs sautillent, courent, bougent sans arrêt afin de ne pas geler sur place. Ces dix minutes pour rassembler les effets et lever le campement sont les plus dangereuses de la journée. Ensuite, tout n'est question que de chance et de résistance.

Le guide, qui a effectué plusieurs fois ce trajet, sait que cette étape n'est rien comparée aux suivantes, sinon un simple entraînement avant de gravir les plus hauts sommets. Là-bas, les accidents et les maladies prendront des proportions dramatiques, et il n'y aura aucune aide à espérer.

L'enfant marche, résigné, une grimace de douleur sur le visage. Bien que courageux et résistant, il a de plus en plus de mal à suivre. Dans les pentes escarpées, les adultes le prennent sur leur dos ou sur leurs épaules, et ils le posent sitôt après car il est indispensable que l'enfant marche s'il ne veut pas voir ses membres geler. Dans les descentes, l'enfant court comme une chèvre. Si, au début du voyage, il s'est montré renfermé, il s'est peu à peu ouvert aux adultes. Même le guide, en dépit de sa rudesse, s'est attaché à lui. À chaque étape, il lui demande comment il se sent. Mais la réponse n'est jamais très enthousiaste. Au fur et à mesure qu'ils montent, le froid est plus intense et le temps instable. Les vents se lèvent d'un coup, et la température baisse brutalement de quinze ou vingt degrés. À quatre mille mètres, les nuages sont si épais qu'ils se distinguent à peine. Quelques secondes plus tard, une tempête de neige se déchaîne. En bas, au fond de la gorge, un profond silence succède aux chutes de pierres. Brume, neige et silence. Les nuages s'éloignent rapidement et apparaissent alors les sommets de l'Everest. Plus près, les ailes d'un freux recueillent la lumière argentée de l'Himalaya.

Yandol traverse le torrent. Au moment où elle essaie de récupérer le sac que lui tend Kinsom de la rive opposée, elle le laisse bêtement tomber à l'eau. Kinsom éclate de rire, imitée par le reste du groupe, même si cela signifie qu'elle va porter des vêtements mouillés et manger des aliments ramollis. Cet esprit insouciant définit les Tibétains, traduit leur profonde confiance en la vie dénuée de fatalisme.

Ils ont marché toute la journée, lorsque le guide s'arrête soudain, comme s'il pressentait une menace. Personne ne voit rien ; l'homme ordonne de rompre la file et de se cacher en silence. Tous se sont rendus invisibles parmi les rochers et les pierres. « Que se passe-t-il ? » chuchote Yandol, apeurée. Kinsom, habituée aux bruits de la montagne, a entendu un ronronnement lointain. La nervosité du guide l'inquiète profondément. Un danger les guette... Mais lequel ? Peut-être une avalanche, pense Kinsom. En général, on entend d'abord un lointain grondement qui s'achève dans un bruit de tonnerre.

C'est Yandol qui, la première, aperçoit l'hélicoptère. Il vole à moyenne altitude et se dirige vers eux depuis le fond de la vallée. Une étoile rouge est peinte sur la carlingue. « Ne bougez pas ! » leur crie le guide. Le vieil homme, les khampas, les nonnes... plaqués au sol, sont tous pétrifiés, tenaillés par la peur, ils retiennent leur respiration, leur cœur bat la chamade. Ils n'auraient jamais pensé qu'un appareil si petit puisse faire autant de bruit : la terre semble trembler. Puis le monstre disparaît de l'autre côté de la vallée, laissant derrière lui une traînée d'angoisse. Les deux amies savent que, si elles sont arrêtées, on leur infligera une longue peine. Les bourreaux de Gutsa se feront un plaisir de les torturer de nouveau pour avoir voulu rejoindre le dalaï-lama. Elles sont atterrées car, ici, elles avaient presque réussi à oublier les maux qui dévastent le monde. Cet oiseau de mauvais augure est venu les rappeler à leur sort. Combien de temps faudra-t-il encore pour qu'une patrouille se lance à la poursuite des fugitifs ?

Sur l'ordre du guide, ils sortent de leurs cachettes, mettent les sacs sur leur dos, dépoussièrent leurs vêtements et enfilent leurs bonnets.

« Il y a plus de quarante sentiers qui mènent au Népal. Il est impossible que les patrouilles les surveillent tous. Nous allons changer d'itinéraire. Nous nous cacherons une partie du jour et nous marcherons une partie de la nuit. »

La colonne reprend sa marche, à une allure encore plus soutenue. Elle a dû quitter le chemin et traverser des champs plusieurs heures durant jusqu'à ce qu'elle trouve un autre chemin. Une alouette, un martinet et quelques vautours volent à mi-hauteur dans un lugubre battement d'ailes. Parvenus à un col de montagne de moyenne altitude, ils croisent un chorten, un petit tas de pierres couronné de bâtons et de chiffons, percé d'une ouverture destinée aux offrandes. Les « drapeaux de prière » agités par le vent, portent chance aux voyageurs qui franchissent le col pour la première fois. Des inscriptions sacrées sont gravées sur les pierres de ces sanctuaires, et on a l'impression qu'elles sont là depuis la nuit des temps. Dès qu'elles le peuvent, les nonnes se recueillent quelques minutes près des drapeaux de prière, bannières multicolores imprimées de textes sacrés qu'on ne rencontre que dans les pays bouddhistes de l'Himalaya. Il y en a dans les maisons, les temples, les grottes les plus isolées, les cols de montagne... La croyance veut que le vent, en les faisant ondoyer, porte aux quatre coins de l'univers la bénédiction des prières. Les Tibétains les appellent « chevaux du vent », car ils évoquent la crinière des coursiers au galop.

Dans la journée, essoufflés par l'altitude, les voyageurs se parlent à peine. Alors qu'ils traversent un défilé, le guide désigne cinq animaux argentés, bleu et gris, en train d'escalader la paroi rocheuse de l'autre côté du torrent. Ils les regardent grimper jusqu'à ce qu'ils disparaissent dans la neige, engloutis par les nuages qui courent au-dessus de la vallée. Ce sont des *bharales*, des agneaux bleus de l'Himalaya. Vers l'est brille l'Everest, entouré d'un halo, tandis que l'astre roi étincelle, incandescent, dans ce ciel bleu sans nuages.

Ils voient des aigles, des renards, des daims et des gazelles... mais le roi des montagnes est, sans aucun doute le yak, ce bovin noir et poilu, aux cornes acérées, que précède toujours un léger tintement de cloches les avertissant d'une présence humaine. Soudain, apparaissent, le long du sentier, un homme et une femme vêtus de l'habit tibétain, une tunique serrée à la taille par une ceinture et des pantalons bouffants enfilés dans des bottes de laine rouges attachées aux chevilles pour l'homme, un tablier à rayures et des vêtements noirs pour la femme. Le guide rassure sa troupe : ces bergers ne sont pas en relation avec les Chinois. De plus, ils pourront donner de précieuses indications sur le temps de l'autre côté du col. Les fugitifs n'ont pas encore atteint le col de Nangpa.

L'enfant, le visage à moitié brûlé par le soleil, les vêtements déchirés, boit avidement le lait de dri que lui offrent les bergers. Avec leur museau aplati, les yaks et les dris sont des bêtes hirsutes qui pèsent plus d'une demi-tonne. Malgré leur mauvais caractère et leur entêtement proverbiaux, elles sont aussi attachantes qu'utiles. Leur viande et leur lait nourrissent les hommes, leur laine les habille, leur cuir sert à fabriquer les tentes. Les yaks ont une qualité unique : ils ne peuvent pas vivre au-dessous de trois mille cinq cents mètres d'altitude. Ils ne supportent ni la basse pression atmosphérique ni la chaleur. Le vieillard raconte qu'autrefois, pour s'amuser, les Tibétains offraient des yaks sauvages à leurs ennemis et comment l'un d'entre eux avait désarçonné un officier chinois. Toute la troupe éclate de rire.

10.

Sur le glacier, le terrain devient plus irrégulier et plus dur. Obligés de changer d'allure constamment, les marcheurs doivent faire attention de ne pas se tordre les chevilles. Ce simple incident peut signifier la mort. Kinsom le sait ; elle inspecte le sol, pose d'abord un pied, puis l'autre, comme si elle traversait un champ de mines. Même elle, si solide, montre des signes de fatigue. Derrière, Yandol, épuisée, avance lentement. Tous les deux pas, ses genoux flanchent et elle tombe. Se relever lui demande un terrible effort. La neige, qui recouvre les roches et les plaques de glace, rend l'ascension encore plus pénible. Les khampas, eux, sont victimes de la « cécité des neiges », une brûlure de la cornée qui survient quasiment sans prévenir et qui donne l'impression d'avoir du sable sous les paupières. Le temps est le seul remède. Le soir, autour du feu, ils se soufflent mutuellement dans les yeux. Les cataplasmes de feuilles de thé que leur applique Yandol calment leurs brûlures. Les jours suivants, ces courageux guerriers, les yeux couverts de morceaux de tissu, marchent en une colonne aveugle derrière les nonnes qui ouvrent le chemin. Ils trébuchent, ils gémissent. Le guide, irrité que ses compagnons n'aient pas pris la précaution d'emporter des lunettes de soleil, ne leur prête pas la moindre attention.

On commence à compter les victimes du voyage. En traversant le glacier, Kinsom aperçoit quelques gouttes de sang sur la neige. Elle finit par comprendre que l'enfant saigne : les semelles de ses chaussures de sport sont trouées. Il a la plante des pieds déchirée par la croûte gelée de la neige, il boite. Malgré la douleur, il ne se plaint pas. Peut-être pense-t-il, en bon Tibétain, que le destin individuel ne doit pas être un obstacle à la sauvegarde du groupe. Inutile d'attendre la moindre pitié des montagnes ; ici, seul compte l'instinct de survie.

Kinsom doute maintenant que l'enfant puisse endurer le voyage. Les khampas, qui le portent à tour de rôle dans les passages difficiles, sont aussi épuisés, à moitié aveugles et transis. Appuyé contre leur dos, l'enfant semble rassuré, tranquille, et ne montre pas de signes d'épuisement. En réalité, l'enfant se laisse vaincre par l'implacable ennemi de ces contrées : le froid. Malgré son optimisme inébranlable, Kinsom craint une tragédie.

Cette nuit-là, tout le monde s'occupe du jeune fuyard, dont les pieds sont ensanglantés et les orteils violacés, premiers symptômes de gelure. Kinsom fait fondre un peu de neige dans une casserole. La température est si basse que l'eau gèle à nouveau en quelques secondes, empêchant de nettoyer les plaies. Après lui avoir massé les pieds, Kinsom lui prête une sorte d'enveloppe de peau destinée à recouvrir les chaussures, un vieux procédé de berger pour ne pas glisser et pour se protéger de l'humidité. L'idée ne l'effleure pas qu'elle aussi pourra en avoir besoin ; il lui reste encore une paire de chaussures de rechange. Assis autour d'un faible feu, les autres tapent du pied sur le sol pour se réchauffer en se partageant leur ration de viande séchée et en buvant du thé brûlant. Ils n'ont plus un vêtement dans leur sac ; ils ont enfilé tout ce qu'ils avaient et se sont allongés sur un lit de pierres arrachées à la glace. Pelotonnée sous les couvertures, Yandol serre fortement, de ses doigts glacés, la main de Kinsom. Mais, dans les montagnes, le vrai froid arrive la nuit, quand la température chute de plusieurs degrés et que l'air gelé s'infiltre sous les couvertures. Grelottant, blottis les uns contre les autres, tous écoutent durant des heures le hurlement du vent qui descend des cimes.

Le lendemain matin, le ciel est bleu et bientôt les rayons du soleil réchauffent leurs corps. Ce beau temps, une excellente nouvelle, va leur permettre de franchir le col. Pourtant le guide, lui, ne partage pas l'enthousiasme général, et pour cause : ils se trouvent près de la frontière népalaise, l'endroit est infesté de patrouilles chinoises. Il préfère traverser la frontière de nuit, en suivant un ancien chemin de caravaniers, bien qu'il passe au-dessus d'un poste de garde. Il sait qu'en cette saison les policiers sortent rarement de leur gîte, persuadés que la montagne se chargera d'éliminer les fugitifs.

Après une journée de marche, le groupe atteint une étroite corniche escarpée. Il fait une nuit d'encre, glaciale comme la précédente. Les fugitifs distinguent à peine les lumières du baraquement au fond du ravin. Le guide ordonne le silence complet. C'est alors que montent le son nasillard d'une voix chinoise et le grésillement d'une radio mal réglée. Kinsom s'affole ; elle était arrivée à oublier les Chinois. Des gouttes de sueur perlent à son front. Le guide ouvre un étrange cortège. Il tient un khampa par la main, puis vient l'enfant, suivi du vieil homme, les religieuses ferment la marche.

Le gamin trébuche sur une pierre, faisant perdre l'équilibre au vieil homme, qui lâche aussitôt la main de la religieuse. Il s'en faut de peu qu'il ne tombe dans le vide. Kinsom l'attrape par le col de sa veste et tire de toutes ses forces. Le vieil homme, en essayant de se relever, provoque une chute de pierres. Tous restent un long moment immobiles, sans un geste, priant pour que les policiers n'aient rien entendu. Le vieil homme regarde les autres, baisse la tête, confus. Il serait impardonnable si, par sa faute, les Chinois les découvraient ; cette seule idée lui cause un profond malaise.

Le froid implacable les oblige à continuer. Tous savent que plus d'un voyageur a payé de sa vie un court repos. Ici, l'immobilité est synonyme de mort. Heureusement, les policiers n'ont rien entendu ; le groupe avance, à tâtons, en palpant la paroi rocheuse. De l'autre côté, ce n'est pas encore le Népal, mais ce n'est plus tout à fait le Tibet. Le guide voit bien que sa troupe est à bout, pourtant il faut s'éloigner de cette région. Et puis le froid est tel qu'il vaut mieux marcher. Il scrute une dernière fois les sombres massifs montagneux, avant de donner l'ordre de repartir. L'enfant, sur le dos d'un khampa, ressemble à un pantin désarticulé. Personne ne sait plus, des Chinois ou de l'inclémence du temps, lequel des périls est le plus grand. Peu importe. Tout près des étoiles, un groupe de fugitifs recommande son sort au Bouddha de la Compassion infinie, éternel protecteur du Tibet... Que peuvent-ils faire d'autre ?

IV

L'année du Cochon

1.

Début 1954, lorsque les Chinois avaient voulu désarmer les khampas et leur confisquer terres et troupeaux, ces nomades, qui constituaient alors la plus grande partie de la population de l'est du Tibet, s'étaient repliés dans les montagnes, prêts à résister. Les rebelles avaient demandé de l'aide à Lhassa, mais la vie suivait son cours dans la capitale gouvernée par le jeune dalaï-lama qui tentait de parvenir à un compromis avec les Chinois afin d'éviter un bain de sang. Aux yeux des khampas, le Dieu Roi perdait de plus en plus de terrain face à l'envahisseur. En effet, non seulement il venait d'être contraint de se séparer de ses deux Premiers ministres, mais, en acceptant de se rendre à Pékin, Tenzin Gyatso faisait le jeu de Mao. Comme beaucoup de Tibétains, les khampas pensaient que le Dieu Roi se jetait dans la gueule du loup et que les Chinois le kidnapperaient. C'est pourquoi, apprenant que le dalaï-lama devait passer sur leur territoire, ils avaient projeté de l'enlever et de l'emmener dans les montagnes. Les Chinois, mis au courant de l'affaire, avaient posté un grand nombre de soldats sur la route que devait emprunter leur précieux otage.

C'était précisément la construction de cette route, traversant la région des khampas, qui avait déclenché au Tibet un mouvement de résistance aussi terrible que durable et totalement ignoré du reste du monde. L'ampleur des travaux témoigne encore du génie chinois : mille trois cents kilomètres de routes, à une altitude moyenne de quatre mille mètres, relient quatorze chaînes de montagnes et franchissent sept grands fleuves. Les Chinois avaient tout prévu, sauf les khampas. Entre ces hommes et eux, il y avait un abîme, qu'aucune logique ne pouvait combler. Ces nomades vivaient, et vivent encore, selon les lois de la nature.

Jusqu'au début des travaux, l'invasion chinoise n'avait pas gêné les coutumes ancestrales des tribus khampas. Ils restaient des guerriers indépendants et belliqueux. Le dalaï-lama ne disait-il pas que le bien le plus précieux d'un khampa était son fusil ? Dès la naissance, ils étaient élevés sur la croupe d'un cheval, ils dormaient sous de petites tentes en laine de yak, seuls les plus résistants arrivaient à l'âge adulte. Ils luttaient contre le froid et le vent, contre les loups et les ours, avec qui ils partageaient les pâturages autour des lacs, alimentés par les eaux gelées des glaciers. Pour ces hommes, le fusil a toujours représenté le seul espoir de survie, le lien du sang la seule autorité politique.

La présence des Chinois dans la région avait fait naître en eux une haine profonde. Les réunions publiques, où les envahisseurs demandaient aux khampas de dénoncer les propriétaires de serfs, s'étaient soldées par un échec car ils n'avaient pas le sentiment d'être des serfs. D'après l'écrivain Michel Peissel, il n'y avait aucune lutte de classes dans le pays, contrairement à la Chine. Le prolétariat industriel n'existait pas et la paysannerie n'était pas mécontente.

« Dans ce pays dépourvu d'une économie monétaire, les différences de fortunes étaient peu nombreuses ; les riches étaient représentés par une poignée de grands seigneurs et de prieurs de couvent, que le peuple acceptait en raison de la pureté de leurs sentiments religieux. Mais, au Tibet, cinquante pour cent des gens qui vivaient du travail de la terre possédaient des biens propres, soit une proportion beaucoup plus élevée que dans les autres pays d'Asie. Cette majorité privilégiée était la seule à payer une contribution à l'État et, étant donné que les impôts étaient liés à la propriété et qu'ils se payaient davantage en services qu'en argent, les Chinois avaient décrété que tous les paysans tibétains étaient des "serfs". En réalité, ils ne ressemblaient en rien aux serfs du Moyen Âge occidental. Ils étaient libres de faire ce qu'ils voulaient de leurs biens et de leur personne. Ils n'étaient pas enclins à accepter une révolution marxiste, et d'autant moins qu'elle était imposée par les Chinois, leurs ennemis séculaires [1]. »

Il est impossible de comprendrc le Tibet si ce n'est du point de vue du bouddhisme, qui est une philosophie de paix. Le karma incite riches et pauvres à accepter la vie sinon avec satisfaction, du moins avcc résignation. Ainsi, l'ascension sociale était difficile, mais pas impossible. Un soldat pouvait recevoir, en reconnaissance de son courage,

1. *Les Cavaliers du Kham*, Michel Peissel, Paris, Robert Laffont, 1974.

un titre et des terres pour lui et sa descendance. Dans les monastères, les enfants étaient admis indépendamment de leur rang social, et leur évolution dans la hiérarchie religieuse dépendait exclusivement de leurs qualités. Des enfants issus de milieux très humbles parvenaient de ce fait à la position la plus élevée du monde monastique, ainsi en fut-il du dalaï-lama.

Pour les Tibétains, le spirituel a toujours été au-dessus du matériel, et le bouddhisme a imprégné chaque aspect de leur vie quotidienne. Jamais le bien-être physique n'a été un idéal dans leur culture. Si, pour les Chinois, le socialisme est la panacée qui guérit tous les maux, pour les Tibétains, en revanche, la libération c'est le détachement vis-à-vis de l'inévitable souffrance qu'engendre le cycle de la naissance, la vieillesse, la maladie et la mort. Détachement qui a fasciné les Occidentaux en visite au Tibet, unanimes sur son caractère pacifique et harmonieux. Alexandra David-Neel, l'une des rares voyageuses à avoir parcouru le Tibet au début du siècle, raconte qu'à l'époque il y avait beaucoup de mendiants, mais que personne ne mourait de faim. Hommes et femmes étaient toujours prêts à festoyer, tout était prétexte à rire et à jouir des plaisirs de la vie. Ce qui distinguait le Tibet d'autres systèmes féodaux, c'était le fait qu'au sommet de la société régnait l'incarnation d'un bouddha, un être vénéré depuis des siècles. Le peuple savait qu'au-dessus des fonctionnaires corrompus il existait une justice dans laquelle ils avaient une confiance absolue. Il leur semblait impossible qu'un dirigeant, élevé dès son plus jeune âge dans le respect de la foi bouddhique, devienne un despote ou un tyran.

L'actuel dalaï-lama, Tenzin Gyatso, raconte :

« Nous étions heureux. Le désir engendre le mécontentement ; le bonheur naît d'un esprit en paix. Pour de nombreux Tibétains, la vie matérielle était difficile, mais ils n'étaient pas victimes du désir. Et, dans la simplicité et la pauvreté de nos montagnes, la paix de l'esprit était plus présente que dans beaucoup de villes du monde. »

Une paix mentale que les Chinois ne tarderont pas à briser. Pour éveiller la conscience des masses, ils avaient recours à de grossiers stratagèmes. Ainsi, menaçant de les fusiller s'ils refusaient de coopérer, les soldats chinois soudoyaient des mendiants pour qu'ils dénoncent les riches, ou bien ils insultaient publiquement les propriétaires terriens et les humiliaient devant les autres villageois. Toutefois, ces mesures, quelque peu puériles, échouèrent. La résistance des Tibétains aux changements rendait furieux les Chinois, qui finirent par renoncer à tout semblant de légalité pour imposer leur volonté. Ils arrêtèrent les propriétaires terriens, ainsi que les membres des « classes supérieures » de la région de Kham, et ils exécutèrent tous ceux qui s'opposaient aux réformes de collectivisation et de redistribution des terres. Ce fut le début des atrocités qui marquèrent leur domination : assassinats en masse, déportation d'enfants et tortures publiques.

En août 1954, alors que la rébellion armée éclatait dans le pays des khampas, Tenzin Gyatso recevait un accueil chaleureux à Pékin. L'appréhension du jeune souverain à l'idée de rencontrer Mao Tsé-toung s'était évanouie dès le premier contact. « Physiquement, il était extraordinaire. Il ressemblait à un vrai paysan. Sa vareuse était râpée et les poignets et le col de sa chemise élimés », dira le dalaï-lama [1]. Le jeune Tibétain avait, lui aussi, fait bonne impression au vieux révolutionnaire. Mao voulait qu'il fût toujours à son côté lors des repas officiels et insistait pour le servir lui-même à table. Lors des dîners, il lui donnait des conseils sur l'art de gouverner et avait admis que le bouddhisme était une bonne religion, car Bouddha s'était préoccupé du peuple, avec sincérité. Le Grand Timonier lui répétait qu'il admirait le peuple tibétain et qu'il voulait l'aider à rattraper le retard que plusieurs décennies d'isolement avaient imposé à son pays. Tenzin Gyatso concéda que son pays avait besoin de progresser. Et le dalaï-lama ajoutera : « Sur ce point, il n'était pas nécessaire de discuter. Nous partagions un principe commun. »

Le dalaï-lama convenait que la corruption rongeait la société tibétaine à tous les niveaux. Certains moines, plutôt que de se consacrer à leur réalisation spirituelle, étaient soucieux d'accumuler des bénéfices matériels et d'obtenir des influences ; lors des recherches pour reconnaître une réincarnation, il arrivait que d'autres moines favorisent quelque famille aristocratique ou puissante. Mais quelle société ne connaît pas une forme de corruption ? alléguait le dalaï-lama, qui, par ailleurs, était convaincu de la nécessité d'introduire d'importantes réformes politiques pour moderniser son pays.

Un jour, Mao lui avait avoué son intention, avant de le connaître, de diriger directement le Tibet de Pékin. Mais l'attitude conciliatrice du Dieu Roi l'avait fait changer d'avis. Il avait donc décidé qu'un nouveau comité,

---

1. *Au loin la liberté*, autobiographie du dalaï-lama, *op. cit.*

composé de quatre groupes de Tibétains et d'un groupe de Chinois, gouvernerait le pays des neiges. Le dalaï-lama se réjouit d'apprendre qu'il inspirait suffisamment confiance pour limiter le pouvoir absolu des Chinois. Cette petite victoire le renforçait dans sa conviction qu'un arrangement avec l'envahisseur était possible. Pour un individu éduqué depuis sa plus tendre enfance selon les principes de la non-violence, ce voyage à Pékin, objet de tant de critiques dans son pays, était pleinement justifié.

2.

Mais, sur la route qui le ramenait à Lhassa, le dalaï-lama put vérifier que les paroles de Mao n'avaient aucune valeur. Les nouvelles qui lui parvenaient du pays des khampas étaient désastreuses. Le chef d'un village avait été traîné comme un chien, une chaîne autour du cou, pour avoir tenté de s'enfuir. Ailleurs, cinquante bébés avaient été arrachés à leurs mères et envoyés en Chine pour y être éduqués ; les parents qui avaient protesté avaient été jetés dans le fleuve où ils s'étaient noyés. Ailleurs, une enfant de douze ans avait été obligée de tirer sur son père, accusé d'antipatriotisme. Dans un autre village, une poignée de laïcs avait été fusillée pour avoir donné le mauvais exemple en faisant des offrandes religieuses. Pour le Dieu Roi, les promesses de Mao avaient le goût amer du mensonge. C'était à grand-peine qu'à Takster, le village de son enfance, le dalaï-lama avait pu avoir un entretien avec une de ses cousines. Lorsqu'il lui avait demandé s'ils étaient heureux, c'est les yeux pleins de larmes que sa cousine lui avait répondu : « Nous sommes très heureux et prospères sous la direction du parti communiste et du président Mao Tsé-toung. » Il devina aisément l'angoisse et la peur que masquaient ces mots.

Au terme de ce voyage, le dalaï-lama se sentit, à vingt-deux ans, tout à coup épuisé, vieilli. Derrière les beaux discours et la déclaration d'amour fraternel entre les peuples, il ne rencontrait que violence, haine, peur, mensonge et souffrance. Il se sentait frustré et impuissant, incapable d'être à la hauteur de la tâche divine que lui conférait sa réincarnation. N'était-ce pas sa mission, en tant que dalaï-lama, en tant que bodhisattva, qui signifie littéralement « celui qui possède la sagesse », de rester sur terre pour aider autrui ? Comme dans les traditions hébraïques et chrétiennes, le mahayana, la doctrine bouddhiste qui s'est implantée au Tibet, enseigne que le perfectionnement spirituel de celui qui recherche l'Illumination sera limité s'il ne le fait que pour lui-même. C'est ainsi que s'est développé l'idéal du bodhisattva, un être qui, au lieu d'entrer dans la paix glorieuse du nirvana, choisit délibérément de reprendre une forme humaine et de revenir sur terre pour conforter et guider les êtres qui souffrent sur la voie de la réalisation suprême. Le bouddhisme tibétain répond au besoin d'un guide divin, ce qui n'existe pas dans la tradition hinayana, le bouddhisme primitif.

Le dalaï-lama n'avait aucune raison de douter de la véracité de toutes les horreurs qu'on lui avait racontées, lorsqu'on lui présenta la première preuve des atrocités commises par les Chinois. Il s'agissait d'une photo parue dans un journal qui montrait plusieurs têtes coupées. En légende, on pouvait lire qu'il s'agissait de « criminels réactionnaires ». Ajoutée au fait que le nouveau comité du gouvernement, idée de Mao prônant la conciliation et l'autonomie, n'était qu'une pantomime, cette révélation l'inquiéta et il se demanda s'il restait le moindre espoir pour l'avenir de son pays. À l'est, on ne parlait que de terreur et de mort. Les khampas étaient passés de la rébellion à la guerre déclarée. Ils vivaient maintenant dans la clandestinité, harcelaient l'envahisseur avec un courage incroyable. Ils se lançaient au combat pour défendre leur foyer, leur foi et leur race. Les cavaliers, brandissant sabres et fusils, s'en prenaient violemment aux longues colonnes de camions chinois. Toutes les garnisons qui traversaient leur territoire étaient attaquées. Pour les envahisseurs, la situation devenait critique. Une telle résistance leur faisait courir le risque de perdre le contrôle de leurs dernières conquêtes.

Dans les rares villes et villages gagnés par les Chinois au prix de grands efforts, les femmes et les enfants des résistants, ainsi que les moines, étaient torturés puis exécutés. La propagande antibouddhiste se durcissait. Prieurs et abbés étaient attachés à la queue des chevaux et traînés devant les vieillards, les femmes et les enfants qui n'avaient pu s'unir aux guerriers des montagnes. Ou bien les Chinois enveloppaient les moines dans de la laine imprégnée d'essence, y mettaient le feu et insultaient ces torches humaines, leur criant de demander à Bouddha d'intervenir en leur faveur.

Tenzin Gyatso, réagissant contre la virulence de la répression, avait adressé un texte de protestation à Mao. Mais les semaines étaient passées sans qu'il reçoive de réponse. Le suivant était resté lettre morte. Le général chinois détaché à Lhassa lui avait promis de mettre fin à ces pratiques, mais le temps s'écoulait et rien ne changeait. La situation était désespérée ; le dalaï-lama constatait que le cercle vicieux de la répression et de la rébellion commençait à porter ses fruits couleur de sang. De nouvelles révoltes s'étaient déchaînées lorsque s'était répandu le bruit des atrocités commises par les Chinois. Après les khampas, les *goloks* de l'Amdo et les sherpas du Kansu prenaient les armes. Les Ouïgours musulmans du Turkestan se soulevaient de nouveau contre la « mère patrie ».

Les dirigeants chinois voyaient leur suprématie menacée sur les hauts plateaux. Mao reconnaissait que le vieux rêve chinois de dominer l'Asie centrale pouvait s'effondrer d'un seul coup. En Europe, la rébellion hongroise de 1956 confirmait les Chinois dans leur crainte de perdre les territoires annexés. Les rapports du Kham semblaient indiquer que même les attaques aériennes n'affaiblissaient pas la résistance des guerriers. Lorsqu'ils prenaient un village, les Chinois n'y trouvaient que des vieillards et des enfants ; les autres habitants avaient rejoint les rebelles dans les montagnes. Ingénus, les khampas pensaient qu'ils pouvaient sortir victorieux de leur guerre contre les Chinois. Ils s'étaient alors tournés vers la capitale et avaient lancé un appel au dalaï-lama, pour que le Tibet central s'unisse à leur croisade. Un seul mot du dalaï-lama et tout le pays prenait les armes contre les Chinois.

Tenzin Gyatso en était conscient. Une part de lui-même admirait les guérilleros alors que l'autre lui disait que c'était folie d'attiser la violence. Les Chinois pouvaient subir des revers, mais ils étaient infiniment plus puissants. Il était allé à Pékin, il avait visité la Chine et, là-bas, il avait mesuré les forces de l'adversaire. Si un seul mot de lui pouvait soulever le Tibet, un seul mot de Mao pouvait l'anéantir.

3.

C'est alors que l'Inde lui avait envoyé une invitation pour assister au deux mille cinq centième anniversaire de la naissance de Bouddha. Le dalaï-lama la ressentit comme un soulagement, comme un signe de compréhension du monde extérieur. Il déclarerait plus tard : « Je ne puis dire l'intensité du sentiment d'isolement politique que nous éprouvions alors au Tibet. » Le Premier ministre Nehru avait délaissé ses obligations, pendant un après-midi entier, afin de faire découvrir à son invité, à dos d'éléphant, la beauté des jardins mongols du palais présidentiel dc New Delhi. Le moment était propice aux confidenccs. Le dalaï-lama lui avait raconté les horreurs que vivait son pays et le dilemme auquel il était confronté. D'un côté, les khampas lui demandaient de se joindre à la rébellion, et de l'autre, les Chinois insistaient pour qu'il envoie ses troupes combattre les insurgés. Il s'y était opposé, mais n'avait pu éviter de condamner officiellement les rebelles. Si cela continuait, il lui semblait que, très vite, il n'aurait plus rien à offrir. S'il ne pouvait empêcher son peuple de recourir à la violence, et si on reconnaissait que ses efforts pacifistes avaient été un échec, il se demandait s'il ne valait pas mieux réclamer l'asile politique à l'Inde. De là, et avec l'aide du peuple indien, il lui serait plus facile de libérer son pays par des moyens pacifiques. Mais Nehru, ignorant l'appel au secours, lui avait conseillé de rentrer dans son pays et de s'engager sur la voie des négociations, pour éviter le pire. Le mandataire indien ne voulait pas de problèmes avec ses puissants voisins chinois auxquels il se sentait étroitement lié. Lorsque Chou En-lai, le ministre des Affaires extérieures, ami de Nehru, avait eu connaissance des intentions du dalaï-lama, il s'était rendu aussi vite que possible dans la capitale indienne pour persuader Tenzin Gyatso de rentrer à Lhassa. Les Chinois ne pouvaient prendre le risque de perdre l'« incarnation sacrée », leur meilleur atout pour contrôler le Tibet. Chou En-lai lui fit la promesse de retirer les armées du Tibet et d'attendre 1962 pour faire entrer en vigueur les réformes chinoises.

Une fois de plus, Tenzin Gyatso était assailli par le doute. À l'unanimité, les membres de sa famille lui conseillaient l'exil. Et, cette fois, même ses propres ministres se montraient sceptiques quant aux promesses de Chou En-lai. Que devait-il faire ? Quelle était la meilleure façon de servir son peuple ?

Il était alors allé se recueillir sur la tombe de l'homme, peut-être le plus grand de son temps, qui avait lutté jusqu'à la mort pour préserver l'esprit de l'Inde, un véritable apôtre de la paix et de l'harmonie entre les peuples.

« Comme j'aurais aimé avoir le privilège de le connaître dans cette vie ! » pensait le Tibétain. Debout, face au mausolée en marbre du Mahatma Gandhi entouré d'une vaste pelouse qui descendait jusqu'au fleuve Yamuna, Tenzin Gyatso se demandait quel conseil lui aurait donné Gandhi de son vivant. Il était sûr qu'il n'aurait pas ménagé ses efforts pour orchestrer une campagne pacifique internationale en faveur de la libération du Tibet. « À cet endroit, je me sentais très proche de lui, et il me semblait que son conseil aurait été de suivre toujours le chemin de la paix. J'avais, et j'ai encore, une foi inébranlable en la doctrine de non-violence que prêchait et pratiquait Gandhi. À ce moment-là, j'ai pris la ferme décision de suivre son exemple, malgré toutes les difficultés que je rencontrerais. J'étais plus que jamais convaincu que je n'encouragerais ou ne participerais pas à des actes de violence. » Il reviendrait avec les siens pour faire face à l'oppresseur chinois. Plus aucune raison politique ne justifiait ce retour, seul restait le devoir spirituel envers les siens...

4.

En 1957, les khampas s'étaient rendu compte que, pour rallier le peuple à la révolte, ils devaient soumettre les sympathisants chinois de Lhassa et s'assurer le contrôle du Dieu Roi. Pour libérer le Tibet, ils avaient besoin à tout prix de la caution du souverain.

L'immensité du plateau et les difficultés liées au terrain

particulièrement accidenté avaient permis aux khampas de paralyser l'avance des militaires chinois, de loin plus nombreux et mieux équipés. Après sept ans d'occupation, les Chinois ne contrôlaient que de petites zones isolées. Les khampas circulaient librement sur le territoire sans autre crainte que celle des attaques aériennes. Les Chinois pouvaient réduire un monastère en poussières, mais ils se révélaient incapables d'anéantir ces cavaliers sans cesse en mouvement. De plus, les khampas étaient mieux adaptés au climat et avaient hérité d'une vieille tradition guerrière. Pour eux, se battre était aussi naturel que manger. À la fin de l'année 1957, quatre-vingt mille guerriers khampas avaient entrepris la conquête de la région de Loka, d'où ils pensaient accéder au Tibet central [1]. En peu de temps, ils neutralisaient toutes les places fortes aux mains des Chinois. Et aussi incroyable que cela paraisse, les khampas s'étaient rendus maîtres de tout le sud-est du Tibet.

Les communistes avaient dû reconnaître leur échec. Ni la propagande ni les bombardements de plus de trois cents villes et monastères du Kham n'avaient intimidé ces hommes résolus à libérer leur pays. Pour la troisième fois, les Chinois demandaient au dalaï-lama d'envoyer les troupes tibétaines contre les rebelles. Tenzin Gyatso avait refusé catégoriquement, alléguant que celles-ci déserteraient certainement pour rejoindre les khampas.

Au fur et à mesure que la révolte des khampas gagnait le Tibet central, le dalaï-lama voyait le piège se refermer

1. Sur la guerre des khampas, lire *Les Cavaliers du Kham*, *op. cit.*

sur lui. Il admirait ces guerriers, dont il comprenait la soif de justice et de liberté. Mais, s'il se mettait ouvertement de leur côté, cela n'aurait d'autre effet que d'attiser le feu de la répression. L'autre solution, qui consistait à partir en exil, signifiait laisser la voie libre à la violence des Chinois. Il était piégé.

En décembre 1958, les guérilleros contrôlaient l'accès de Lhassa par le Sud-Est. Les combattants, toujours plus nombreux, s'infiltraient dans la capitale, s'y promenant en plein jour, armés jusqu'aux dents, et haranguaient la foule.

Après sept ans d'occupation, la vie à Lhassa n'avait guère changé. Une vie insouciante où se mêlaient le raffinement du monde occidental et les fastes traditionnels d'une société archaïque. On y voyait coexister, en apparente harmonie, une théocratie féodale et les représentants du parti communiste le plus doctrinaire du monde qui maintenaient les privilèges de l'élite de Lhassa en échange de leur fidélité au régime.

Michel Peissel, qui avait des amis dans l'aristocratie de la ville, raconte [1] :

« Ceux qui, en Occident, voyaient en Lhassa une capitale mystique auraient été surpris d'apprendre que le tennis était le sport favori de quelques caïds. Dans les maisons des plus nantis, on trouvait des disques achetés à Hong Kong et la musique réjouissait les veillées de jeunes couples qui dansaient parés de splendides costumes traditionnels. Le chanteur Dundu-Lu était devenu célèbre pour

1. *Les cavaliers du Kham, op. cit.*

sa voix et pour ses favoris en forme de patte de lapin. On l'appelait l'Elvis tibétain. À l'inverse d'autres pays d'Orient, il n'existait ni harems ni tyrans arbitraires ; juste quelques groupes d'hommes et de femmes qui s'adonnaient à la bonne vie et aux intrigues amoureuses. Deux mille quatre cents orfèvres népalais, dont les plus habiles du monde, vivaient en permanence dans la capitale tibétaine pour créer des colliers de pierres précieuses, des blagues à tabac et des sabres pour les défilés, ainsi que de merveilleuses lampes à huile, en forme de calice, que l'on offrait aux divinités. Nombreux étaient les Tibétains qui continuaient à penser que leur pays était un territoire extraordinaire qui échappait aux lois communes et même au poids du temps. Tout peuple qui respectait les lois et qui accomplissait fidèlement les rituels devait nécessairement recevoir une protection surnaturelle. Cette croyance était une aberration, une obstination aveugle face au destin, et le plus grave était qu'elle était partagée par les membres du gouvernement et par l'aristocratie de Lhassa. Cette dernière a essayé, depuis la venue des Chinois, de rapprocher ses anciennes manières de vivre avec les idéaux du socialisme militant. Les femmes se vouaient à des tâches humanitaires, comme celle de créer des collèges ou travailler bénévolement dans des hôpitaux qui venaient d'être construits. Toute l'élite vivait avec enthousiasme l'aventure d'introduire les commodités modernes dans la vie quotidienne, ce qui représentait une nouveauté excitante. Lhassa, le Vatican tibétain, avait aussi ses cardinaux, qui régnaient sur d'énormes monastères. Pour la majorité, c'étaient des hommes de grande vertu qui occupaient les appartements décorés de l'or des prieurs qui les avaient précédés, mais il y avait aussi ceux qui cherchaient avec une grande ardeur à se soustraire aux exigences rigoureuses de l'ordre monastique. »

L'élite de Lhassa était capable de s'apitoyer sur les malheureux soldats chinois atteints du mal des montagnes, mais elle semblait ne pas soupçonner la tragédie qui se tramait dans ses rues. La répression amenait dans la capitale un flot toujours plus important de vieillards et de femmes venus de l'est. Au début de l'année 1959, plus de quinze mille familles avaient dressé leurs tentes aux abords de Lhassa, au pied du Potala et dans les banlieues, alors que des milliers de jeunes moines du Kham se réfugiaient dans les collèges des grands monastères de Drepung, de Sera et de Ganden. L'infiltration de guerriers khampas dans leur rang ne faisait qu'accroître la tension dans la ville sainte. Les Chinois donnaient des armes aux civils et commençaient à dresser des barricades. L'armée tendait ses filets dans les maisons susceptibles d'accueillir des rebelles. Le jour, on exposait dans la rue à la vue de tous les corps des guérilleros capturés. Les Chinois craignaient une révolte générale imminente. Le palais de Norbulingka était la scène d'une constante guerre des nerfs. Chaque jour, des militaires chinois, de plus en plus furieux, se rendaient au palais, où le jeune dalaï-lama leur tenait tête en appliquant les préceptes de ses maîtres. Alors que les généraux chinois accusaient le gouvernement tibétain de complicité avec les rebelles khampas, ceux-là mêmes croyaient que le gouvernement du dalaï-lama était de connivence avec les envahisseurs. Tenzin Gyatso se trouvait dans une situation désespérée.

Un groupe de rebelles khampas avait réussi à déloger une garnison de trois mille soldats, cantonnée à quarante kilomètres de Lhassa, et avait lancé un appel officiel au dalaï-lama, lui offrant une dernière opportunité de s'unir à eux. Tenzin Gyatso avait refusé. Il avait encore une fois affirmé sa répugnance pour la violence et avait prié les khampas de regagner leurs foyers et de faire la paix avec les Chinois. « J'admire le courage des khampas, avait-il conclu, mais leurs actions portent un grand préjudice à tous ceux qui essaient de trouver un mode de cohabitation avec les Chinois. » Exaspérés, convaincus que les Chinois avaient réussi à soumettre le Dieu Roi, les khampas étaient passés à l'action.

Le 1er mars de l'année du Cochon, c'est-à-dire en 1959, le dalaï-lama assistait à la célébration du Festival de la Prière, au terme duquel il devait passer les derniers examens de docteur en métaphysique, épistémologie et philosophie. En pleine cérémonie, deux officiers chinois avaient demandé à le voir. Nerveux, ils exigeaient du dalaï-lama qu'il fixe une date pour assister à un opéra chinois que le général de l'armée occupante avait décidé de donner dans sa caserne située aux environs de Lhassa. Tenzin Gyatso avait accepté l'offre, mais refusé de fixer une date avant la fin de ses examens. Les deux hommes étaient partis déçus.

Le lendemain, Océan de Sagesse débattait de la logique et de la métaphysique devant des milliers de moines. De longues heures durant, il s'était mesuré aux lamas les plus érudits. Sans fléchir, il avait montré une surprenante capacité de concentration. Le jury lui avait remis le titre de Docteur en Divinité.

Le 5 mars, il quittait le Jokhang pour regagner le palais

de Norbulingka. Une dernière fois, une civilisation plus que millénaire déployait ses fastes. Les chevaux dressaient fièrement la tête, comme s'ils étaient conscients de la richesse de leurs parures. Derrière le palanquin du Dieu Roi venaient les membres du gouvernement et de la noblesse de Lhassa, vêtus de somptueux habits de soie, suivis des plus éminents abbés et lamas ; les uns, dignes et ascétiques ; les autres, sous l'aspect de riches marchands, cachaient leur haute réalisation spirituelle. Des milliers de Tibétains fermaient la marche.

Cinq jours plus tard, le dalaï-lama recevait un nouveau message des autorités chinoises, aux fins de fixer rapidement une date pour assister à la représentation théâtrale. Le dalaï-lama choisit le 10 mars. Mais, la veille de la représentation, le chef de sa garde personnelle lui transmettait un ordre inquiétant du général chinois. Sa Sainteté devait se rendre à la caserne sans son escorte habituelle, seuls deux gardes non armés étaient autorisés à l'accompagner. De plus, la visite devait rester secrète. La rumeur selon laquelle le spectacle n'était qu'un piège pour kidnapper le Précieux Protecteur se répandit comme une traînée de poudre dans la ville agitée. De toute part, des milliers de Tibétains se mirent en marche vers le Norbulingka. Une foule d'hommes et de femmes en colère se regroupa le long des murs du palais, bien décidée à protéger leur Dieu Roi.

Le matin du 10 mars, ils étaient des milliers à entourer le parc du Précieux Joyau, une marée humaine qui criait sa haine de l'occupant chinois. Pour les khampas, cette explosion populaire était une occasion unique de forcer le dalaï-lama et ses ministres à entrer en opposition ouverte contre l'envahisseur. Par conséquent, les khampas prirent le commandement de la foule galvanisée.

Ayant compris que rien ne calmerait ce peuple décidé à le protéger, Tenzin Gyatso avait envoyé un message aux Chinois les informant qu'il ne pourrait assister à la représentation. Aussitôt après, il le faisait savoir à la foule, qui explosait de joie.

Mais personne ne se retira. Tenzin Gyatso était pris entre deux feux, incapable de deviner qui, de son peuple ou de la garnison chinoise, allumerait la mèche. En cas de combat, il ne se faisait aucune illusion sur l'issue tragique. Pour les habitants de Lhassa, ce serait un massacre. Pour le Tibet, l'asservissement définitif à la Chine, l'anéantissement du pays.

5.

La tragédie avait commencé, et le quatorzième dalaï-lama était impuissant à l'arrêter. Les Chinois exigeaient que le gouvernement disperse les manifestants, avant qu'ils ne le fassent eux-mêmes par les armes.

Il fallait à tout prix gagner du temps et calmer les meneurs qui haranguaient la foule. Le dalaï-lama écrivait aux généraux chinois pour les supplier d'être patients. En vain. Des hommes armés de bâtons ou de couteaux dressaient des barricades dans la plupart des rues. C'était la rébellion. Un groupe de meneurs, qui avait pris le nom de Comité pour la libération du Tibet, était en marche vers le Potala. Là, ses membres, qui se considéraient comme les nouveaux maîtres de Lhassa, après s'être constitués en gouvernement, rejetèrent l'accord en dix-sept points signé à Pékin, devant une foule de plus de trente mille personnes. Puis ils déclarèrent la guerre à la Chine et prièrent instamment les forces d'occupation d'évacuer la capitale. Le dalaï-lama voyait s'évanouir neuf années d'efforts pour parvenir à une cohabitation avec les occupants.

Des dizaines de camions chargés d'armes et de soldats arrivaient à la caserne de l'armée chinoise. Les soldats placèrent des canons et des mitrailleuses lourdes aux endroits stratégiques, visant le Norbulingka. Comme toujours, dans les moments difficiles, Tenzin Gyatso ressentait le besoin de consulter l'oracle : « Reste. Essaie de maintenir le dialogue avec les Chinois », lui avait répondu celui-ci. Pour la première fois de sa vie, le monarque avait douté de la réponse de l'oracle. Ses tuteurs ne disaient-ils pas que les dieux mentaient lorsqu'ils étaient désespérés ?

Les jours suivants s'étaient succédé dans une confusion totale. La population vivait les heures exaltées qu'elle attendait depuis longtemps. Après des siècles de division, le Tibet recouvrait son unité, comme au temps du roi Songtsen Gampo, l'unificateur du pays. Mais, plus qu'une révolution contre les privilèges de l'aristocratie, c'était une révolution contre la tyrannie de l'impérialisme communiste chinois.

Les Chinois et le dalaï-lama étaient en proie au doute. L'inévitable bain de sang signifierait aux yeux du monde l'échec du communisme de Mao au Tibet mais aussi l'échec de la non-violence du dalaï-lama. Pour la grande joie des rebelles et du peuple de Lhassa, soixante-dix fonctionnaires et officiels de la garde du dalaï-lama s'étaient publiquement unis au Comité de libération et avaient déclaré que, dès lors, ils n'obéiraient plus ni aux officiers chinois ni aux ministres tibétains.

Le matin du 11 mars, la caserne de l'armée tibétaine ouvrait ses portes, et les soldats distribuaient des armes à la foule. Les rebelles dressaient des barricades dans le nord de la ville, bloquant ainsi la route de l'aéroport, où les Chinois avaient disposé des tanks et des mitrailleuses. Le dalaï-lama avait lui-même convoqué une réunion avec les meneurs de la rébellion, où s'étaient rendus soixante-dix chefs et hauts dignitaires. Il les avait priés de lever les barricades et de mettre fin aux activités militaires. Pour la première fois dans l'histoire du Tibet, son autorité s'était révélée impuissante. Les chefs de la révolte étaient fermement décidés à faire fi de ses conseils et à renouveler leur exigence : les Chinois devaient quitter le pays. Le dalaï-lama écrira plus tard : « Le cours des événements me plongeait dans un grand désespoir. J'avais l'impression de courir au désastre. »

En effet, le 16 mars, le général chinois annonça, dans une lettre au dalaï-lama, qu'il était prêt à attaquer le Norbulingka et lui demanda de lui faire savoir le lieu exact où il résidait afin d'épargner l'édifice du bombardement. Pour lui sauver la vie ou pour frapper dans le mille ? On ne pouvait imaginer promesse de protection plus ambigu. Les ministres et les membres du *kashag*, le cabinet du gouvernement du dalaï-lama, décidèrent à l'unanimité que l'heure était venue de mettre le souverain à l'abri. L'oracle lui aussi avait changé d'avis. Il lui dit : « Pars. Pars cette nuit même. » Ensuite, il gribouilla sur une feuille de papier les instructions pour la fuite. Quarante ans plus tard, on révélerait qu'alors le véritable oracle avait été la CIA. Sans que le dalaï-lama le sache, le service d'espionnage des États-Unis, qui soutenait également les khampas, avait transmis à l'oracle le plan de fuite, et cette opération avait été personnellement dirigée par Allen Dulles, alors directeur de l'agence d'espionnage américaine. Au moment précis où l'oracle remettait au Dieu Roi ses instructions, et comme pour donner plus de poids à son conseil, deux obus tombaient dans l'un des étangs du parc du Précieux Joyau. Il ne s'agissait plus de gagner du temps, c'était une question de vie ou de mort.

À la tombée de la nuit, le jeune monarque s'était retiré dans ses appartements. Il avait enlevé son habit de moine et revêtu la tenue et le chapeau de peau traditionnels des khampas. Ainsi paré, de manière insolite pour un pacifiste qui s'était si longtemps opposé aux actions violentes de ces guerriers, il était entré pour la dernière fois dans son sanctuaire. Quelques moines, éclairés par la faible lumière des lampes de beurre de yak, psalmodiaient des prières. Bien qu'ils aient senti sa présence, aucun ne leva les yeux, on ne manifesta pas la moindre surprise en voyant le dalaï-lama déposer sur l'autel, en geste traditionnel de départ, une écharpe de soie blanche. Les moines savaient se taire. L'un d'eux avait fait sonner les cymbales, un autre avait soufflé dans un hautbois une note grave comme un gémissement. Les vibrations, qui se propageaient dans la pièce, apaisaient Tenzin Gyatso. Assis sur un cousin de méditation, il avait ouvert un livre sacré et s'était arrêté sur un passage où Bouddha exhortait un de ses disciples au courage. Puis il avait refermé le livre. Il avait jeté un dernier regard à ce lieu qui lui avait apporté tant de paix en ces heures incertaines, l'avait béni puis s'était retiré lentement.

Les derniers préparatifs se faisaient dans le plus grand secret. Ni les Chinois ni les habitants de Lhassa n'avaient connaissance de la fuite du dalaï-lama, organisée de main de maître par les khampas, conseillés par la CIA et par le capitaine de la garde personnelle du Dieu Roi qui avait accompagné le dalaï-lama jusqu'à la porte principale du Norbulingka. Son fusil à l'épaule, le souverain ressemblait à un jeune soldat anonyme. Pour mieux dissimuler son identité, il avait même enlevé ses lunettes. Le capitaine avait dit à la foule massée aux portes du palais qu'il effectuait une ronde d'inspection. Et c'est ainsi qu'on les avait laissés passer.

La nuit était claire et étoilée. Au loin brillaient les lumières de la caserne chinoise. Quelques chiens aboyaient dans l'obscurité. Prenant soin d'éviter les patrouilles ennemies, le petit groupe entamait sa fuite dans le silence seulement altéré par le bruit mou des bottes sur le sol sablonneux. À dix heures du soir, après avoir traversé le fleuve Kyichu, le dalaï-lama avait retrouvé sa mère, son frère et sa sœur, déguisés comme lui, qui l'attendaient avec les trois principaux chefs militaires khampas et un jeune agent de la CIA. Au cours d'une cérémonie brève et solennelle, ils avaient échangé des écharpes de soie. C'était une rencontre longuement attendue par les rebelles : le Dieu Roi était enfin avec eux. Dès les premiers pas dans la montagne, le dalaï-lama s'était répété la même question : « Qu'adviendra-t-il de mon peuple ? » Son corps fuyait, mais son esprit demeurait à Lhassa.

À quatre mille huit cents mètres d'altitude, au sommet d'un col, le Dieu Roi avait fait halte. C'était la dernière fois qu'il pourrait contempler Lhassa. La vieille ville qui s'étirait dans la vallée avait l'air aussi paisible que d'habitude. Il avait juste eu le temps de prononcer une prière avant de poursuivre son voyage. Il fallait se hâter. Cette même nuit, un agent du service de renseignements des États-Unis envoyait un message radio pour prévenir que l'opération était lancée. À Washington, Dulles, le patron de la CIA, en informait immédiatement le président Eisenhower. Le Tibet était perdu, mais le dalaï-lama sain et sauf.

6.

À trois heures du matin, ce 19 mars 1959, alors que la caravane du Dieu Roi avançait lentement dans la montagne, les troupes d'occupation lançaient leur artillerie contre le palais de Norbulingka. Le rugissement des mortiers et des canons dans les ténèbres de la nuit avait fait bondir les habitants hors de leurs lits. Convaincus que le dalaï-lama courait un danger, hommes et femmes, enfants et vieillards avaient pris les armes et s'étaient précipités dans les rues sans se soucier de la puissance militaire des Chinois. Des années de frustration avaient ressuscité le vieil esprit guerrier des habitants de Lhassa. Lorsque la bataille avait éclaté, nombre d'entre eux avaient caressé l'espoir que le monde allait enfin réagir au triste destin du Tibet. Mais excepté l'aide que la CIA, dans le plus grand secret, apportait aux khampas, les Nord-Américains n'étaient pas disposés à s'engager dans une autre guerre de Corée ou du Vietnam. À New Delhi, Nehru, qui ne voulait pas mettre en péril sa relation politique amicale avec Pékin, avait bloqué toutes les nouvelles concernant le soulèvement. Le grand partisan de la neutralité asiatique, le défenseur des nations opprimées, avait choisi de cacher la vérité et de trahir ainsi le peuple tibétain, avec lequel son pays entretenait pourtant depuis des siècles des liens culturels, commerciaux et religieux.

Cependant, malgré les efforts de Nehru pour aveugler les nations du monde, la vérité filtrait peu à peu grâce au courage et à l'obstination de George Patterson, un vieux missionnaire anglais [1]. De la ville de Kalimpong, située à la frontière indienne, ce grand spécialiste du pays des neiges et ami des khampas envoyait des articles au *Daily Telegraph* de Londres dans lesquels il racontait l'incroyable résistance des cavaliers des montagnes, leurs

1. *Les Cavaliers du Kham, op. cit.*

combats et leurs succès aux portes de Lhassa. Le vendredi 21 mars, alors que les rues de la ville étaient jonchées de cadavres, les articles sortaient à la une du journal. George Patterson y racontait comment les Chinois avaient bombardé le palais d'été et tué des centaines de civils. Les soldats chinois avaient fouillé fébrilement les décombres, impatients de trouver la dépouille du dalaï-lama. Jusqu'à la fin, le haut commandement avait refusé de croire à sa fuite ; il lui fallait en finir avec le symbole vivant de ce pays qu'il comptait bien rayer de la carte. En représailles à l'attaque du palais d'été, les khampas, réfugiés dans la faculté de médecine de la colline de Chakpori, avaient tiré sur les Chinois, qui avaient répondu en rasant le bâtiment. Ce même jour, dans la ville, ils avaient mitraillé tous les civils qui s'étaient jetés dans la rue et, avec un soin particulier, ceux qui avaient manifesté devant le parking où étaient stationnés les véhicules militaires. Le samedi après-midi, les combats redoublaient de violence dans le centre de la ville. Chinois et Tibétains échangeaient des tirs de mortiers depuis les toits, au-dessus d'une foule enragée qui courait de tous côtés en lançant des cocktails Molotov sur les bâtiments occupés par les Chinois. De toute part, des colonnes de fumée s'élevaient dans le ciel, les incendies dévoraient les vivres. Les énormes murailles de pierre du Jokhang avaient résisté au canonnage incessant de l'artillerie chinoise, jusqu'à ce qu'un obus tombe sur le dôme doré et explose au milieu des femmes et des enfants réfugiés dans les chapelles. Dans la nuit du 21 au 22 mars, les Tibétains de la vallée, du palais d'été et du Potala comprirent que leur lutte était désespérée. Après deux jours de bombardements intenses, les cadavres s'amoncelaient contre les murs sacrés. Peu à peu, les combats cessèrent dans le centre-ville, alors que les monastères des environs, assiégés par les tanks, capitulaient les uns après les autres [1].

À quatre kilomètres de Lhassa, accrochée au versant d'une montagne, l'université monastique de Sera, entourée de ses murailles, était couronnée de gigantesques statues de Bouddha sculptées dans la roche. Ses ruelles formaient un labyrinthe d'édifices aux couleurs et aux formes variées, où vivaient quelque quatre mille moines. Contrastant avec les cellules sombres et noircies par la fumée d'encens, les façades des temples étaient de couleurs chatoyantes, grenat, jaune, vert émeraude, bleu marine, or et argent, décorées de bois sculptés, de bas-reliefs et de bronzes. L'art tibétain avait trouvé là sa plus haute expression. Les images de Bouddha occupaient des murs de vingt mètres de haut et il fallait lever les yeux pour apercevoir le visage de l'Illuminé, qui souriait sereinement. Dans cet univers ancien parfaitement réglé, imprégné d'une profonde spiritualité, le lama Thubsen Yeshe avait passé dix-neuf des vingt-cinq ans de sa vie. Après s'être enfui du monastère, il garderait toujours un souvenir très heureux de ses années à Sera : « C'était un lieu merveilleux. Sacré... Nous y étudiions beaucoup. Surtout certains aspects de la philosophie bouddhiste : la nature, la réalité, la vacuité, la doctrine selon laquelle on doit éviter les extrêmes. Mes besoins étaient pris en charge par la

1. Pour la bataille de Lhassa, lire *The land of Lost Content*, de Noel Barber, Hodder & Stoughton, Londres, 1960.

communauté religieuse. Il ne me fallait pas grand-chose. C'était une vie très pacifique et j'étais convaincu que je la passerais entièrement là. »

Mais les forces du destin, ou du karma, en décidèrent autrement. Face aux attaques de mortiers et aux bombes qui ne cessaient d'exploser autour de lui, Thubsen Yeshe fut obligé de prendre la première vraie décision de sa vie d'adulte : abandonner ce qui avait été son foyer depuis que ses parents l'avaient laissé ici, aux soins d'un oncle moine. Comme beaucoup d'autres religieux, il se résolut à fuir avec un groupe de compagnons. Plus tard, il dirait :

« Je me suis rendu compte que je devais partir. Soit je restais et je renonçais à une vie d'études et de prières, soit je quittais le Tibet. Il n'y avait pas d'alternative. Intuitivement je savais que c'en était fini pour toujours de Lhassa et du monastère. Je me souviens que j'étais désespéré ; de fait, j'avais du mal à refouler mes larmes. Mes amis disaient que je reviendrais. Mais je savais, au plus profond de mon être, que je ne reviendrais jamais. La séparation a été terrible. J'ai eu le temps de me rendre à Tolung, le village voisin où vivait ma famille. C'étaient des paysans, et ma sœur me suppliait de rester, elle disait qu'elle pouvait me cacher chez elle jusqu'à ce que la tourmente soit passée. Mais je savais que c'était impossible. Je ne m'aventurai pas à faire mes adieux à ma mère. Je lui aurais brisé le cœur. »

Ainsi, le lama Yeshe, accompagné de deux amis, avait troqué l'habit de moine pour celui de paysan et commencé sa fuite à travers les montagnes de l'Himalaya, suivant la route empruntée quelques jours plus tôt par le dalaï-lama.

Pour la première fois de sa vie, il avait dû mendier et affronter l'adversité. Mais ces souffrances trouveraient un jour leur raison, car les moines en exil mettraient fin au repli sur lui-même du Tibet. Les enseignements du bouddhisme mayahana, son plus grand trésor, se dissémineraient bientôt à travers le monde. Et l'un de ceux qui contribueraient le plus à la connaissance du bouddhisme tibétain serait ce jeune lama de Sera dont les fidèles trouveront la réincarnation, des années plus tard, dans un village andalou.

7.

La caravane du dalaï-lama poursuivait sa marche pénible sous les tempêtes de neige, quand elle apprit, par la radio, les nouvelles du massacre. Tenzin Gyatso en avait le cœur serré. Il n'avait pu éviter le drame à son pays. Là où il avait espéré établir son siège temporel, il n'était resté que quelques heures, le temps de former un nouveau gouvernement. Tandis que les moines psalmodiaient des prières, le dalaï-lama signait la proclamation officielle d'un gouvernement auquel il ne croyait même plus. La cérémonie dut être écourtée, car les troupes chinoises étaient à leurs trousses. Un détachement de khampas était parti vers l'Inde, afin de solliciter l'asile politique pour leur Dieu Roi. S'ils ne l'obtenaient pas, ils seraient obligés de le cacher dans la région de Loka ou de demander asile au Bhoutan.

Quatre jours plus tard, les sourcils gelés et le visage brûlé par le soleil, le quatorzième dalaï-lama, grelottant de fièvre, arrivait au dernier village du Tibet. Sous une pluie torrentielle, il apprit que le gouvernement indien avait accepté sa demande d'asile. Nehru, malgré la prudence dont il faisait preuve dans ses relations avec la Chine, n'avait pu ignorer la sympathie de son peuple pour le Tibet. Lorsqu'il avait annoncé la venue du dalaï-lama, il avait vu se lever, comme un seul homme, toute la Chambre des députés, qui avait éclaté en applaudissements.

Le matin du 31 mars 1959, après s'être séparé, les larmes aux yeux, des officiers khampas qui l'avaient escorté jusqu'à la frontière et qui repartaient au Tibet pour continuer à se battre, Tenzin Gyatso enfourchait la croupe d'un *dzo* noir, cet animal issu du croisement de la vache et du yak. Sur cette humble monture, souffrant de dysenterie, triste et épuisé, le Dieu Roi abandonnait son pays natal. Il avait vingt-quatre ans.

À l'annonce de la fuite du dalaï-lama, Mao prononça une phrase qui laissa perplexes, pendant plusieurs années, tous les Tibétains en exil : « Dans ce cas, nous avons perdu la bataille. » Les dirigeants chinois ressentirent les événements de Lhassa comme une humiliation. D'une part, la Chine, après neuf ans d'occupation, se révélait incapable de dominer la minuscule population de ce « pays de moinillons ». D'autre part, elle avait orchestré en pure perte une énorme campagne à propos de la visite du dalaï-lama au Congrès national du peuple à Pékin. Furieux, les Chinois décidèrent de soumettre le Tibet au contrôle militaire le plus strict. Exactement ce qu'avait prédit le dalaï-lama.

À Lhassa, quelque dix mille personnes, soit un quart de la population, furent arrêtées et emprisonnées, pauvres ou riches, femmes, hommes ou enfants. Certains furent envoyés dans des « camps de rééducation », d'autres publiquement humiliés et exécutés ; d'autres encore détenus près de Lhassa et utilisés comme esclaves. Le couvre-feu était instauré. Les rebelles et leurs sympathisants furent expropriés, leurs maisons pillées, les biens divisés en trois catégories : les objets de valeur, bijoux, or, argent et images sacrées étaient étiquetés pour être envoyés en Chine ; meubles et tapis étaient destinés à l'usage du personnel militaire et civil chinois ; les objets comme les montres et les vêtements étaient vendus aux travailleurs de la révolution. Après ce partage, des haut-parleurs convoquaient les pauvres à se réunir dans les comités de quartier afin de recevoir les richesses de ceux qui les avaient exploités. Mais sur place ils ne trouvaient qu'un tas de chaises cassées, des boîtes vides, des vêtements usés jusqu'à la trame, ou, par chance, une théière. Il se passait plus ou moins la même chose dans les campagnes. Les Chinois gardaient les animaux, l'argent et les outils agricoles pour eux et distribuaient aux indigents tibétains des objets sans valeur et inutilisables.

Ce pillage organisé marqua le début de la destruction délibérée de la presque totalité des six mille monastères et temples du Tibet. Plus tard, lorsque les Chinois prirent conscience qu'ils étaient allés trop loin, ils prétendirent que le pillage était l'œuvre de « la bande des quatre » à la fin des années soixante. En réalité, les monastères avaient été dévastés entre 1959 et 1961. Une destruction systématique ! Les trésors de l'immense monastère de Sera remplirent quatre-vingt-dix-sept camions de trois tonnes chacun, qui prirent le chemin de la Chine en pleine nuit pour éviter qu'il n'y ait des témoins. Des bibliothèques monastiques, vieilles de plusieurs siècles, furent transformées en magasins ou en salles de réunion ; les écritures sacrées servirent de combustible, furent mélangées aux engrais ou utilisées comme papier d'emballage dans les commerces chinois.

Alors que les magasins d'antiquités de Tokyo et de Hong Kong se remplissaient d'objets précieux tibétains, les statues et les images en or et en argent vieilles de plus de mille ans étaient fondues en lingots dans les usines de Pékin.

Les rues et les parcs de Lhassa furent débaptisés sous prétexte que leurs noms rappelaient la culture tibétaine et, ironie cruelle, furent baptisées : « rue du Grand Bond en avant », « avenue de la Libération », « rue du Lever du Jour », « rue de la Joie »... On appela la montagne où se dressait, avant la rébellion, la faculté de médecine la plus réputée de la région « le Pic de la Victoire », les jardins du Norbulingka prirent le nom de parc du Peuple. Lhassa était devenue une ville morte, les Chinois organisaient une vaste campagne de propagande destinée à minimiser, aux yeux du monde, l'ampleur de la rébellion et à en faire porter la responsabilité « aux propriétaires de serfs et aux membres des classes supérieures ». En accusant l'aristocratie, les Chinois réussirent à détourner l'attention des démocraties du système répressif qu'ils imposaient au pays des neiges. Ainsi Pékin justifiait le contrôle militaire en le présentant comme une croisade en faveur des Tibétains opprimés. Le peuple, simple pion dans la stratégie chinoise, était obligé de « faire la révolution », c'est-à-dire de dénoncer les ennemis du peuple et de les châtier. Soit ils prenaient parti pour le système des oppresseurs, soit ils étaient soumis au processus de « rééducation ». La lutte des classes avait opposé ouvriers et patrons, paysans et propriétaires terriens, moines et abbés, étudiants et professeurs, enfants et parents avec une cruauté inimaginable. Les excès avaient surpassé en brutalité tout ce qui avait été fait contre les khampas : pendaisons, décapitations, éviscérations, crucifixions, démembrements et lynchages couronnaient les séances de rééducation, les tristement célèbres *thamzing*.

La première année qui suivit la rébellion, des milliers de Tibétains furent tués à la fin de ces séances, qui n'étaient autre que des comparutions immédiates. Des moines adeptes du tantrisme furent obligés, sous la menace du fusil, de rompre leurs vœux de chasteté et de copuler en public avec des nonnes devant l'entrée du Jokhang. Les séances de thamzing créaient non seulement un sentiment de terreur face aux Chinois, mais aussi un climat de suspicion entre les Tibétains. Les anciens amis ne pouvaient échanger des opinions et les parents devaient se méfier de leurs propres enfants.

Cependant c'était surtout dans les centres religieux que la haine des Chinois s'exprimait. Deux ans après la rébellion, il ne restait que trente moines sur les dix mille que comptait le monastère de Drepung, l'un des plus grands du monde. Conscients que les prêtres formaient le groupe le plus cohérent et le plus dangereux de la société tibétaine, ils entreprenaient de vastes campagnes de diffamation contre les religieux en les accusant des pires forfaits. Leur méconnaissance du bouddhisme les incitait à inventer des crimes dépourvus de fondement. Ainsi les moines qui avaient développé des techniques ésotériques de chant qui leur permettaient d'entonner trois notes en même temps étaient accusés de posséder des « voix bourgeoises » et soumis aux séances de thamzing. Sept mois après la rébellion de Lhassa, des milliers de moines étaient expédiés dans le premier camp de travail du Tibet, situé à quelques kilomètres à l'est de la capitale, ou dans les mines de borax, à l'extrême nord du pays. Même si l'intérêt des communistes était de les maintenir en vie, la plupart des religieux dépérirent dès les premières années. Ils travaillaient douze heures par jour à moitié nus, sous-alimentés, et laissés sans soins médicaux. Dans les monastères de Sera et de Ganden, piliers de la culture tibétaine, ne restait plus qu'une poignée de vieux moines qui tentaient de préserver des ruines. En attaquant les monastères, les Chinois brisaient chaque famille du Tibet, car c'était l'usage d'envoyer au moins un enfant au monastère. En insultant les dieux, c'est tout le pays qu'ils insultaient.

Même le panchen-lama, le collaborateur le plus remarquable du régime, ne trouvait pas les forces nécessaires pour continuer à défendre la cause de la révolution. Peu à peu, il s'écartait de la voie officielle et faisait siennes les revendications de son peuple. Aux dures conditions de vie imposées par l'Armée de libération du peuple venait s'ajouter une grande famine qui s'était d'ailleurs abattue sur la Chine entière. Un échec de la politique du « grand bond en avant » qui avait imposé d'énormes efforts aux paysans pour se moderniser. Comme si cela ne suffisait pas, la rupture des relations avec l'Union soviétique mettait fin aux envois de blé. L'attitude de la Chine expliquait bien cette rupture. Qu'en plein XXe siècle une nation puissante tente d'écraser une race entière, d'éradiquer sa religion et d'assassiner ses habitants, n'avait pas fait sourciller le monde. Mais, lorsque les revendications chinoises sur le Tibet s'étaient étendues aux territoires d'autres nations, les problèmes avaient surgi. Les Chinois avaient décidé que toutes les régions d'Asie centrale où l'on parlait tibétain faisaient partie intégrante du Tibet et appartenaient par conséquent à Pékin. Aussitôt, et en vertu de ce raisonnement, ils réclamaient trente mille kilomètres carrés de sol russe et quarante mille kilomètres carrés de sol indien et népalais. L'Union soviétique avait réagi violemment en coupant tous les ponts avec le vieil allié, en rapatriant ses techniciens et en interdisant l'exportation de pièces de rechange, d'armes et, pis encore, de denrées alimentaires. C'est alors que les Chinois avaient décidé de trouver le grain manquant au Tibet. Ce qu'ils emportaient réduisait de deux tiers la ration moyenne des Tibétains. Des milliers de Tibétains mouraient de faim. On raconte que des parents nourrissaient leurs enfants moribonds avec leur propre sang mélangé à de l'eau et au tsampa. De nombreux Tibétains s'étaient habitués à manger des chats, des chiens, des insectes, ou encore les restes que les Chinois jetaient aux cochons. Dans les prisons, la situation était terrible. Il était formellement interdit de dire que les corps entassés quotidiennement dans les charrettes étaient ceux de prisonniers morts de faim.

Alors qu'à Pékin le panchen-lama dénonçait la situation en sa qualité de président du Comité préparatoire pour l'autonomie du Tibet, poste qu'il avait accepté lors de la dissolution du gouvernement tibétain, l'armée chinoise avait assiégé son monastère de Tashilumpo, le seul à avoir été épargné jusque-là, et avait arrêté quatre mille moines. Accusés sans preuve d'être mêlés à la révolte de Lhassa, plusieurs dizaines de prêtres et de prieurs étaient fusillés au terme de cruelles séances de thamzing. Craignant un destin similaire ou pire, certains moines, dont des lamas réincarnés et des érudits respectables, avaient préféré se suicider. Les autres avaient été déportés dans des camps de travail. La destruction du monastère avait profondément affecté le panchen-lama. Il avait alors écrit à Mao, décrivant les derniers événements, ainsi que le chaos, la faim, les abus, et lui avait demandé la restauration de tous les monuments religieux détruits. Mao avait assuré que ses observations seraient prises en considération, mais en réalité le panchen-lama avait été contraint de se démettre de ses fonctions tandis que les vieux moines restés à Tashilumpo étaient maltraités publiquement. Campant sur sa position et fidèle à la tradition, le panchen-lama déclarait désormais dans ses discours que le seul leader du Tibet était le dalaï-lama. Il ne l'avait vu qu'une seule fois, lors de son passage à Lhassa. Ils étaient alors deux adolescents de quatorze et seize ans, des marionnettes entre les mains des Chinois. Le dalaï-lama avait pu se soustraire aux griffes des envahisseurs mais pas le panchen-lama.

Excédés par le brusque changement d'attitude de celui qui avait toujours été leur collaborateur, les Chinois lui offraient une dernière chance de revenir à la raison en dénonçant publiquement le dalaï-lama pendant le grand Festival de la Prière, exceptionnellement autorisé cette année-là. Cette fois, au lieu de s'en tenir aux ordres reçus, le panchen-lama demandait, devant dix mille personnes, la liberté de culte pour son peuple. Puis, au moment où il était censé accuser le dalaï-lama d'être réactionnaire, il avait fait une pause et avait promené son regard sur la foule. « Je veux exprimer ma profonde conviction que le Tibet retrouvera rapidement son indépendance et que Sa Sainteté pourra s'asseoir à nouveau sur le Trône du Lion. Longue vie à Sa Sainteté le dalaï-lama ! » Il se rachetait aux yeux de son peuple, mais, aux yeux des Chinois, l'allié d'hier était devenu le plus exécrable des traîtres. Stupéfaits de l'ampleur du défi, les Chinois l'avaient immédiatement arrêté, puis jugé et accusé de « crimes contre le peuple ». À l'issue du procès, quatre cadres du parti s'étaient approchés du panchen-lama, l'avaient obligé à s'agenouiller devant le tribunal et l'avaient frappé à coups de poing et de pied. Le spectacle de cette humiliation infligée à l'un des plus grands lamas avait troublé les délégués tibétains. Malgré l'insistance des Chinois, ils s'étaient refusés à participer à ces scènes de violence. Après le jugement, le panchen-lama, ses parents et sa suite, enchaînés, étaient conduits en camion vers un destin inconnu. Le panchen-lama avait vingt-sept ans. On n'entendit plus parler de lui pendant quatorze ans.

8.

De l'autre côté des montagnes, le dalaï-lama découvrait le monde libre, mais la réalité le laissait songeur. Après une longue conversation avec Nehru, le jeune monarque, désenchanté, avait dû se faire à l'idée que la diplomatie indienne ne soutiendrait jamais le Tibet contre la Chine, ce voisin beaucoup trop dangereux pour le provoquer. Le Premier ministre soumettait son hospitalité à condition. Le dalaï-lama s'en tiendrait à ses fonctions religieuses, renonçant à son rôle de leader politique et à la propagande en faveur de l'indépendance du Tibet. En échange, Nehru accorderait une aide humanitaire au pays des neiges.

Pendant deux mois, et par égard envers Nehru, Océan de Sagesse avait gardé le silence. Mais les récits des milliers de réfugiés qui franchissaient les cols de l'Himalaya et qui, tous, disaient la détermination destructrice des envahisseurs l'avaient obligé à dénoncer publiquement les exactions des Chinois. Il avait lancé un appel pour qu'une commission internationale de juristes enquête sur les atrocités rapportées par les réfugiés. Cette commission, composée d'hommes de loi respectables de plusieurs nations, étudierait également la question de l'indépendance du Tibet. Le rapport conclut que la Chine était coupable « des plus graves crimes dont pût être accusée une personne ou une nation, le génocide, c'est-à-dire la tentative de détruire, en totalité ou partiellement, un groupe national, ethnique, racial ou religieux en tant que tel ». Concernant le statut juridique, ce texte rappelait que le Tibet avait été un État souverain et indépendant avant l'invasion. Enthousiasmé par les conclusions des juristes, le dalaï-lama avait essayé de porter la question devant les Nations unies. Mais c'était l'époque de la guerre froide et aucun membre influent n'avait voulu parrainer la cause de ce pays perdu entre ciel et terre. Une fois de plus, le Tibet était abandonné de tous.

Le dalaï-lama avait rapidement pris conscience que la politique n'était faite ni d'idéalisme ni même de justice. Il n'était plus question d'attendre que la diplomatie rende le Tibet à son peuple. Il fallait se mettre à l'œuvre pour aider les nombreux réfugiés qui avaient suivi son exemple. Des familles entières, habillées de vêtements de laine et chaussées de bottes en cuir de yak, arrivaient dans un pays où la température atteignait facilement quarante degrés. À bout de forces, blessés, leur unique trésor se composait de reliques religieuses et du témoignage de leur souffrance. Les tempêtes de neige, le gel, les avalanches, les bombardements aériens chinois, tel était le lot des fugitifs qui franchissaient l'Himalaya. Ils racontaient que nombre de leurs compagnons étaient morts de froid et d'autres de désespoir. En juin 1959, sur les quatre mille réfugiés qui avaient entrepris le voyage, seuls cent vingt-cinq avaient achevé leur périple.

Pour les survivants, le cauchemar ne finissait pas avec l'arrivée en Inde. Là, ils étaient conduits dans le camp de Missamari ou celui de Buxa Duar. Ce dernier, une ancienne prison britannique située près du Bhoutan, était composé de trente baraquements perdus au milieu de trois collines couvertes de forêt. Le lama Yeshe, parti de Sera depuis plus d'un mois, et miraculeusement sauvé, racontera : « En arrivant ici, ce fut un grand choc. Je retombai dans le même enfer. »

En dépit de ces conditions de vie misérables qu'ils offraient, ces camps représentaient un effort de la part du gouvernement indien. Celui-ci s'était mis d'accord avec les partis de l'opposition pour créer un comité de secours, structure indispensable à l'obtention des aliments, des médicaments, et à l'organisation de l'aide internationale. Mais la chaleur suffocante, la fragilité des organismes face à des maladies nouvelles, le régime alimentaire si différent de la nourriture traditionnelle à base d'orge, de beurre et de viande, faisaient des ravages parmi les Tibétains. Le lama Yeshe détestait le riz aux lentilles à la mode indienne. Son odeur le dégoûtait et lui provoquait des troubles digestifs qui duraient des mois. Nombreux étaient les réfugiés qui mouraient de dysenterie, de tuberculose, de grippe et de malnutrition, mais certains mouraient de chagrin, nostalgiques de leur pays et de la lutte pour sa sauvegarde. Il n'était pas rare d'entendre des sanglots dans les camps, suivis du murmure d'un *soetra* récité par un moine solitaire, habillé, comme tous les prisonniers, d'un vêtement civil offert par le gouvernement indien. Le dalaï-lama dira : « Il était de notre devoir d'informer ces réfugiés qu'il ne serait pas facile de retourner dans notre pays. Je fus obligé d'avouer que nous resterions plus longtemps que prévu en Inde, qu'il était nécessaire de nous y établir mentalement et physiquement. »

Désinfectés, interrogés et fichés par les services de sécurité indiens, les moines, les guerriers et des familles entières attendaient dans les baraquements d'être envoyés sur les routes du nord de l'Inde pour travailler durement en échange d'un salaire dérisoire. Un projet que le dalaï-lama et Nehru avaient élaboré pour enrayer l'augmentation de la mortalité dans les camps et atténuer l'idée que les Tibétains vivaient de la charité des Indiens. Mais, quand le dalaï-lama s'était rendu sur les routes du Nord, son âme s'était brisée. Ses compatriotes n'étaient pas habitués à l'atmosphère fétide et infestée de moustiques de la région. De plus, la tâche était dangereuse et les accidents nombreux. Tenzin Gyatso, qui contenait à grand-peine son émotion, ne cessait de leur répéter qu'il était vital de ne pas perdre le moral et qu'ils retourneraient, un jour, dans leur pays.

Avec ce voyage, il avait pris conscience d'un problème supplémentaire : les enfants. Les utiliser comme force de travail sur les routes revenait à les condamner à l'abrutissement et à la misère morale. Il fallait en prendre soin, les vêtir et les éduquer. Ils étaient l'avenir du Tibet. Nehru lui fut alors d'une grande aide. Aussi préoccupé que son hôte du sort des enfants, il créa en moins de vingt-quatre heures un département tibétain au sein du ministère de l'Éducation et se mit d'accord avec le dalaï-lama. Les enfants recevraient une formation complète : l'anglais, l'histoire, la philosophie, les techniques et les sciences du monde moderne, en même temps que l'éducation traditionnelle tibétaine. En 1966, sept mille enfants étaient dispensés du travail sur les routes.

Des textes anciens et des écritures sacrées, les rares biens que les travailleurs des routes, en grande partie des moines, avaient pu sauver pendant leur voyage, étaient méticuleusement récupérés et envoyés au camp de Buxa Duar, où mille cinq cents religieux se vouaient à la tâche de préserver les enseignements du bouddhisme tibétain. Cette communauté de sages avait été créée à l'initiative du dalaï-lama qui avait convaincu le gouvernement indien de subventionner un groupe d'érudits. Ces derniers avaient entrepris de reproduire des lithographies sur des pierres et de réécrire deux cents volumes d'enseignements sacrés, soit une minuscule partie du patrimoine millénaire du Tibet. La discipline monastique leur avait permis de renouer les fils de leur existence, de poursuivre l'étude et de sauver de l'oubli ce qui pouvait l'être. Lama Yeshe était parmi eux. Ses amis se souviennent encore qu'il se réveillait toujours en retard pour le débat du matin, car il passait toutes ses nuits à étudier l'anglais, au grand étonnement de ses compatriotes. Il y mettait une vraie ferveur, même si ses maîtres et ses compagnons lui répétaient que c'était une perte de temps et qu'il était préférable d'apprendre l'hindi. Mais le lama Yeshe n'en faisait pas cas, et c'est ainsi qu'il est devenu plus tard l'un des rares traits d'union entre le bouddhisme tibétain et la culture occidentale.

Les conditions de vie à Buxa Duar étaient si dures que les moines dépérissaient. Après les prières matinales, deux cents à trois cents hommes faisaient la queue pour être reçus par le seul assistant sanitaire du camp. La tuberculose s'acharnait sur eux avec une virulence particulière, les Tibétains n'étant pas immunisés contre ce genre de maladie. Le lama Yeshe dira : « Nous supportions tous ces maux, car nous savions que la tradition religieuse du Tibet dépendait de nous. »

9.

Depuis peu, le dalaï-lama concevait ses plans pour la sauvegarde de la société tibétaine en exil dans un nouveau lieu, un ancien campement britannique appelé Dharamsala, situé sur la route de New Delhi, sur les flancs de l'Himalaya. Le 29 avril 1960, il arrivait dans sa résidence permanente désignée par le gouvernement indien, après avoir traversé quelques-uns des plus beaux paysages de l'Inde, des champs d'un vert lumineux parsemés d'arbres et de fleurs. Le Kashmir Cottage avait été réhabilité pour accueillir Sa Sainteté, sa mère, ses deux sœurs, son beau-frère, son maître de cérémonie, le chancelier, ainsi qu'un groupe de secrétaires et de traducteurs. La vie y était bien différente de celle du Tibet. Les jours de pluie, des seaux disposés autour du lit du Dieu Roi recueillaient l'eau qui gouttait des toits. Ses distractions étaient tout aussi prosaïques : il faisait de grandes promenades dans les montagnes, des batailles de boules de neige en hiver, des parties de ping-pong et de badminton en fin de journée. Entouré de ses animaux de compagnie, un jeune faon et deux chiens *apsos* de Lhassa jaune or, Océan de Sagesse découvrait la simplicité, et elle lui plaisait. Il s'efforçait d'abroger le protocole qui l'entourait depuis sa plus tendre enfance et s'apercevait qu'il détestait le formalisme.

Désormais il voulait être accessible, transparent, ne rien cacher derrière l'étiquette. Il se libérait de la rigidité du passé, on pouvait lui parler directement. « Les nouvelles circonstances me permettaient de changer les choses. En ce sens, être un réfugié fut quelque peu utile. Je me rapprochais beaucoup plus de la réalité », racontera-t-il des années plus tard.

Avec le produit de la vente de l'or et de l'argent sorti du Potala et emporté en toute sécurité à dos de yaks en 1950, Tenzin Gyatso avait créé le Fonds de charité du dalaï-lama pour promouvoir la reconstruction culturelle tibétaine. Ses conseillers et lui étaient fermement résolus à maintenir vivant tout ce qui, dans la culture traditionnelle, pouvait être utile dans la situation présente. Autant les longues cérémonies et les fastes avaient été immédiatement écartés, autant étaient vivement encouragés le théâtre, l'opéra, la littérature, la médecine et la religion, ainsi que les métiers qui pouvaient aider les réfugiés à gagner décemment leur vie : la peinture, le travail du bronze, l'architecture, l'ébénisterie et le tissage des tapis. Le Premier ministre Nehru tenait sa promesse d'apporter toute l'assistance humanitaire possible. Grâce à la générosité du gouvernement indien, vingt colonies avaient été créées et l'on comptait le nombre non négligeable de cent vingt mille réfugiés. Les coopératives agricoles prospéraient, permettant de mettre en état plusieurs monastères. L'un d'eux revêtait une importance particulière pour les Tibétains. Réplique exacte d'un monastère situé près de Lhassa, il était entouré de champs durement arrachés à la forêt et, au sommet d'un promontoire, se dressait le temple central de la nouvelle université monastique de Sera. Trois décennies plus tard, il hébergerait près de trois mille moines uniquement occupés à garder vivante la mémoire du bouddhisme tibétain, comme la flamme des lampes à huile que le vent ne parvient pas à éteindre.

10.

La majorité de la population rurale tibétaine avait pris les armes sous le commandement des khampas, qui décidaient des embuscades, des attaques des postes militaires et des convois chinois. Fin 1961, les chefs rebelles transféraient leurs quartiers généraux dans la région de Mustang, où il leur serait plus facile de recevoir des armes et des munitions de l'étranger. Cette région commençait au nord du Népal, pénétrait dans le territoire du Tibet et occupait la partie ouest du pays. De culture et de langue tibétaines, ce petit royaume, qui appartenait officiellement au Népal, était administré par un roi favorable aux rebelles. Ainsi, de leur nouveau quartier général, les khampas pouvaient-ils mieux planifier et coordonner leurs actions de résistance. Les rues de Katmandou, la capitale du Népal, recevaient désormais de fréquentes visites de ces guerriers curieusement vêtus. C'est là qu'ils se réunissaient avec leurs alliés, les agents de Taïwan et de la CIA, qui, dans le plus grand secret, depuis la rupture des relations sino-soviétiques, intervenaient à nouveau dans les affaires tibétaines. Les khampas étaient convaincus que, tôt ou tard, les nations étrangères se compromettraient activement dans leur guerre de libération. Ils ne se rendaient pas compte que les grandes puissances étaient loin de leur apporter l'aide dont ils avaient besoin. Le vieux missionnaire George Patterson, qui avait si efficacement informé la presse anglaise de la rébellion des khampas en 1959, était entré au Tibet avec une équipe de journalistes pour filmer une attaque de la guérilla contre un convoi chinois. Il voulait que son film rappelle au monde cette lutte lointaine et ignorée. En récompense de son travail, il fut emprisonné par les autorités népalaises, qui qualifièrent son film de « crime contre la sécurité de l'État [1] ». Le film se contentait de montrer le courage de soldats qui osaient affronter la plus grande machine militaire du monde. Quelques-unes de ces attaques eurent même des résultats inespérés. En 1966, un groupe de cavaliers avait tendu une embuscade à un convoi chinois et fait prisonnier à cette occasion le général du commandement ouest de l'armée chinoise. Or ce dernier voyageait avec tous ses documents et toutes ses archives, un véritable trésor non seulement pour les Tibétains, mais pour la CIA. Le butin comprenait des documents où il était rapporté que quatre-vingt-sept mille Tibétains avaient péri lors de la rébellion de 1959, alors que Pékin soutenait au monde entier qu'il s'était agi d'une révolte mineure. Mais surtout ces textes révélaient des plans qui allaient bouleverser la vie de la Chine elle-même. Mao était déterminé à en finir avec l'opposition interne et venait de proclamer la Grande Révolution culturelle prolétarienne, qui ouvrait une ère de folie collective, de destruction et d'assassinats.

1. *Les Cavaliers du Kham*, *op. cit.*

Si la Chine entière vivait sous un régime de terreur, les souffrances infligées au Tibet n'avaient pas d'égal. Le pays des neiges représentait un défi pour les jeunes gardes rouges. En juillet 1966, un petit groupe de gardes était arrivé à Lhassa pour allumer la mèche de la Révolution culturelle. Au bout d'un mois, ils montraient leurs sanglantes intentions. Ils avaient pénétré dans le sacro-saint temple du Jokhang et détruit ses trésors irremplaçables. Pendant plusieurs jours, ces fanatiques avaient brûlé les écritures sacrées, décapité les bouddhas et saccagé les tableaux. Ils avaient détruit une partie du temple, transformé les pièces qui restaient en abattoir à cochons et installé leur quartier général dans les chapelles qui, plus tard, deviendraient la « Pension n° 5 ». Trois ans après le début de la Révolution culturelle, les ruines jonchaient le sol tibétain. Le patrimoine culturel du Tibet était remplacé par la pensée du président Mao. Pendant un temps, chacun fut tenu de se promener avec le *Petit Livre rouge* en main. Les gardes chinois arrêtaient au hasard n'importe quel passant pour lui faire réciter les pensées du Grand Timonier. La moindre erreur valait d'être conduit au commissariat. La fureur des gardes rouges se portait aussi sur une race de chiens, les apsos de Lhassa, qui passaient pour les reliques de la vieille société. Les Tibétains, dont la vie consistait à protéger tous les « êtres délicats », avaient maintenant ordre de les tuer. Les apsos à la couleur dorée disparaissaient peu à peu, tués à coups de bâton, lynchés et empoisonnés.

Dans les campagnes, les gardes rouges procédaient à une collectivisation forcée. Cet égalitarisme admirable en théorie était un désastre en pratique. De nombreux paysans, qui s'étaient réjouis de l'abolition de l'ordre féodal, comprenaient qu'ils avaient tout perdu. Les animaux et les outils devaient être remis aux autorités en échange d'une compensation qui n'arrivait jamais. La collectivisation bouleversait la vie des nomades à qui l'on avait confisqué une partie du bétail. À l'intérieur des communes, tout déplacement hors de la maison ou du champ était interdit ; il fallait demander une autorisation pour aller chercher du bois aux alentours. Enfin, peut-être le plus grave pour le peuple tibétain, toutes les références à la religion étaient proscrites, le bouddhisme semblait n'avoir jamais existé. Les gardes rouges forçaient la population à manifester son mépris envers l'ordre ancien et envers les « moines corrompus ». Les plus hauts lamas et fonctionnaires du gouvernement avaient été contraints de défiler dans Lhassa, un bonnet d'âne sur la tête, sous le fouet des gardes rouges.

La Révolution culturelle dura sept ans. Au fur et à mesure que les luttes internes s'intensifiaient, les atrocités augmentaient. Les séances de thamzing étaient souvent suivies de viols et de raclées publics. Pendant l'hiver 1967, une bande de révolutionnaires enleva les femmes d'un groupe de nomades ; elles furent déshabillées et attachées pendant six heures sur un lac gelé. Une vague de suicides laminait le pays. De nombreux Tibétains préféraient mourir, en se jetant du haut d'un rocher ou en se noyant dans un fleuve, plutôt que de tomber entre les mains des Chinois.

Peu à peu, à l'exception des villes, tout le pays se souleva et emprunta le chemin des montagnes soit pour fuir en

Inde, soit pour rejoindre les rebelles. En 1968, les « chevaux du vent » flottaient sur presque tout le Tibet, et les guérilleros guettaient les heures grises de l'aube pour mener à bien leurs embuscades. Les actes d'héroïsme de ces hommes, brefs épisodes d'une longue et silencieuse épopée, et le dalaï-lama représentent pour ce peuple quasiment anéanti les deux côtés d'une même pièce : celle de l'espoir. Ils s'y accrochent dans le secret de leurs cœurs, là où les Chinois ne parviendront jamais.

V

Le royaume des dieux

1.

La génération née dans les années soixante-dix a grandi sous le joug de la Révolution culturelle. Kinsom se souvient parfaitement du jour où sa mère a été obligée de remettre ses moulins à prières, ses écharpes sacrées et ses lampes à beurre de yak à des adolescents vêtus de l'uniforme de Mao, pour qu'ils les jettent dans le bûcher. Sa mère avait réussi à sauver quelques images sacrées cachées au pied d'un arbre. De temps en temps, elle les sortait pour les honorer et Kinsom, encore enfant, ignorait qu'elle risquait sa vie chaque fois. Elle se souvenait aussi du désespoir de son père lorsqu'il avait été forcé de livrer tout son troupeau aux autorités, en vertu de la collectivisation entreprise par les communistes. Le fanatisme des hordes maoïstes avait atteint l'absurde avec l'interdiction de prononcer les proverbes et les chansons traditionnels. Son père n'avait eu connaissance de cette nouvelle disposition que le jour où il avait été interpellé alors qu'il sifflait le refrain d'une chanson ancienne. Les gardes rouges lui avaient fait savoir, à coups de bâton, que tout le monde devait désormais parler le langage révolutionnaire. Même les expressions « s'il vous plaît » et « merci » étaient proscrites, tout comme la coutume tibétaine qui consistait à faire claquer sa langue en signe de salut affectueux. Kinsom se rappelle également que son père, avant de se rendre au marché à bestiaux, avait dû couper sa longue chevelure pour éviter que les sbires de Mao ne la lui rasent en pleine rue.

Plus les villages ou les régions étaient peuplés, plus forte était la répression. Yandol a grandi à Tolung, un grand village situé à une heure de Lhassa. De son enfance, elle garde le souvenir de l'exécution de deux oncles, qui étaient moines. Ses parents, très pieux, ont souffert, comme les autres, des interdictions religieuses. Pendant l'époque la plus dure, remuer les lèvres en signe de prière suffisait pour être accusé de dissidence et être soumis à de cruelles séances de thamzing. Peut-être était-ce cette stricte interdiction de prier ou d'allumer des lampes à huile qui avait poussé Yandol vers la religion ? À coup sûr, les foyers tibétains résistaient à la terreur. Plus impitoyable était la répression, plus grande était leur volonté de s'accrocher à leurs valeurs. Les parents de Kinsom et ceux de Yandol, comme la plupart des familles, enseignaient à leurs enfants à lire les écritures et à méditer. Ils étaient toujours en contact avec des moines, à qui le port de l'habit était interdit, mais qui n'en continuaient pas moins à cultiver la foi. Dans le haut pays des neiges, l'esprit luttait désespérément pour survivre, et cette lutte avait pris racine dans la conscience des nouvelles générations.

C'est encore une façon de résister au froid glacial des hauts sommets que de se réfugier dans les souvenirs d'enfance. Le matin, Kinsom et Yandol se réveillent sans savoir si elles sont mortes ou vivantes. À chaque nouveau départ, ces voyageurs du bout du monde, laissant derrière eux leur lit de pierre, ont l'impression de franchir une étape vers la liberté.

La troupe marche depuis deux semaines et, pourtant, il lui semble avoir quitté Lhassa depuis une éternité. Les dangers se sont succédé comme des grains de chapelet. Quand ce ne sont pas les tempêtes, ce sont les patrouilles frontalières. Même par un jour sans nuages, une tempête de neige ou de grêle peut s'abattre soudain sur les voyageurs grelottant dans la semi-obscurité. Puis, comme par enchantement, les nuages disparaissent. Dans les canyons le froid est encore plus coupant, comme si les parois de pierres noires avaient renfermé l'hiver toute l'année.

Tous s'inquiètent pour l'enfant. Il peut encore avancer, mais... pour combien de temps encore ? Il reste stoïquement silencieux, inconscient de la gravité du mal qui lui ronge les extrémités. Le vieillard au regard lointain progresse à un rythme soutenu, infatigable ; il est si léger, que parfois, il semble voler. Il est pressé. Il ne craint pas la mort. Il craint seulement de ne pas réaliser son rêve. Recevoir la bénédiction de son petit-fils est le but de sa vie ; une vie brisée par les événements tragiques qui se sont abattus sur son pays. Ce voyage est l'occasion pour lui d'achever un cycle, comme si les aléas de l'histoire et la douleur de la séparation n'avaient pas existé. Une fois guéries leurs brûlures aux yeux, les khampas se montrent si résistants qu'ils donnent l'impression de pouvoir marcher des mois durant à travers les cols. Ces khampas sont armés de dagues, au superbe fourreau en argent ciselé. Les goloks de la région de l'Amdo et les khampas sont les deux seuls peuples autorisés par le gouvernement chinois à porter des armes. La raison officielle est que les nomades doivent se défendre et protéger leurs troupeaux contre les animaux sauvages. La vraie raison est que les Chinois n'ont jamais pu les désarmer, et ce n'est pas faute d'avoir essayé.

Il y a toujours un khampa disposé à prendre l'enfant dans ses bras pour traverser les ruisseaux gelés qui coulent des sommets, telles des langues de glace. À ces altitudes, on a l'impression que l'eau surgit des entrailles de la terre, des fissures et de l'ombre des rochers, pour alimenter les gigantesques fleuves d'Asie : le Mékong, le Brahmapoutre, le fleuve Jaune... La vie de centaines de millions de paysans, de l'autre côté de l'Himalaya, dépend de ces torrents qui irriguent leurs terres. Le Tibet, où deux mille lacs aux eaux turquoise somnolent sur les plateaux, est le grand réservoir d'eau de l'Asie.

Le guide suit du regard le torrent, pour repérer les gorges et les petites vallées. Les cours d'eau lui indiquent la route à suivre. Pour les franchir sans se mouiller les pieds, les khampas placent de grandes pierres qui se recouvrent instantanément d'une fine couche de gel. Ils y jettent du sable avant de sauter. Kinsom est trempée à force de glisser sur ces pierres.

La nuit, les religieuses s'enroulent dans leurs couvertures et enlèvent leurs chaussettes, qu'elles mettent à sécher près du feu qui s'amenuise de jour en jour, car les provisions de bouse de yak s'épuisent. Puis elles se massent longuement les pieds. Ces jeunes femmes affrontent l'adversité avec un calme surprenant. Elles sont faites du même bois que leurs ancêtres. Lors des pèlerinages qui les menaient d'un bout à l'autre du pays, ils rencontraient le même genre de difficultés. Leurs voyages duraient facilement trois ans et supposaient une rupture complète avec leur famille et leur village. Ils n'étaient pas certains de revenir, mais celui qui mourait en chemin s'assurait une bonne réincarnation. Les voyageurs d'alors partaient dans l'intention de se purifier, aujourd'hui ils fuient l'ennemi.

Au froid s'ajoute la faim. Même s'il ne leur reste plus ni beurre ni sel, les religieuses partagent avec les autres leurs dernières provisions de viande séchée.

« Nous sommes presque arrivés... en avant ! »

Le matin où le guide prononce ces paroles, ils mangent tous en silence, en mastiquant avec soin, comme pour extraire tous les bienfaits de l'aliment. Puis ils se lèvent, prennent leurs effets et se mettent en route sans un mot, malgré les crampes d'estomac.

2.

La journée s'annonce splendide ; le soleil étincelle dans cet air si froid que des larmes coulent sur les joues brûlées. Le vieil homme se sèche les yeux avec la manche de son manteau ; il y a plus de soixante-dix ans qu'il n'a pas versé une larme. La troupe se dirige vers le dernier col, qui est aussi le plus élevé. Au fur et à mesure qu'ils gravissent la pente, le vent du nord souffle de plus en plus fort, soulevant des nuages de neige qui leur masquent la vue. Ils avancent presque à quatre pattes, tête baissée, le visage couvert de leurs passe-montagnes, concentrés sur les empreintes laissées par ceux qui les précèdent, pour ne pas se perdre et pour assurer leurs pas. Une seule maladresse, et c'est la glissade sur plus d'un demi-kilomètre. Ils doivent s'arrêter très souvent, haletants, les poumons sur le point d'éclater. Les effets de l'altitude combinés au manque d'oxygène se font maintenant sentir cruellement. Même le guide, qui a du mal à respirer, a ralenti l'allure. Une énorme fatigue s'abat sur la colonne de fugitifs, tel un voile épais, qui obscurcit les sens et engourdit les mouvements. À chaque obstacle, les symptômes du mal des montagnes se font plus violents. Sans qu'ils en aient vraiment conscience, leur cœur bat frénétiquement pour compenser le manque d'air. Kinsom, quant à elle, a des bourdonnements d'oreilles, et Yandol des nausées et des maux de tête ; soudain, ses forces l'abandonnent.

« Laissez-moi là, je vous rejoindrai », leur dit Yandol.

Les lèvres fendues, les yeux injectés de sang, elle ouvre et ferme la bouche comme un poisson hors de l'eau. Mais son amie Kinsom ne veut pas qu'elle se laisse vaincre par l'épuisement.

« Nous ne pouvons pas nous arrêter ici », lui dit-elle tout en la soulevant par la ceinture et en la poussant pour l'aider à monter.

La tempête risque d'être meurtrière, ils savent tous qu'ils peuvent mourir étouffés par les cristaux de neige qui fondent dans les poumons.

Tout à coup, ils s'aperçoivent de l'absence de l'enfant. Chacun le croyait avec un autre adulte jusqu'à ce que le guide, après les avoir rassemblés, constate sa disparition. Il demande à un autre khampa de l'accompagner et, ensemble, ils reprennent le chemin si péniblement parcouru, en redoublant de prudence pour ne pas glisser et dégringoler la pente. Malgré la tempête, ils ne mettent pas longtemps à découvrir la silhouette de l'enfant, pelotonnée entre les rochers. Ses lèvres sont bleues, ses sourcils et le bord du passe-montagne gelés. Il est immobile, en position fœtale, résigné, semble-t-il, à rester là, à attendre la mort. Il est tombé et n'a pas eu la force de grimper à nouveau la côte escarpée. Il n'a même pas pleuré. Il respire difficilement et ne sent plus ni ses pieds ni ses mains. Le khampa le prend dans ses bras, puis le met sur son dos, avec l'aide du guide. Ils se sont remis en marche, à pas lents. Le guide lui frictionne vigoureusement le corps, les pieds et les mains, pour que la vie n'abandonne pas ce petit corps. L'enfant s'est assoupi, la tête appuyée contre le cou de son porteur. Il sourit béatement, comme s'il se trouvait au nirvana et non plus au milieu d'une infernale tempête de neige et de grêle. Lorsqu'ils rejoignent enfin le groupe, le khampa, épuisé, pose l'enfant à terre, mais ce dernier ne tient pas debout ; il n'a plus de forces, pas même celle de garder l'équilibre. Les religieuses lui offrent du thé et insistent pour qu'il bouge, mais l'enfant les regarde avec une expression d'impuissance, semblant s'excuser de sa faiblesse. Ils savent tous que le porter lui sera fatal car, immobile, il gèlera. Un troisième khampa le met sur son dos et à chaque pause les autres en profitent pour lui masser les pieds et les mains. Ils se voient obligés de ralentir le pas, tout en essayant de coordonner leur respiration avec leurs mouvements. Yandol est sur le point de s'effondrer. Elle avance moins vite que le reste du groupe et se sent coupable de les retarder. Lorsque le vent faiblit enfin, après de longues heures, elle veut faire une pause, mais le guide le lui interdit. Il craint que les rafales de vent ne redoublent de violence. Il lui est arrivé, plus d'une fois, d'être obligé de faire halte trois ou quatre jours en attendant que le vent se calme. Yandol, tête basse, haletante, avec des gestes d'automate, n'a d'autre choix que d'obéir.

Après avoir traversé des coteaux couverts de neige, saisissants de beauté dans l'immensité du silence, ils atteignent le col le plus élevé, couronné de pics majestueux. Les voyageurs, épuisés, s'arrêtent. L'enfant réussit à se tenir debout et même à faire quelques pas. Lui aussi est muet à cause de l'altitude, de la fatigue, de la splendeur du paysage. À présent, le hurlement du vent faiblit et s'éloigne, il enveloppe de son murmure le versant des montagnes. Des taches de neiges éternelles décorent les parois des gigantesques massifs. Là-bas, au loin, les ruisseaux brillent comme du mercure. Les montagnes descendent vers l'horizon. Beaucoup plus bas, après la frange boisée, il y a un monde habité par des hommes libres.

Quand le vent est complètement tombé, les femmes s'avancent au bord du précipice. Elles ont oublié la faim et la fatigue. Plus bas, dans la brume de la nuit tombante, elles devinent les vallées couvertes d'une végétation dense, les villages où vivent des familles, où courent des enfants, où des animaux se blottissent dans la chaleur des étables. Là-bas, c'est le Népal.

Kinsom et Yandol restent un long moment en silence. Ici, elles ne peuvent s'empêcher de songer aux compagnons de Gutsa. C'est l'heure où les portes des cellules de la prison s'ouvrent pour la prisonnière chargée de vider le seau. Combien souffrent des tortures qu'on vient de leur infliger ? Combien gémissent de douleur ? Elles pensent à leurs amies, à Ani Choki, à leurs familles. Kinsom imagine son père regagnant la maison avec son troupeau ; sa mère préparant la *tukpa*, la soupe de pâtes aux légumes ; ses frères jouant dans les dernières lueurs du jour. Les autres voyageurs ont l'air eux aussi de penser aux êtres chers laissés derrière, comme si cette beauté leur faisait tout voir avec les yeux du cœur. Il semble maintenant que le pire est fini. Le pari est presque gagné.

Cependant, le guide les prévient qu'il est trop tôt pour vendre la peau de l'ours, de nombreux dangers les guettent encore. À commencer par le vent, qui peut se lever à tout instant et les clouer en haut de la montagne, le froid aussi, la déshydratation. Si on ne peut pas faire fondre la neige, il n'y aura pas d'eau à boire. Il a ajouté :

« Il faut descendre un peu et trouver un endroit pour camper. »

Il a pris son sac et, d'un pas décidé, a emprunté le chemin, seul, en soufflant. L'enfant, qui a repris des forces, préfère marcher plutôt que de se faire porter. Mais il avance lentement, et toute l'allure du groupe s'en ressent.

3.

Ils descendent un glacier au milieu de moraines semblables à des statues sculptées par quelque divinité. Rester debout relève de l'acrobatie. Ils glissent, trébuchent, tombent de nouveau. Dans cette région, le vent fait craindre au guide les avalanches. Il somme les fugitifs de marcher en silence, car un simple cri suffit à déclencher les chutes de plaques neigeuses. Un après-midi, alors qu'ils préparent le campement, à moitié déshydratés et épuisés, ils entendent un grondement sourd qui enfle et devient vacarme. L'enfant, apeuré, s'accroche à la veste du guide. Ayant scruté l'horizon, le vieillard leur montre au loin, près du sentier qu'ils ont emprunté la veille, des blocs de glace qui oscillent. Ils finissent par tomber dans le vide, provoquant une monstrueuse cascade de blocs de neige grands comme des maisons. Kinsom et Yandol sont saisies par cette vision apocalyptique. L'avalanche a provoqué une mini-tempête de neige, qui s'est propagée jusqu'au campement. Puis le bruit assourdissant a cessé, le nuage de neige est retombé doucement et la paix est revenue.

L'angoisse cède la place à la faim et à la soif. Ils n'ont plus ni bois ni bouses de yaks pour faire fondre la neige, alors ils sucent des glaçons, mais, très vite, ils ont la bouche gelée. Ils n'ont presque plus de vivres. Kinsom est prise de vertiges, et sa compagne est si faible qu'elle ne pense qu'à dormir. Ils doivent accepter le peu de tsampa que leur offre le vieil homme. Il sourit, comme si c'était une victoire de se départir de ses dernières denrées. Plus les Tibétains voyagent léger, plus ils sont heureux.

Le paysage de glace et les immenses étendues rocailleuses semblent sans limites. La dénivellation est si forte qu'ils dévalent la pente à toute vitesse, avec l'espoir de voir rapidement les champs, et peut-être même une présence humaine. Ils arrivent au Solo Khumbu, le pays des sherpas, le célèbre peuple de l'Himalaya.

Composée de quarante mille habitants, soit un millième de la population du Népal, cette minorité s'est fait connaître dans les années vingt et trente lorsque les expéditions occidentales se sont lancées à l'assaut des plus hauts sommets du monde. Courageux, robustes, les paysans sherpas sont devenus les porteurs de la majorité des cordées. Le plus renommé d'entre eux est sans doute Tenzing Norgay qui, avec le Néo-Zélandais Edmund Hillary, a conquis l'Everest en 1953, après cinq tentatives manquées. Les sherpas sont très différents des Népalais, ils ont leurs propres coutumes. Ils sont bouddhistes comme les Tibétains et non pas hindous comme la majorité des Népalais. Ils croient fermement à la légende du yeti, l'abominable homme des neiges, et ont entraîné de nombreuses expéditions à sa recherche. Jusqu'à aujourd'hui, on a trouvé quelques empreintes étranges de trente centimètres de long sur quinze de large, permettant d'élaborer une théorie selon laquelle il s'agirait, au mieux, d'une espèce d'humanoïde primitif, dont certains spécimens auraient survécu. Ils vivraient dans les innombrables canyons brumeux de l'Himalaya, inhospitaliers pour l'être humain. Étant donné que la majeure partie de la région de l'Himalaya continue d'être, du point de vue biologique, *terra incognita*, on ne peut affirmer qu'il s'agisse d'une fable. Bien entendu, les Tibétains et les sherpas ne doutent pas de l'existence du yeti. Nombreux sont ceux qui témoignent l'avoir vu et conseillent, pour échapper à ses griffes, de courir dans le sens du vent de sorte que ses longs poils lui voilent les yeux et l'obligent à abandonner la poursuite.

Ils marchent depuis trois heures lorsque le guide fronce les sourcils, immédiatement les autres s'inquiètent. Il leur montre, en contrebas, une sorte de terre-plein où l'on aperçoit des points minuscules : on dirait un campement. Des contrebandiers ? Des brigands ? Des Tibétains revenus au pays ? C'est l'envers de la médaille. Certains exilés bien équipés, bien nourris, bien armés, repartent dans la montagne pour attaquer et dépouiller les colonnes de réfugiés. Cependant, le guide ne craint rien avec les khampas pour escorte.

4.

Ce même jour, à cinq mille mètres d'altitude, lorsqu'en fin d'après-midi le médecin espagnol Jordi Risa sort de sa tente pour discuter avec le guide sherpa de la meilleure route à suivre, il aperçoit soudain une colonne qui descend des sommets.

Jordi, un homme d'âge moyen, d'allure sportive et aux cheveux grisonnants, raconte :

« Nous étions ahuris... Même les sherpas étaient perplexes. Personne ne comprenait ce que tous ces gens faisaient là-haut. Nous avons pensé qu'il pouvait s'agir de contrebandiers. »

En effet, quelques jours plus tôt, un groupe de Tibétains vêtus de bonnets, de bottes en peau et de blousons de cuir fourrés se sont approchés du campement. Ils étaient ivres de chang. Quand ils ont réclamé du whisky, le médecin leur a offert du thé. Ensuite, ils ont exigé une tente pour dormir en jouant de leurs couteaux et de leurs mines de bandits de grand chemin. Le médecin a alors ordonné aux sherpas de leur dresser une tente, mais, une fois celle-ci montée, ils en ont demandé une pour chacun. Jordi s'est alors planté devant eux et leur a dit « basta ». Quelques imprécations de part et d'autre ont suffi à réveiller et à faire sortir de leurs tentes les autres membres de l'expédition. Lorsque les intrus se sont rendu compte que les montagnards étaient plus nombreux que prévu, ils ont décidé de partir.

Une heure plus tard, Jordi recevait un appel radio d'un autre campement :

— Écoutez, il y a ici un groupe de Tibétains qui rôde...

— On arrive ! a répondu Jordi.

Ils ont donc dû se rendre là-bas pour chasser les bandits.

Il est impossible de savoir avec certitude qui descend de la montagne, même si Ang Kami, le sherpa qui dirige l'expédition, suppose, après les avoir observés à la jumelle, qu'il s'agit d'un groupe de réfugiés. Difficile aussi d'évaluer le temps qu'il leur faudra pour arriver au campement. La colonne longe un glacier : elle gravit un monticule de pierres, puis descend, remonte, redescend... Jordi et Ang Kami ont allumé un petit feu pour aider les réfugiés à s'orienter. Le médecin pense qu'il leur faudra une heure pour atteindre le campement. Mais, à la tombée de la nuit, le groupe n'est toujours pas là. Jordi Risa se rend compte une fois de plus combien sont trompeuses les distances dans l'Himalaya : c'est le paysage de la démesure. Le lendemain, le médecin se réveille à sept heures, comme tous les jours, pour voir le temps qu'il fait. Ainsi que l'avait prédit Ang Kami, le ciel est totalement dégagé. Une légère chute de neige nocturne a laissé trois doigts de neige sur les tentes, mais il ne voit aucune trace des réfugiés. Lorsque la lumière inonde les glaciers, le médecin scrute la montagne à leur recherche, il les repère enfin : les petits points dessinent maintenant une tache qui avance sans relâche. Les réfugiés finiront par arriver à midi. De près, ils ressemblent à des mendiants.

Jordi raconte :

« D'abord, une sorte de guide est apparu. Il portait des lunettes de soleil jaunes et des chaussures ordinaires. Puis les autres ont suivi... Certains étaient vêtus de vestes, de chemises et de chaussures de sport. Ils étaient habillés comme pour une promenade sur les *ramblas*. »

Les membres de l'expédition, eux, sont équipés de bottes fabriquées dans des matériaux sophistiqués ; ils portent des collants en soie, une double paire de chaussettes en laine, des chemisettes isothermes, des pulls, des doudounes... et ils ont quand même froid.

« Les réfugiés avaient dormi à la belle étoile à des températures au-dessous de zéro. C'était inconcevable qu'ils aient résisté à de telles conditions. »

Le médecin ne sait pas encore qu'ils voyagent ainsi depuis trois semaines, même si leur état physique pitoyable peut le laisser soupçonner. Ils sont tous blessés. Les khampas ont les yeux brûlés.

« Ceux qui n'avaient pas de lunettes de soleil avaient les cils grillés par la réverbération. Il y avait un enfant tout seul, dans un état lamentable, de loin le plus mal en point. Les adultes avaient l'air morts de soif. »

Jordi leur a d'abord donné à boire, puis les a attentivement examinés : l'enfant a les pieds noircis. Le risque d'infection est grand, car les tissus sont nécrosés. Le médecin essaie d'évaluer si la partie gelée, c'est-à-dire les orteils, peut se régénérer. Il est pessimiste. Pour l'instant, la seule chose à faire est de les désinfecter avec un antiseptique. Les pieds des femmes sont enflés, rouges, couverts d'ampoules et d'engelures, mais ils ne présentent aucun signe de gelure.

Yandol, toujours aussi curieuse, est allée faire un tour dans le campement pendant que le médecin, aidé des sherpas, prodigue des soins, distribue du riz, du thé et quelques vêtements. Les tentes abritent une douzaine d'amateurs de haute montagne, réunis par Ang Kami pour une ascension du Cho Oyu, le septième sommet le plus haut du monde. Hormis le groupe d'Espagnols, il y a des Italiens et des Français, tous amoureux des cimes et, comme Yandol le constate, toujours prêts à conclure de bonnes affaires. L'un d'eux s'est entiché de son trois-quarts en peau d'antilope. La jeune femme s'en défait, peinée à l'idée de se séparer du dernier souvenir de chez elle. Mais elle a besoin d'argent pour son séjour au Népal. Sa liberté vaut bien un vêtement. Le trois-quarts est trop petit pour l'alpiniste, aussi Yandol restera sans argent, finalement heureuse de conserver sa seconde peau.

Cette rencontre avec les sherpas et les étrangers a redonné le moral à tout le monde. Ils ont mangé, bu, et se sont reposés une journée entière. Repos physique, mais surtout mental, car maintenant ils n'auront plus à affronter des situations limites ou inconnues. Au crépuscule, le vieillard fredonne une rengaine venue d'un âge où les villages et les vallées n'avaient pas perdu leurs noms, un air qui a bercé durant des siècles les nouveau-nés du Tibet. Chaque fibre de son corps accompagne la chanson, qui semble conçue pour apaiser l'âme de la terre effrayée par la tombée de la nuit. Le vieil homme se demande peut-être à quoi sert une vie exceptionnellement longue si elle doit se dissoudre aussi vite que les vies les plus courtes. Pourquoi tant d'efforts et de luttes quand la seule chose utile, et il le voit clairement à présent, est d'apprendre à accepter cette dissolution ? En haut, les sommets brillent d'une couleur pourpre. Le vieil homme confie à Kinsom et à Yandol son plus cher désir, celui d'entendre, au moment de mourir, cette chanson qui lui rappelle son enfance. Ainsi se dissipera cette solitude si ancienne, sa meilleure amie, et il dormira comme un enfant, lui, le vieux, le vagabond, le sage. Peu à peu, les montagnes deviennent cendrées.

Pour la première fois depuis le départ de Lhassa, le guide paraît heureux. L'odeur du bois brûlé, la danse des étincelles du feu, la présence rassurante des étrangers, le thé salé qui réconforte ses entrailles, la voix du vieil homme, chaude comme la sève, qui murmure son chant jusqu'aux portes du sommeil, cette plénitude a changé son humeur. Kinsom est surprise de le voir plaisanter avec les porteurs ; pourtant, il ne sourit toujours pas, et la jeune femme se dit, amusée, qu'il doit souffrir d'une incapacité physique à étirer les lèvres et à montrer ses dents. En réalité, le « méchant » guide se comporte comme les autres. Il répond à la générosité des sherpas par la bonne humeur caractéristique des hommes des montagnes. Ainsi, constatent les religieuses, tous les hommes portent en eux la graine d'un bouddha.

5.

« Lorsque les choses se compliquent, la première chose que font les sherpas est de s'occuper de toi », dit le médecin espagnol.

Une fois encore, ils l'ont prouvé avec leurs cousins tibétains. Ces hommes sensibles se conduisent avec sérénité, guidés par un désir sincère d'aider les autres. La montagne leur a enseigné que la solidarité est fondamentale pour survivre. À ces hauteurs tout ressentiment, tout conflit, peut prendre une dimension tragique. Entre eux, l'envie, la cupidité ou l'appât du gain n'ont pas leur place. C'est pourquoi le comportement de certains étrangers reste une énigme pour eux. Récemment, une expédition de Japonais, dans sa soif d'atteindre victorieuse le sommet, est passée sans s'arrêter pour porter assistance à un membre d'une expédition rivale, l'abandonnant à une mort certaine. Pour les sherpas bouddhistes, accomplir son devoir est plus important que le succès ou la récompense. Leur foi dans le karma les rend tolérants et nullement enclins à juger. Ils savent que les mauvaises actions recevront leur dû.

Non seulement le médecin espagnol est un amoureux de la montagne, mais il ressent une profonde affection pour les sherpas, en particulier son ami Ang Kami. C'est grâce à leurs femmes, toutes deux originaires de Catalogne, qu'ils se sont connus. L'épouse du guide, Victoria Subirana, est enseignante. Au début, ils se sont mariés dans le seul but qu'elle obtienne un visa pour rester au Népal. À vingt-neuf ans, Victoria Subirana avait quitté son travail, son fiancé, une vie confortable et stable dans un village de la province de Gérone, pour créer une école destinée aux enfants les plus pauvres et les plus démunis de Katmandou. En luttant contre la misère au Népal, elle avait donné un sens à sa vie. Plusieurs mois après l'ouverture de l'école, la police s'était présentée et lui avait dit qu'elle avait été dénoncée, qu'il était interdit de travailler avec un visa d'étudiant. Ils allaient donc devoir l'expulser. Elle, qui avait remué ciel et terre pour rassembler des fonds, qui avait impliqué tant de gens dans ce projet, ne pouvait admettre de tout abandonner. Elle a alors accepté la proposition d'un de ses amis, un lama lié à la communauté sherpa, de se marier pour obtenir les papiers nécessaires. Normalement, l'histoire aurait dû s'arrêter là, mais Ang Kami et elle ont continué à se voir ; après leur union, ils sont sortis ensemble de temps en temps. Ainsi, le mariage de convenance s'est transformé en histoire d'amour. Ils ont eu un enfant et, plus tard, ils ont adopté une petite fille des montagnes. Victoria Subirana est devenue Vicki Sherpa ; son école est une institution exemplaire, et son mari, Ang Kami, dirige une agence de voyages qui organise des expéditions pour les Européens.

Avant de repartir, Ang Kami a conseillé au guide de faire un petit détour par l'Est, afin d'éviter les postes frontières les plus importants. Les réfugiés sont une source de revenus pour les policiers népalais, qui les dévalisent et les remettent aux Chinois en échange d'une récompense. Récemment, une fusillade a éclaté entre des policiers et un groupe de fugitifs qui refusait de payer les pots-de-vin. Ang Kami sait que, chaque mois, de trente à cent cinquante émigrants clandestins sont renvoyés au Tibet, en dépit des protestations des membres du Haut-Commissariat des Nations unies.

Pour les nonnes, c'est une question de chance. De même qu'elles ont survécu au mauvais temps, elles échapperont aux griffes de la police. Cependant, alors qu'elles rassemblent leurs affaires et font leurs adieux aux sherpas, l'angoisse les envahit de nouveau car elles savent que la roue tourne sans jamais s'arrêter. Le dicton ne dit-il pas : « Demain ou dans la prochaine vie ; on ne sait jamais ce qui arrivera en premier » ? En un clin d'œil, elles peuvent passer de la camaraderie, du bien-être et de la sécurité du bivouac des alpinistes, aux cachots d'un commissariat népalais pour être remises ensuite aux gardes chinois, à ceux-là mêmes qui, il y a quelques jours, écoutaient la radio dans la nuit. Ce serait bien pis que la mort. Soudain, l'idée que les Chinois les ont laissés passer, non pas pour que les montagnes se chargent d'eux, mais pour que les policiers népalais, tôt ou tard, les leur ramènent, traverse l'esprit de Yandol. Ang Kami leur a raconté l'incident avec les bandits tibétains et les a avertis qu'ils sont partis vers l'ouest. Si les Blancs ont pu intimider les hors-la-loi, ce sera plus difficile pour les pauvres réfugiés. Ils courent le risque de perdre jusqu'à leurs sous-vêtements. Le guide le sait, et c'est peut-être pour cette raison qu'il affiche à nouveau cet air farouche et sombre qui l'a rarement quitté pendant le voyage. Les adieux sont brefs et les effusions mesurées, car l'angoisse et la crainte se sont emparées du groupe. Ils se sont salués en joignant les mains, signe de respect et de remerciement ; ils ont mis leurs sacs sur leurs épaules et se sont éloignés du campement.

Alors qu'il les regarde progresser comme des fourmis dans l'immensité des montagnes, le médecin espagnol remarque le boitillement de l'enfant malgré son bandage. La nuit précédente, il l'a surpris en train de pleurer et de serrer un objet contre lui. Il a d'abord pensé à des larmes de douleur, mais ni la souffrance ni l'épuisement ne suffisent à faire pleurer un enfant tibétain. Le médecin a appelé Ang Kami pour servir d'interprète. L'enfant a le cafard. Il se souvient de sa famille, là-bas, au Tibet ; il se languit de ses parents. Il étreint un grelot du collier de son cheval, enveloppé dans du papier pour qu'il ne tinte pas. Cette décision inconcevable de lancer des enfants dans un voyage si risqué pour aller vivre dans un pays inconnu plonge le médecin dans un abîme de perplexité. Ce geste témoigne du profond désespoir des parents. L'image de ces réfugiés, fuyant vers un destin incertain, le poursuivra pendant plusieurs jours et restera à jamais gravée dans sa mémoire. Pour le médecin, la montagne est chaque fois source de connaissance ; en cette occasion, elle lui révèle cette âme qui refuse de disparaître de l'autre côté de la chaîne de montagnes : l'esprit de résistance, la foi et l'âme errante du Tibet. Il a conscience d'être entré en contact avec une civilisation sur le point de disparaître. Que peut-on faire face à un ennemi qui menace l'identité, l'existence d'une population protégée pendant si longtemps du monde moderne ? Peut-être les Tibétains ne pouvaient-ils survivre sans subir de profonds changements, peut-être leur destin était-il de perdre leur culture bouddhiste et d'accepter l'uniformisation et la compétitivité. Le médecin détourne le regard et rentre sous la tente.

6.

Au fur et à mesure de la descente, les versants rocailleux laissent la place à des prairies humides. L'herbe est si moelleuse que les marcheurs ont la sensation de fouler un tapis. Les ligaments des genoux en sont soulagés. Plus bas, telles des marches bien dessinées, les champs en terrasses cultivés par les Népalais épousent le contour des collines. Ils sont éblouis par la douceur de ce paysage, qui contraste avec l'aridité du Tibet. Un paysage brun et vert, qui sent la terre et l'herbe, qui sent la vie. Les paysans labourent pendant que leurs femmes et leurs enfants sèment de l'orge à grandes poignées. Le chant des coqs déchire l'air immobile. Plus loin, une paysanne crie d'une voix irritée après son buffle qui rumine au milieu des pins. Près d'un autre hameau, le son d'une trompette gigantesque et plusieurs rangées de « chevaux du vent » multicolores leur rappellent qu'ils se trouvent dans un pays de même religion et presque de mêmes traditions qu'eux. Le vent, qui descend des sommets vers la vallée, porte les prières et les bénédictions de champ en champ, de montagne en montagne, et plus loin encore, le long des torrents, dans les épis d'orge, dans la chevelure ébouriffée des enfants, sur les cornes des bœufs, dans les ruelles vides des villages où dorment les chiens, et jusque sur les coupoles dorées des temples. Pour les réfugiés, ce paysage est un baume qui leur fait oublier la fatigue et les privations.

Un jour où ils ont marché sans rien avaler, le guide laisse le groupe dans un petit bois et part au village à la recherche de nourriture et d'un endroit pour passer la nuit. C'est la fin de l'après-midi : les hommes reviennent des champs, leur baluchon sur le dos ; les femmes prennent le frais sur le pas de la porte ; les enfants, en haillons, pieds nus et la morve au nez, courent le long des sentiers escarpés. Entre deux maisons, un marchand ambulant surveille ses marchandises, des fruits, des cigarettes, des allumettes et des galettes. Yeux grands ouverts, l'enfant et les khampas fixent l'étalage, une simple planche à laquelle sont fixées deux roues de bicyclette. Yandol et Kinsom éprouvent une sorte d'étourdissement. Seul le vieil homme semble insensible aux griffes de la faim. Il contemple l'éclat des rochers sous la lumière dorée, le scintillement des ruisseaux parmi les arbres, écoute le pépiement des oiseaux. Il a l'air heureux et en paix. À la tombée de la nuit, le guide revient avec une nouvelle réconfortante. Il a loué une maison, afin que tous puissent dormir et récupérer des forces après l'effort des derniers jours. L'habitation est un peu éloignée, aussi ne faut-il pas perdre de temps pour s'y rendre. Le groupe se remet donc en marche. L'épuisante traversée de l'Himalaya se lit dans chacun de leurs mouvements, toujours plus lents ; et, sur leurs visages, leurs cheveux sont longs, leurs joues décharnées, leurs lèvres desséchées et leur peau brûlée. Le guide espère qu'un bon dîner et une journée de repos les remettront d'aplomb. C'est nécessaire pour qu'ils puissent, sans éveiller les soupçons, monter dans l'autocar qui les conduira à Katmandou.

La grange qui les attend est beaucoup plus grande que les autres habitations du hameau. Une femme d'âge moyen les reçoit. Le guide leur a expliqué qu'elle est seule, car son mari et ses fils sont partis travailler dans les champs d'une vallée voisine. La femme ne semble pas impressionnée par l'aspect des voyageurs. C'est chose courante dans ces parages, bien qu'elle ait rarement vu un groupe si nombreux.

Le guide a fait une quête pour payer le gîte et le couvert. Une fois passé la joie de se sentir en sécurité, Kinsom et Yandol prennent lentement conscience des dangers encourus ces derniers temps. Leur voyage aurait pu prendre fin à n'importe quel moment, dans n'importe quel hameau, à n'importe quelle croisée de chemins. L'odeur du ragoût de légumes, que prépare leur hôtesse sur un lit de braises, leur rappelle leurs foyers et leurs familles. Cette grange est un havre de paix, ils s'y sentent chez eux.

Allongées sur des nattes et enveloppées de l'épaisse fumée de la cuisine, Kinsom et Yandol se sont endormies. L'enfant et le vieil homme somnolent, la tête sur la poitrine. Le guide et les khampas sont assis dehors, à l'entrée de la grange ; leurs murmures se confondent avec le bourdonnement d'une abeille. Même eux finissent par s'endormir en attendant que le repas soit prêt.

Au fur et à mesure que la paysanne leur distribue les bols de soupe, ils émergent de leur torpeur. Ils mangent en silence, comme dans les monastères bouddhistes ; concentrés, ils savourent chaque cuillerée de ces aliments qui leur apporte chaleur et énergie. La femme leur remplit les bols avec une amabilité renouvelée, jusqu'à vider la marmite. Elle prend alors congé jusqu'au lendemain matin et les réfugiés replongent dans le sommeil. Un claquement de porte, aussi violent qu'une explosion, les réveille. Ils sont si profondément assoupis qu'il leur faut quelques minutes pour comprendre la situation. Quatre policiers népalais hurlent et se fraient un passage à coups de pied. Les Tibétains ont été dénoncés par cette femme, si aimable et si serviable. Une idée insensée traverse l'esprit de Kinsom : le guide est-il de connivence avec elle ? C'est lui qui les a conduits dans cette grange.

En une seconde, tout s'effondre. Le voyage, la liberté, l'espoir de commencer une nouvelle vie, tout disparaît. La pensée que le guide puisse être complice de la femme les plonge dans un profond désespoir. Il n'y a donc pas de salut possible ?

Le vieil homme au regard limpide reste impassible. Il a toujours son éternel sourire aux lèvres ; maintenant, au milieu de cette violence, sa tranquillité est presque une insulte. Un des khampas se lève et dégaine sa dague ; aussitôt les policiers sortent leurs pistolets. Le guide fait asseoir le khampa, s'efforce d'amadouer les policiers. Mal rasés, vêtus d'uniformes râpés, ils font signe au groupe de les suivre à la caserne. Mais le guide, moins nerveux que les réfugiés, leur demande de ne pas bouger.

Yandol est atterrée, car elle a entendu parler de viols de Tibétaines aux postes frontières. Kinsom la tranquillise : habillées comme elles le sont, personne ne peut deviner qu'elles sont des femmes. Elle craint davantage d'être renvoyée au Tibet.

Le guide sort avec les policiers.

« Je vais discuter avec eux, comme si j'étais votre porte-parole. Si l'on vous demande quelque chose, ne dites surtout pas que je suis votre guide », a-t-il expliqué à la petite troupe.

L'homme sait que, s'il est expulsé vers le Tibet, il n'échappera pas à une lourde condamnation pour avoir aidé les autres à s'enfuir. Une discussion ardue s'engage. L'humeur changeante des policiers ne facilite pas les choses. Le guide tente par tous les moyens de faire baisser le prix de la liberté des réfugiés. De temps en temps, il entre dans la sombre pièce, s'assoit au milieu du désordre des sacs, des couvertures, des restes de nourriture, et demande :

— Avez-vous un bijou caché ? Quelque chose de valeur qu'on puisse leur donner ?

La réponse est invariablement négative, et l'homme ressort pour affronter à nouveau la cupidité des policiers. Enfin le guide revient en souriant :

— Trois mille yuans, ils veulent trois mille yuans. Le

prix du voyage jusqu'à Katmandou est compris. Ils nous accompagneront jusque là-bas.

Les khampas contestent le prix. Furieux, ils brandissent leurs couteaux d'un air menaçant :

— C'est la loi de la frontière : si on te pince, tu dois payer. Qu'est-ce que vous préférez, rendre les armes et payer, ou bien être renvoyés au Tibet ?

Un lourd silence s'installe. Le plus âgé des khampas prend alors la parole :

— Ils veulent tout notre argent... Qui nous dit que, plus tard, ils ne nous remettront pas aux Chinois ?

— Je vous en donne ma parole.

— Si d'autres policiers nous arrêtent, que ferons-nous sans argent ?

— Personne ne vous arrêtera, car ils vont nous escorter jusqu'à Katmandou, où ils nous remettront à un représentant du HCR, ou à un membre du gouvernement de Sa Sainteté.

Chaque réfugié fouille dans ses affaires pour trouver les derniers billets soigneusement pliés et cachés dans les vêtements. Il les remet au guide. Les nonnes donnent tout ce qu'il leur reste. Le guide tend au policier une épaisse liasse de billets.

Couverts de poussière, épuisés, sans argent, les réfugiés reprennent la marche vers le gros bourg de Jiri, d'où partent chaque jour les autobus vers la capitale. Ils n'ont plus rien.

« Que ferons-nous s'ils essaient de nous soutirer plus d'argent ? » se demande Kinsom.

Se retrouver dans les griffes de policiers véreux la

démoralise. Au loin surgit une petite ville aux maisons en brique, aux constructions délabrées, et la caserne.

7.

Les réfugiés ont été conduits dans une pièce vide. Ils sont enfermés, comme au Tibet. Ce n'est plus un groupe d'hommes et de femmes plus ou moins libres à la recherche de leur destin mais des otages, de pauvres diables que des policiers ont mis à prix. Si près du but... Pendant que le guide discute avec les policiers, les réfugiés entament leur plus longue nuit. Leur sort ne dépend plus d'eux-mêmes, de leur courage et de leur force comme dans la montagne. De nouveau il dépend des « autorités ».

Malgré l'épuisement, personne ne parvient à trouver le sommeil entre ces quatre murs lézardés, où la pâle lumière de la lune entre par les fenêtres grillagées. Vingt années d'occupation chinoise leur ont enseigné combien versatiles et dangereux sont les hommes en uniforme. Ils ont toujours peur d'être remis aux Chinois et ne peuvent s'empêcher d'avoir des doutes sur le guide. Les khampas disent qu'ils utiliseront leurs couteaux s'ils ont été trahis. Maigre consolation !

Alors que les heures s'écoulent entre angoisse et désespoir dans cette pièce qui sent la sueur et l'humidité, pour la première fois depuis leur départ de Lhassa, les réfugiés parlent entre eux. Ils évoquent leur vie, leurs expériences, leurs peurs. Kinsom et Yandol racontent les manifestations, l'enfer de Gutsa, leur décision de s'enfuir. L'enfant, lui, se souvient de sa famille qui priait chaque jour pour que le dalaï-lama revienne porter la paix, de son collège où il était mal vu de parler le tibétain, de l'arrestation nocturne de son oncle.

Un jeune khampa aux yeux doux et à la voix grave leur apprend que, quelques mois plus tôt, deux bombes ont explosé au centre de Lhassa ; que des provinces entières, où les Chinois n'osent pas mettre les pieds, sont méprisées de l'envahisseur, que les « tigres dragons » opèrent dans la clandestinité. Selon lui, la volonté de lutter contre l'occupant bouillonne toujours dans le sang tibétain. Le khampa plus âgé le reprend avec fermeté :

« Les gens ne pensent pas à faire la guerre contre les Chinois. Les gens ne pensent qu'à remplacer leurs chevaux par des voitures. »

Selon lui, en dépit de l'existence de foyers de résistance contre les Chinois, il y a longtemps que s'est définitivement achevée la lutte armée, la lutte héroïque des guerriers khampas.

Il se rappelle très bien ce jour de 1974 où dix mille soldats népalais ont débarqué au Mustang pour obliger les khampas à déposer les armes. Ils étaient envoyés par le roi du Népal, qui avait reçu des menaces de guerre de Mao s'il ne supprimait pas cette base de la guérilla, la plus importante de toutes, point névralgique de la résistance tibétaine. Peu de temps auparavant, une autre terrible nouvelle avait porté un coup fatal aux khampas : la CIA leur retirait son appui. C'était le tribut payé par les Américains pour se réconcilier avec la Chine de Mao.

Au début, les khampas n'écoutaient pas le roi du Népal ni ses troupes.

« Comment pourrais-je me rendre aux Népalais alors que je ne l'ai pas fait avec les Chinois ? » disait le chef de la guérilla.

Mais son attitude changea avec l'arrivée d'un émissaire du dalaï-lama, porteur d'un message enregistré. Celui-ci disait que poursuivre une lutte si inégale n'avait pas de sens, maintenant que le Népal et les États-Unis retiraient leur aide. Que faire la guerre au Népal, un pays qui leur avait offert aide et hospitalité, n'avait pas de sens. Le combat pour la libération du Tibet exigeait une stratégie à long terme. Alors, racontait le vieux khampa, le chef de la guérilla se leva pour s'adresser à ses soldats en ces termes : « ... Je ne rendrai jamais mon arme. Mais je ne peux désobéir aux ordres du dalaï-lama [1]... »

Quelques jours plus tard, ses compagnons découvraient son cadavre : il s'était égorgé avec sa dague. Deux autres officiers suivirent son exemple. Les meneurs de la guérilla se tuaient pour ne pas avoir à désobéir au dalaï-lama. Abandonnés par tous, les khampas ne pouvaient continuer la lutte, même si, à l'intérieur du Tibet, persistait une activité sporadique.

Violence ou non-violence ? L'éternel débat dans les groupes de résistance tibétains refait surface dans la caserne. Pour le plus jeune des khampas, le dalaï-lama a toujours été un naïf. Pour le vieux Tibétain, au contraire, c'est un sage, dont les actes transcendent l'histoire immé-

1. *In Exile in the Land of Snows*, de John Avedon, Wisdom Books, Londres, 1979.

diate. Le vieil homme à l'éternel sourire a passé plusieurs années dans un camp de travail après avoir été accusé, en 1970, d'avoir pris part à une révolte qui s'est étendue à soixante des soixante et onze districts du Tibet. Il a vu ses compagnons mourir les uns après les autres, et lui-même a subi des tortures encore plus cruelles que celles endurées par les nonnes. Pourtant le vieil homme, qui a tout perdu, son travail, sa liberté et sa femme, morte d'inanition lors de la famine qui a suivi la Révolution culturelle, est convaincu de l'inutilité des armes contre un ennemi beaucoup plus puissant.

« Ça ne sert qu'à apporter davantage de souffrances », avance-t-il.

Il a été libéré en 1972 et il a d'abord aidé son fils à s'enfuir en Inde. Il l'avait confié à un groupe de réfugiés, pareil à eux et qui comme eux emmenait un enfant sur les chemins de l'exil. Le vieil homme a entrepris le voyage de la rencontre.

L'homme raconte l'événement le plus surprenant et le plus incroyable de ces années noires du Tibet : la visite, dans son village, du frère du dalaï-lama, accompagné de dignitaires du gouvernement en exil. Le leader chinois Deng Xiaoping, inquiet de la mauvaise image de son pays à l'étranger et des révoltes constantes au Tibet, avait décidé un rapprochement avec le dalaï-lama, le seul homme capable d'unir et de diriger les Tibétains, de pacifier un territoire qui représente un quart de la superficie de la Chine. Aussi lui avait-il offert de revenir. Pragmatique, Tenzin Gyatso ne s'était pas opposé à cette offre. Mais, pour se faire une idée des conditions réelles et rétablir le contact entre les réfugiés et ses compatriotes au Tibet, le dalaï-lama avait suggéré d'envoyer plusieurs missions d'exploration, à condition que ses représentants soient autorisés à parler et à se déplacer en toute liberté. Contre toute attente, la Chine avait accepté.

Pendant quatre mois, la délégation conduite par le frère du dalaï-lama avait visité une multitude de hameaux. Bien que les Chinois aient conseillé aux Tibétains de se montrer discrets, le vieil homme racontait que la population, en apprenant le passage du cortège, sortait de ses cachettes les moulins à prières, les écharpes sacrées, les chapelets, et pleurait d'émotion. À chaque étape, l'accueil fait aux exilés était de plus en plus délirant. Au grand dam des Chinois, des milliers d'enfants et de jeunes se joignaient à la foule qui demandait la bénédiction et des photos du dalaï-lama. Certaines scènes étaient si émouvantes que même les guides officiels chinois laissaient échapper des larmes. À Lhassa, des dizaines de milliers de personnes s'étaient lancées dans les rues pour saluer les envoyés de leur maître spirituel, désobéissant ainsi à l'interdiction de se regrouper. La délégation avait regagné l'Inde avec des centaines de mètres de pellicules, des milliers d'heures d'enregistrement et une énorme quantité d'informations. Mais, surtout, elle rapportait sept mille lettres que les Tibétains avaient écrites à leur famille. C'était le premier courrier qui sortait du Tibet depuis vingt ans. Parmi ces lettres, il y avait celle du vieil homme à l'éternel sourire, adressée à son fils.

« Je ne savais pas où l'envoyer, racontait-il aux nonnes et aux khampas qui l'écoutaient, captivés par son récit. J'ai demandé au greffier qu'il inscrive le nom de mon fils, et "Inde". Peu de temps après, je recevais une réponse : c'était une lettre de mon fils. Il me disait qu'il vivait avec sa famille dans une colonie agricole au sud de l'Inde. Il m'annonçait la naissance de mon petit-fils. »

8.

Au début des années quatre-vingt, la situation s'était améliorée. Les Tibétains étaient autorisés à porter l'habit traditionnel et une certaine liberté de culte et de commerce était consentie. Malgré tout, les délégués du dalaï-lama avaient constaté la disparition quasi totale de leur culture. Pis encore, ils découvraient les années de famine, les exécutions publiques, l'emprisonnement d'innocents, la mort de milliers de moines et de nonnes dans des camps de concentration. C'était une horrible litanie dont les photos des monastères et des couvents en ruine constituaient la preuve matérielle. Les Chinois en rejetaient la faute sur la « bande des quatre », faisant allusion à la veuve de Mao et aux extrémistes qui avaient déclenché la Révolution culturelle. Ils promettaient des progrès, mais les délégués notaient que, dans les nouvelles usines, c'étaient toujours les Tibétains qui exécutaient les travaux les plus pénibles et les moins bien payés. L'électricité était réservée aux quartiers chinois ; les routes, les véhicules et les camions, à l'armée et aux fonctionnaires chinois. Les biens de consommation étaient inaccessibles aux Tibétains. Il y avait quelques hôpitaux, mais on y pratiquait une politique inhumaine : si un Chinois avait besoin d'une transfusion sanguine, on faisait appel à un « volontaire » tibétain. Quant aux paysans, ils étaient privés des herbes qui composaient la base de leur médecine. La Révolution culturelle avait tout balayé sans rien remplacer.

Les visiteurs s'étaient aperçus que la majeure partie du pays n'était plus qu'un désert. Les ours, les aigles, les oies et les yaks sauvages, les cerfs et les gazelles d'autrefois avaient disparu. En quatre mois de voyage, ils n'avaient croisé qu'un seul lapin et quelques marmottes. Les Tibétains racontaient les méthodes de chasse des Chinois : conduire une moto avec side-car vers une horde de cerfs, tirer à la mitrailleuse et charger les animaux morts sur une jeep. Lorsque le groupe de délégués était entré dans la région du Kham, ses collines, autrefois recouvertes de forêts denses, étaient méconnaissables. Pendant trente ans, vingt-quatre heures sur vingt-quatre, les Chinois avaient abattu des arbres sans reboiser. Non seulement ils s'acharnaient à détruire la culture du Tibet, mais ils spoliaient aussi, avec une détermination sauvage, ses richesses naturelles.

Afin d'éviter des représailles contre son peuple, le dalaï-lama ne publia pas les rapports dévastateurs de la première délégation. Il préféra attendre les résultats d'une deuxième, puis d'une troisième. Pour l'accueil de ces nouvelles missions, les Chinois avaient imposé des règles strictes à la population. Il était interdit de sourire, de pleurer, de serrer les mains, d'offrir des écharpes ou d'inviter les visiteurs. Ils avaient distribué des tracts où étaient indiquées les réponses à donner à des questions précises.

Malgré les menaces, les mêmes scènes se répétaient, plus émouvantes encore s'il était possible. La foule se prosternait sur la route pour arrêter le cortège. Des enfants de dix à douze ans offraient des fleurs en disant : « Pour que le soleil des enseignements de Bouddha se lève à nouveau. » Mais c'est durant la visite du monastère de Ganden, décrit trente ans auparavant par le tibétologue italien Giuseppe Tucci comme « un lieu hors du monde », que l'émotion avait atteint son paroxysme. Sept mille personnes, amenées par des camionneurs tibétains qui subiraient plus tard des représailles, occupaient les collines environnantes. Les délégués n'étaient pas préparés au spectacle qui s'offrait à leurs yeux : le gigantesque monastère, où le dalaï-lama avait passé une nuit avant de partir pour l'Inde et où il avait eu des visions prémonitoires, avait tout simplement été rayé de la planète. Il n'en restait que quelques pans de mur. Immédiatement, les membres de la délégation s'étaient vus entourés par des gens de tous âges qui s'agrippaient à leurs vestes et demandaient, les larmes aux yeux, quand reviendrait le Dieu Roi. Même ceux qui les imploraient de ne pas pleurer finissaient par sangloter. « Regardez notre Ganden ! Regardez ce qu'ils en ont fait ! » disait-ils en montrant du doigt la colline. Les envoyés de Tenzin Gyatso avaient prononcé un discours, tandis que des milliers de Tibétains clamaient des slogans pour la liberté. Le lendemain, devant le temple du Jokhang, une foule les recevait au cri de « Longue vie au dalaï-lama ! ». C'en était trop pour les Chinois. Les autorités firent rapidement marche arrière. Les délégués, assignés à leur chambre, n'avaient plus qu'à repartir.

À Pékin, ils avaient pu rencontrer le panchen-lama, que beaucoup tenaient pour mort. Grâce aux déclarations de Wei Jinsheng, l'un des plus éminents dissidents chinois qui avait été emprisonné avec le leader religieux, on savait qu'il était encore en vie. Le panchen-lama avait tenté plusieurs fois de se suicider pour échapper à l'horreur de cette prison. Il avait été libéré après avoir été obligé de déclarer publiquement sa loyauté envers le régime chinois, signifiant par là qu'il était disposé à collaborer de nouveau avec la direction du parti, même si personne ne savait jusqu'où pouvait aller cette collaboration. Il avait montré aux membres de la délégation les cicatrices laissées par les tortures. Puis il avait réaffirmé sa fidélité au peuple tibétain et assuré qu'il était prêt à servir de médiateur entre les Chinois et les Tibétains exilés. Et, de fait, il se consacra à ce rapprochement jusqu'à sa mort.

La troisième délégation, conduite par la sœur du dalaï-lama, avait pour mission de se renseigner sur l'éducation au Tibet. Elle dut admettre une légère amélioration du niveau scolaire, mais il y avait encore plus de soixante-dix pour cent d'analphabètes. La langue tibétaine était considérée comme une langue morte, et peu d'enfants la parlaient correctement. En revanche, on leur imposait dans toutes les disciplines et à tous les niveaux une idéologie étrangère.

Les trois délégations avaient fait une synthèse de leurs enquêtes, un résumé de trente années d'occupation chinoise : un million deux cent mille Tibétains, un cinquième de la population, étaient morts d'inanition ou à la suite de mauvais traitements ; six mille deux cent cinquante-quatre monastères et couvents avaient été détruits, leurs trésors vendus ou fondus en lingots ; soixante pour cent du patrimoine littéraire avaient fini au bûcher ; la province d'Amdo était devenue le plus grand goulag du monde, pouvant accueillir dix millions de prisonniers ; un Tibétain sur dix avait connu la prison et cent mille Tibétains se trouvaient dans des camps de travail.

Une civilisation vieille de deux mille ans avait été quasiment anéantie. À la suite d'un voyage au Tibet, Hu Yaobang lui-même, le successeur prévisible de Deng Xiaoping, déclarait à un journal de Hong Kong : « Ceci est du pur colonialisme. » Indigné que la gauche radicale ait rabaissé les Tibétains au rang de citoyens de seconde catégorie dans leur propre patrie, Hu, secrétaire général du parti, remplaça les cadres orthodoxes par de plus modérés et mit en œuvre un plan d'amélioration du niveau de vie et des conditions sociales, et octroya quelques libertés aux Tibétains. Hu assura que l'économie tibétaine retrouverait dans les trois ans son niveau des années cinquante. Ces promesses étaient trop belles pour être vraies.

Le premier effet de cette ouverture fut que des centaines de milliers de Tibétains, jeunes et vieux, campagnards et citadins, ouvriers et intellectuels, nomades et paysans, revinrent à leurs pratiques religieuses. Pour les enfants, nés et éduqués dans la longue nuit de la Révolution culturelle, comme Kinsom et Yandol, les mesures de Hu Yaobang annonçaient une nouvelle vie. On voyait à nouveau les fidèles se prosterner autour des ruines des lieux sacrés. Ils s'inclinaient afin de toucher la poussière de leur front, de leurs genoux et de leurs mains, symbole des cinq poisons dont chacun doit se purifier — la haine, le désir, l'ignorance, l'orgueil et la jalousie — et qu'il doit transformer en cinq vertus. On voyait à nouveau, autour des temples, des moines et des nonnes à l'habit lie-de-vin. Les lampes de beurre de yak brûlaient devant les statues des divinités bouddhistes, que l'on avait dépoussiérées après les avoir sorties de leurs cachettes. Le Jokhang était ouvert, et la reconstruction de certains monastères permise. Les couvents étaient remplis de jeunes religieuses, bien que leur nombre soit en théorie limité par un quota. Drepung, le plus grand monastère du monde, où plus de dix mille moines avaient fait un accueil somptueux à l'enfant dalaï-lama lors de son voyage d'intronisation à Lhassa, fut autorisé à recevoir quatre cent cinquante novices. Ces institutions ne pouvaient plus fonctionner comme les centres d'enseignement de jadis. Certes, les mesures de Hu Yaobang rendaient la vie plus facile mais elles laissaient surtout la porte ouverte à un sentiment religieux et nationaliste irréversible. La branche dure du parti déclara Hu Yaobang responsable de la situation et lui reprocha d'être allé beaucoup trop loin en permettant le renouveau du sentiment religieux. Hu fut obligé de démissionner, à cause de sa « faiblesse » avec le Tibet.

En 1983, les Tibétains cessèrent de croire à toutes les promesses chinoises. Cette année-là, Pékin donna un tour de vis supplémentaire à sa politique en ouvrant les frontières du Tibet à une immigration massive. La méthode avait déjà donné des résultats dans d'autres régions. Elle s'avérait très efficace pour en finir avec l'opposition des minorités. En Mandchourie, deux à trois millions de Mandchous vivent sur un territoire colonisé par soixante-quinze millions de Chinois. Au Turkestan (appelé Xinjiang par les Chinois), plus de la moitié de la population descend de colons chinois, et la Mongolie-Intérieure, quant à elle, est peuplée de neuf millions de Chinois et de deux millions de Mongols. Le même destin attendait le Tibet. L'immigration et le contrôle de la natalité des Tibétains faisaient partie de la solution finale. En apprenant cette mesure, le dalaï-lama déclara :

« Bientôt, dans leur propre pays, mes compatriotes ne seront plus qu'une attraction pour touristes. »

Les délégations qui avaient visité le Tibet ne purent rendre leur Dieu Roi à sa patrie. Les conditions imposées par Pékin étaient inacceptables : l'administration du territoire n'était pas négociable et le dalaï-lama serait contraint de vivre à Pékin. Pour le leader des Tibétains, seules comptaient les conditions de vie de ses six millions de compatriotes et non les siennes. Depuis lors, le Dieu Roi des Tibétains tente de maintenir le dialogue ouvert, mais les autorités de Pékin ne veulent rien savoir. Quarante ans après la « libération pacifique du Tibet », le but des dirigeants chinois les plus orthodoxes n'a pas changé : ils sont toujours décidés à éliminer ce qui reste des traditions et de la culture du haut pays des neiges.

9.

Dans une cellule du commissariat de police de Jiri, les réfugiés dorment blottis les uns contre les autres, comme dans le camion qui les a sortis de Lhassa. Ils ignorent s'ils sont libres ou prisonniers, n'ont plus la moindre confiance dans le guide qui leur assure pourtant qu'ils n'ont rien à craindre. Obsédées par l'idée qu'elles n'ont pas une seule roupie en poche, Kinsom et Yandol demandent la permission d'aller faire un tour. Comme il n'y a pas d'autobus pour Katmandou avant midi, le guide a prié les agents d'accéder à leur désir. Après tout, ils ont été payés. Les nonnes marchent vers le centre du village, leur bonnet enfoncé sur la tête, le col de leur veste relevé, pour qu'on ne voie pas qu'elles sont des femmes.

C'est jour de marché. Après le silence de la montagne et la mauvaise nuit en prison, elles sont désorientées par tant d'agitation. Une multitude de villageois s'affairent au milieu d'étals qui offrent aussi bien des pommes de terre que des médicaments. C'est comme une explosion de vie.

Les deux jeunes femmes s'approchent d'une échoppe de vêtements tenue par un sherpa. Yandol lui fait comprendre par gestes qu'elle désire vendre sa veste en peau d'antilope. Elle n'en aura plus besoin, pense-t-elle, ici, le froid est beaucoup plus supportable. Le sherpa essaie le vêtement. Toutes deux éclatent de rire en le voyant ainsi affublé. Les manches sont un peu courtes, mais le reste lui va bien. Après une rapide négociation, le marché est conclu. Avec quatre cents roupies en poche, les nonnes achètent des bananes, des oranges, des galettes et du thé, qu'elles partagent avec leurs compagnons de voyage, à leur retour au commissariat.

À midi, un coup de klaxon annonce le départ du bus pour Katmandou. Peint de couleurs vives, ses roues sont hautes et ses portes cabossées ferment mal. Les vitres sont sales lorsqu'elles ne sont pas cassées, on ne peut ni les ouvrir ni les fermer. À l'arrière, une échelle permet d'accéder au toit où sacs, animaux et passagers se disputent la place.

Les réfugiés tibétains sont les premiers à monter dans le bus, escortés par les policiers népalais, qui s'asseyent au fond du véhicule. Ces derniers s'endorment immédiatement, les uns sur les autres ; les bouteilles d'alcool qu'ils ont achetées avec l'argent des Tibétains dépassent des poches de leurs uniformes rapiécés. Ni le rugissement du moteur au démarrage ni l'épaisse fumée noire qui entre par les fenêtres ne les réveillent. Chaque virage de la route révèle aux yeux des passagers le charme du Népal. C'est un après-midi superbe. Kinsom et Yandol, accoudées aux fenêtres, jouissent du spectacle que leur offre le pays des sherpas. Des bandes d'oiseaux vermillon volettent autour des cimes des sapins. Des saules et des iris ornent les bas-côtés de la route, trop étroite pour laisser passer deux véhicules à la fois. Dans les champs aux terrasses parfaitement dessinées, des femmes et leur troupeau de chèvres croisent des hommes à cheval et des porteurs. Les montagnes, si éloignées, paraissent toutes proches. L'odeur du bois humide, des bouses, de la terre et des arbres, mêlée de délicats parfums de fleurs sauvages, parvient jusque dans le bus, et, de temps en temps, la puanteur des gaz d'échappement des véhicules qui arrivent en sens inverse, comme pour rappeler aux voyageurs qu'ils circulent entre deux mondes.

Le chauffeur conduit son engin rugissant au milieu de la chaussée, insensible au trafic des véhicules plus petits qui, invariablement, se rabattent pour laisser passer le roi de la route. Si un autre autobus ou un camion lui fait face, il freine brusquement au dernier moment, klaxonne et pile dans le fossé. Les Tibétains, peu habitués à ce style de conduite, sont terrorisés. Les policiers, imperturbables, cuvent leur vin.

Les virages ont fini par faire leur effet : les jeunes femmes ont mal au cœur. Kinsom et Yandol, s'étant retournées, constatent que l'enfant vire du rouge au verdâtre. Plusieurs khampas sont accoudés à une fenêtre, où ils essaient de se faire de la place pour vomir. Les courageux réfugiés, capables de supporter l'altitude, le froid, la neige et le vent, sont vaincus par un chauffeur fou. Yandol, prise de nausées, se fraie un passage dans le couloir, parmi les paquets attachés avec des cordes et les poules vivantes, pour demander au chauffeur de stopper. L'homme acquiesce d'un signe de tête mais continue de rouler. Il s'arrête brutalement dans une petite ville devant une multitude de commerces et un bistrot qui vend des friandises et des rafraîchissements. Les Tibétains sortent les uns après les autres de l'autocar et suivent les signes du propriétaire qui leur indique les toilettes où vider leurs estomacs barbouillés. Kinsom et Yandol, oubliant qu'elles sont vêtues en hommes, entrent dans les toilettes des femmes, ce qui n'échappe pas aux passagers.

À la sortie, elles se heurtent à plusieurs individus qui

bloquent la porte, parmi lesquels se trouve un des policiers. Un homme robuste, au teint cuivré, s'approche de Yandol et, sans dire un mot, lui pose la main sur la poitrine. La jeune femme la lui ôte d'un coup brusque, l'homme essaie alors de lui enlever son bonnet. C'est la bagarre. Yandol se débat, Kinsom se rue sur l'individu en lui assénant des coups de pied et des coups de poing. À cet instant l'enfant, à moitié malade, sort des toilettes. Il se met à crier, à demander de l'aide, tire sur les vêtements des hommes et se bat avec une force et une détermination incroyables. Lui, si solitaire, si fragile... Les hommes, furieux, éloignent l'enfant en lui donnant des claques, jusqu'à l'arrivée du guide, accompagné du chef des policiers. Ils rétablissent l'ordre, le raffut de cris et d'insultes cesse. Sur un ton de reproche, le chef des policiers lance au guide :

— Tu ne nous as pas dit qu'il y avait des femmes avec vous.

Le guide le regarde fixement et lui répond :

— Elles ont payé, non ?...

Qu'est-ce que cela peut faire que ce soient des femmes ? Mais il n'en mène pas large. Cet incident peut signifier la fin du voyage.

Au moment de remonter dans l'autobus, le policier refuse le passage aux nonnes. Il leur demande plus d'argent, alléguant que la « protection » des femmes se paie plus cher. « Ces policiers étaient de vraies crapules », se souviendra Kinsom. Le guide, catégorique, les défend avec fermeté. Le chauffeur, las d'attendre, se risque à donner un petit coup de klaxon, qui lui vaut une réprimande de la part des policiers. Pour finir, Yandol sort cent roupies de sa poche et les donne au chef des policiers. Le voyage peut continuer.

Mais l'incident les ébranle. Maintenant, elles ont peur, comme le jour où elles ont quitté Lhassa. Le comportement de ces policiers, à moitié soûls, est si arbitraire qu'elles s'attendent à tout. En prison, elles étaient préparées aux mauvais traitements, mais le fait d'être agressées au moment où elles s'en doutaient le moins a révélé leur vulnérabilité. Elles en éprouvent un profond désarroi. Le spectacle de la nature leur redonne un peu de sérénité. Les fleurs qui jaillissent des roches au bord de la route, les reflets d'un ruisseau, un ravin soudain éclairé par la lumière des montagnes ou la vue des sommets, parfois sombres, parfois lumineux, toute cette splendeur leur fait oublier le monde des hommes.

— Si nous étions des moines, rien de tout cela ne nous serait arrivé, dit Yandol après un long silence. Ils ne s'en seraient pas pris à nous, nous n'aurions pas eu à nous défendre...

Kinsom rit et acquiesce de la tête.

— Dans une prochaine vie, j'aimerais me réincarner en homme, avoue Yandol.

— Moi aussi, en moine, ajoute son amie.

10.

Le lendemain, ils atteignent la ville de Katmandou, aussi sale que merveilleuse. Appuyées aux fenêtres de l'autobus, les Tibétaines contemplent le spectacle inépuisable qu'offre cette ville d'un million d'habitants où les gens crachent, se lavent, font leurs ablutions, prient et dorment dans la rue ; où les femmes cousent et tissent sur le seuil des portes, vendent des légumes et des outils sur les perrons des temples. Elles voient des sanctuaires extraordinaires aux coupoles dorées à côté de montagnes d'ordures, des balcons en bois sculpté dans des ruelles minuscules percées d'égouts à ciel ouvert ; des monuments somptueux ; des marchés regorgeant de fruits multicolores ; et, partout, une humanité compacte et fourmillante qui se débat dans la fumée des tuyaux d'échappement et la poussière de la rue. On a l'impression que cette ville est habituée depuis des temps immémoriaux à souhaiter la bienvenue aux pauvres et aux riches, aux sages et aux fous, aux touristes et aux réfugiés.

Les policiers emmènent les Tibétains au commissariat de Durbar Square, un bâtiment colonial blanc, flanqué des plus beaux temples hindous et bouddhistes, situé dans le centre du vieux Katmandou. À l'entrée, un marabout, couvert de cendres, enroule son pénis autour d'un bâton devant un groupe de touristes stupéfaits qui, avec de petits rires, lancent des pièces dans son écuelle.

Les Tibétains sont à nouveau enfermés dans une grande salle, face à des policiers vêtus de gris qui les interrogent. C'est une procédure normale, mais inquiétante pour ceux qui ont connu un autre genre d'interrogatoire. Ils ont une peur bleue, maintenant qu'ils sont si près du but, qu'on ne leur vole pour toujours la liberté. Et ils ont raison d'avoir peur, car, de ce bâtiment, plus d'un réfugié a été reconduit à un poste frontière chinois, malgré les protestations énergiques des légations diplomatiques et des organisations humanitaires. Ils ne retrouvent leur calme qu'une heure plus tard, lorsque deux représentants du HCR viennent les chercher. Enfin, une enivrante jubilation les envahit.

À Durbar Square, devant l'ancien palais royal, arrive le moment des adieux. L'enfant, les religieuses et le vieil homme vont être transférés au centre d'accueil officiel. Les khampas continueront leur voyage jusqu'au Mustang, où s'est installée une partie de leurs familles après la reddition. Ils veulent commencer une nouvelle vie, en se consacrant à ce qu'ils savent le mieux faire, le commerce du bétail, et peut-être celui des armes. Ils s'inclinent devant les nonnes, comme pour les remercier de leurs attentions, de leur courage, de leur foi.

Puis ils embrassent l'enfant, et, ce dernier, les yeux brillants d'émotion, les regarde partir, tête basse, vers leur destin incertain.

Kinsom et Yandol, en se séparant du guide, ont du mal à retenir leurs larmes. Avec cet homme dont elles ont douté jusqu'au dernier moment, elles ont partagé toutes les émotions, la peur, la déception, la joie. Si elles sont là maintenant c'est grâce à lui. Si la flamme du Tibet continue à briller dans le monde, c'est grâce à des gens de son espèce. Elles joignent leurs mains, à la hauteur du cœur, en un geste qui traduit toute leur reconnaissance. Alors, sous le poids d'invincibles forces intérieures, le dur matériau dont est fait le visage du guide se fissure. Ses paupières s'entrouvrent, ses lèvres épaisses se détendent et des rides apparaissent sur ses joues. Le guide leur offre enfin le cadeau de son sourire.

Puis il met ses lunettes jaunes et, avant de disparaître dans la foule, avec humilité, il les prie de l'excuser d'avoir été brusque tout au long du voyage.

L'infirmière Tsering Lhamo, fille de Tibétains, est habituée à voir des réfugiés délabrés. Plus l'hiver est proche, pire est leur état physique.

À quarante ans, cette femme au regard intelligent, qui parle avec aisance plusieurs langues, est responsable du centre de réfugiés tibétains. Toute sa vie, elle la consacre à son peuple, car elle aussi est arrivée au Népal, en 1959, avec ses parents, et ses vêtements pour seule richesse. Elle n'a pas voulu oublier. Depuis qu'elle travaille au centre, elle a reçu des réfugiés en proie à la malnutrition, atteints de graves problèmes gastriques, d'autres brûlés par le soleil ou victimes d'accidents survenus pendant le voyage ; elle a soigné des compatriotes aux clavicules cassées par les coups des policiers népalais, d'autres souffrant de fractures ouvertes et purulentes ; elle a examiné des nonnes violées par les guides et des petites filles à moitié gelées. Tous les matins, elle vient au camp d'accueil situé derrière le temple bouddhiste de Swayambu, l'un des plus connus du Népal, où l'on dit que Bouddha prêchait au milieu des singes et des pins. Elle ausculte, lave, coupe, désinfecte et soigne des milliers de plaies, histoire vivante et sanglante d'un exil qui dure depuis quarante ans.

L'infirmière ausculte et vaccine Kinsom, Yandol et le vieil homme, puis elle panse leurs plaies avec de l'iode et leur donne des vitamines. Un assistant leur coupe les cheveux et les ongles.

Puis elle s'occupe de l'enfant. Quand elle défait le bandage du médecin espagnol, elle est agressée par une horrible puanteur. Le pied est infecté, il faut l'opérer. Elle explique à l'enfant qu'à l'hôpital on pourra enrayer l'infection, mais elle ajoute qu'il perdra certainement les orteils du pied droit. Elle le lui dit pour qu'il soit prêt, pour qu'il ne se réveille pas de l'anesthésie avec la surprise la plus désagréable de sa courte vie.

Les nonnes prennent congé de ce petit héros, qui a supporté le froid et les calamités sans broncher, les a défendues contre les policiers, et s'est toujours montré aussi discret que courageux.

« Nous nous reverrons à Dharamsala », lui promet Yandol.

Une profonde tristesse se lit dans le regard de l'enfant. Il se voit privé du dernier lien qui l'unit à Lhassa, au souvenir de sa famille. Cette solitude semble le faire souffrir davantage que ses pieds.

Les nonnes sont logées dans un baraquement : plusieurs couchettes alignées, des plastiques en guise de fenêtres, un mobilier réduit à quelques clous plantés dans les murs pour accrocher vêtements et sacs. Ici, il n'y a que des réfugiés, des familles, des moines, des enfants, venus par mille chemins invraisemblables. Ils ont tous dans leur sac un papier avec leur photo. C'est le seul document qui fait foi de leur identité. Il porte le sceau du Lion, symbole d'un Tibet qu'ils n'ont pas connu et qui, maintenant, les accueille. Il est signé par le « Gouvernement de Sa Sainteté le dalaï-lama ». Ils le sortent plusieurs fois par jour et le regardent, comme pour s'assurer que c'est bien vrai et non un rêve.

Étendues près des portes ouvertes d'où l'on aperçoit la verte colline du temple de Swayambu, les nonnes se reposent, bercées par un sentiment de sécurité comme elles n'en ont pas connu depuis l'enfance. Elles oublient vite les mauvais souvenirs du voyage. Les premiers jours, elles n'osent pas s'aventurer en ville ni même se rendre seules à un monastère situé de l'autre côté de la vallée, à une demi-heure de marche. Elles craignent toujours d'être arrêtées sous quelque prétexte, conscientes de n'être pas tout à fait libres.

Et puis, un matin, le courage reprend le dessus. Bien qu'intimidées par le fourmillement des ruelles, elles décident de se rendre au marché. Avec l'argent de la veste vendue au commerçant sherpa, elles achètent dix mètres de tissu lie-de-vin et deux châles de laine de la même couleur. Elles reviennent avec empressement au centre d'accueil, enlèvent leurs pantalons, leurs chemises et leurs pulls, et revêtent à nouveau l'habit. Désormais, elles ont l'impression d'être chez elles.

VI

« Quand les chevaux galopent sur des roues »

1.

À deux mille kilomètres de Katmandou, dans la ville haute de Dharamsala, là où les réfugiés tibétains se sont implantés, un moine solitaire, son chapelet en grosses perles de bois à la main, prie pour la paix du monde. Fidèle à sa mission de bodhisattva, c'est-à-dire celle de vouer sa vie présente et les prochaines à soulager la souffrance des êtres vivants, il aime se recueillir dans le silence de l'aube. Quand les premiers rayons de soleil pointent de l'autre côté de la vallée, il entame sa promenade comme chaque matin, depuis ce jour de 1960 où on lui assignait ce lieu de résidence. Pour Tenzin Gyatso, quatorzième dalaï-lama, cette séance de méditation dans la nature est le meilleur moment de la journée.

Cet homme, qui, à l'âge de quinze ans, a connu la brutalité de la vie politique, de l'impérialisme et des armes, est devenu un symbole vivant de son époque. Le XXe siècle, celui des grandes inventions, du triomphe de la science, a aussi été le siècle du génocide et de l'exil. Des centaines de milliers d'individus, Européens, Indiens, Chinois,

Russes, Africains..., ont dû couper le lien avec leurs origines. Jamais un siècle n'a produit autant d'êtres déracinés.

Lui-même a perdu sa terre, et il doit assister, presque impuissant, à la lente agonie de son peuple. Il a vu mourir les êtres les plus chers à son cœur, un frère, une sœur, sa mère, ses tuteurs ; il sait qu'au Tibet des amis et des religieux ont péri dans des conditions atroces. La mort récente du panchen-lama l'a fortement ébranlé. Ces derniers temps, plusieurs conversations au téléphone avaient suffi à le convaincre que, dans son cœur, le panchen-lama était resté fidèle à sa religion et à son pays. Même si les Chinois, après l'avoir libéré, l'utilisaient comme une marionnette, le panchen-lama tentait de s'opposer à eux. Dans l'un de ses derniers discours prononcé à Pékin, il dénonçait courageusement le prix terrible du « progrès » apporté par les Chinois au Tibet. Deux jours plus tard, dans le monastère de Tashilumpo, la mort le surprenait, une crise cardiaque avait raison de lui. Il avait cinquante-trois ans. Ses compatriotes furent nombreux à penser qu'il avait été empoisonné par les Chinois. Les autres, cependant, préférèrent dire qu'il avait choisi l'heure de sa mort tel un vrai maître du bouddhisme.

« Si j'étais tombé entre les mains des Chinois, je crois que je n'aurais pas été aussi courageux que lui », déclarait Tenzin Gyatso, balayant ainsi les doutes qui planaient sur la loyauté de son fils spirituel.

Au cours de son existence, le dalaï-lama aurait pu perdre mille fois espoir, mille fois il aurait pu se laisser abattre par le découragement, par la tristesse, mais il n'en a jamais été ainsi. Au contraire, toutes ses expériences lui ont permis de découvrir une énergie insoupçonnée en lui-même, une énergie qu'il utilise sans relâche afin de préserver la mémoire de sa terre.

Seule lumière capable de guider son peuple dans la longue nuit imposée par les Chinois, Tenzin Gyatso a accueilli en Inde cent trente mille Tibétains, dont dix pour cent vivent dans les monastères, étudiant et veillant sur la tradition. S'il ne disposait au début que d'un orphelinat, construit en hâte pour sauver les enfants des premiers réfugiés, il a fait bâtir par la suite une série de villages dans toute l'Inde et qui abritent aujourd'hui plus de trente mille jeunes. La diaspora transmet partout dans le monde la foi, l'écriture et les légendes du Tibet, les histoires de ses dalaï-lamas et de ses panchen-lamas, de ses nomades guerriers, de ses moines politiques et de ses sages ermites. Tenzin Gyatso a confié à ses compagnons en exil la mission de protéger l'âme de leur pays dans l'espoir d'un hypothétique retour, car il sait qu'un peuple qui lutte pour son existence doit vaincre ; que l'amour de la liberté, inhérent à l'être humain, finit par s'imposer. Ce n'est qu'une question de temps. Les Chinois ne vivront pas éternellement privés de liberté.

Mais, pour l'heure, son peuple est toujours persécuté, et Tenzin Gyatso ne se lasse pas de le dénoncer. L'attribution du prix Nobel l'a beaucoup aidé dans cette tâche. Le monde entier a pu connaître le sort de ses compatriotes. D'autre part, il essaie toujours de parvenir à un accord avec les envahisseurs, mais, chaque fois qu'il entame un dialogue avec Pékin sur l'avenir du Tibet, il est immédiatement accusé de vouloir rétablir le système féodal. Au début, il a sous-estimé la portée de la propagande du gouvernement chinois, qui présentait l'invasion comme la libération d'un peuple réduit en esclavage. Il a fallu attendre la Révolution culturelle et le massacre de la place Tian' anmen pour que le monde admette l'hypocrisie et la cruauté des communistes chinois.

L'une des dernières victimes en date du régime chinois s'appelle Gendun Choekyi Nuyma, un enfant de six ans reconnu par Tenzin Gyatso comme la réincarnation du défunt panchen-lama. L'annonce de sa découverte par les lamas a rendu furieuses les autorités chinoises, qui ont immédiatement envoyé un avion pour emmener l'enfant et ses parents, un pauvre couple d'éleveurs de yaks, hors du Tibet. Depuis lors, et malgré une campagne internationale de protestation, on n'a plus jamais eu de leurs nouvelles. En organisant sa disparition, les Chinois ont fait de cet enfant le plus jeune prisonnier politique du monde.

Dans sa volonté de désigner lui-même le successeur du panchen-lama, le gouvernement chinois a soudoyé et intimidé un groupe de religieux pour choisir un autre enfant, qui a été intronisé dans le temple du Jokhang. Il espère l'endoctriner et, avec le temps, en faire une autorité politique capable de servir de contrepoids au dalaï-lama. Les réincarnations des grands lamas deviennent ainsi l'enjeu d'une curieuse guerre entre des militaires communistes et des religieux bouddhistes.

2.

À six heures du matin, le dalaï-lama revient à sa résidence. En face de son bureau, il a placé une table où il pose de quoi nourrir les oiseaux, et toutes sortes de protections contre les prédateurs. Les oiseaux s'approchent de leur bienfaiteur en piaillant. Celui-ci éparpille des graines de millet sur la table. Mais, ce jour-là, le dalaï-lama est obligé d'utiliser un vieux fusil à air comprimé pour éloigner les chats. Puis il va se recueillir dans sa chapelle et se prosterne devant l'autel. Assis sur le coussin ocre et jaune, il entre en méditation :

« Quand nous descendons lentement en nous-mêmes, nous parvenons au sentiment de paix qui existe en nous. Nous avons tous ce désir profond, bien qu'il soit souvent caché, masqué. »

Il ne se lasse pas de le répéter.

La mort aussi est présente dans la méditation bouddhiste. Chaque jour, Tenzin Gyatso se prépare à la recevoir. Il sait que tout est éphémère, que personne ne connaît ni le jour ni l'heure du dernier rendez-vous. Il sait que, pour mourir, la condition idéale est de tout abandonner, intérieurement et extérieurement, pour qu'à ce moment crucial il n'existe aucun désir, aucun attachement, auquel l'esprit puisse se raccrocher. La méditation sur la mort lui permet de garder la conscience de la fragilité de l'existence et donne un sens à chaque instant. Immobile, le dos bien droit, les mains sur les genoux, les pouces effleurant les index, Tenzin Gyatso paraît avoir atteint le nirvana, qui n'est pas le ciel, mais un état de l'esprit qu'il peut trouver ici, au milieu de l'agitation terrestre.

Que cherchent les hommes ? Lors de ses innombrables voyages, il les voit courir le monde en voiture, en avion, dans des trains ultra-rapides... Mais dans quel but ? Il les voit consommer sans cesse et, cependant, ils sont toujours affamés. Au cours de ses audiences, il s'entretient avec des individus aux professions variées, de pays différents, qui semblent avoir tout pour être heureux, et qui néanmoins sont profondément insatisfaits. Ils vivent dans la peur, sous tension, toujours insatiables, toujours inquiets, ils ont perdu le contact avec leur plus profonde dimension, la plus agréable aussi, et la plus féconde. Ils restent à la surface agitée de la mer, sans jamais descendre vers les eaux calmes. Ils ont perdu la paix de l'esprit. Si les hommes sont incapables d'atteindre la paix intérieure... comment rêver de la paix entre les nations ?

Lors d'un voyage en Espagne, le dalaï-lama a rencontré un moine catholique, à l'abbaye de Montserrat, avec qui il a pu comparer les vertus de la foi chrétienne et de la philosophie bouddhiste. Le père Basili, un vrai maître spirituel, vit dans une grotte retiré du monde comme un ermite ou un sage oriental. Ils n'ont échangé que quelques mots en anglais, mais ils ont suffi à Tenzin Gyatso pour savoir qu'il était en présence d'un être exceptionnel, un être vraiment religieux. Quand il lui a demandé quel était le sujet de ses méditations, le moine lui a simplement répondu : « L'amour. »

C'est aussi la base des méditations d'Océan de Sagesse.

Sans amour, sans compassion, il n'y a pas de bonheur possible. Et l'amour naît dans la paix de l'esprit. Le bien-être matériel ne suffit pas pour atteindre le bonheur, s'il n'est accompagné d'un développement spirituel. C'est cela, sa foi.

Tenzin Gyatso a vécu une expérience similaire avec les soufis de l'islam et avec les mystiques juifs. Pour lui peu importent les dieux. Tant que les hommes seront émerveillés par le mystère de la vie, il existera une façon de s'entendre. C'est peut-être pour cette raison qu'il conseille aux Occidentaux attirés par le bouddhisme de ne pas se convertir. Selon Tenzin Gyatso, si chaque civilisation a engendré sa propre religion, c'est parce que chacune d'elles convient, plus qu'une autre, à l'âme des différents peuples.

Sérénité, amour, compassion, tolérance... Curieux vocabulaire pour un chef de gouvernement, même en exil. Partout où il est invité, que ce soit devant des chefs d'État ou des journalistes, il n'a jamais attaqué les Chinois. Ni lui ni les grands lamas qui ont tout perdu en exil, et qui, dans certains cas, ont été victimes de violences, n'ont jamais proféré de paroles de ressentiment ou de condamnation. L'abbé du monastère de Namgyal, emprisonné en 1959, puis interné dans un camp de concentration, racontait un jour à Tenzin Gyatso qu'en prison il avait couru un grand danger. Intrigué, le dalaï-lama lui avait alors demandé quel était ce danger. Sa réponse fut qu'il était sur le point de perdre sa compassion envers les Chinois. De tels hommes sont un exemple vivant de la vraie religion.

3.

Le jour où l'oiseau de fer volera,
quand les chevaux galoperont sur des roues,
le peuple de Bodh se dispersera dans le monde, comme
[des fourmis,
et le dharma parviendra sur le continent de l'homme
[rouge.

Si une grande partie de la prophétie s'est vérifiée, l'autre est en train de s'accomplir. Lors de ses voyages, Tenzin Gyatso a pu constater l'essor du dharma, la loi bouddhiste. Les lamas qui ont diffusé le bouddhisme à travers le monde avec le plus de succès ne sont pas les plus érudits, mais les plus fortes personnalités, doués pour la communication avec les Occidentaux, plus sensibles au charisme et au caractère du maître qu'à sa prétendue sainteté. L'un d'eux est un humble lama de Sera, atterri dans le camp de réfugiés de Buxa Duar, et dont l'amitié insolite avec une princesse russe est à l'origine d'une organisation bouddhiste qui s'est propagée en Occident avec une fulgurante rapidité.

Lama Yeshe gardera toujours le souvenir extraordinaire du jour où il a rencontré l'éblouissante princesse Zina Rachevsky. « Comment puis-je recevoir la paix et l'illumination ? » a interrogé la femme, alors qu'elle venait tout juste de frapper à la porte du monastère de Darjeeling, où le moine faisait une retraite. Jamais un étranger ne lui avait demandé l'illumination comme on demande une ampoule électrique dans un magasin.

Zina Rachevsky n'était pas une femme ordinaire. Sa vie avait été plus tourmentée que celle du lama de Sera. Fille d'un prince russe, un Romanov qui avait fui la révolution, et d'une riche héritière américaine, elle avait été élevée à Hollywood. Les drogues, l'alcool, le sexe et les innombrables nuits blanches l'avaient poussée au bord du gouffre. Lorsqu'elle rencontra le lama Yeshe, elle se sentait profondément malheureuse, elle était fatiguée de la vie.

Le lama tibétain se souvient :

« Rien ne la satisfaisait. Elle disait que sa vie était vide. Par comparaison, je n'avais rien, ni pays, ni foyer, ni argent, ni biens, ni famille, et cependant j'avais tout parce que je me sentais heureux. Avec Zina, et plus tard avec d'autres Occidentaux, je me suis rendu compte que ces gens ne savaient pas se comprendre eux-mêmes ni comprendre leur vie intérieure. Il leur manquait de croire en leur propre potentiel pour être heureux. Zina pensait que le bonheur venait de l'extérieur, mais il n'en est rien, il vient de l'intérieur de chacun. »

Avec les lamas, Zina trouva un sens à sa vie. Après neuf mois d'enseignement, elle annonça qu'elle désirait être nonne. Lama Yeshe réfléchit, puis il accéda à sa prière, sans soupçonner que par ce curieux biais le bouddhisme tibétain allait connaître un important essor en Occident. Avec le temps, et une partie de son héritage, Zina acheta des terrains sur le haut d'une colline appelée Kopan, près de Katmandou. Petit à petit, un monastère fut bâti. Les premiers disciples furent des hippies, qui avaient goûté à toutes les philosophies orientales, toujours derrière un grand gourou. Certains étaient repus de drogues, d'autres cherchaient sincèrement une réponse au mystère de l'existence, d'autres encore étaient de simples vagabonds en quête d'expériences. Lama Yeshe n'avait pas de préjugés, aussi s'était-il consacré corps et âme à transmettre les enseignements sacrés à cet auditoire des plus hétérodoxes. Il ne demandait pas à ses adeptes de renoncer à leur propre culture, au contraire. Pour lui, « ils étaient intellectuellement bien préparés, mais il leur manquait une expérience directe des enseignements qui ne peut être atteinte que par la méditation. Ce n'est qu'avec l'expérience intérieure que l'on peut mettre en pratique la compétence intellectuelle dans la vie quotidienne [1] ». Le lama Yeshe et Zina Rachevsky, deux êtres qui n'avaient absolument rien en commun, mirent sur pied une fondation pour diffuser le bouddhisme dans le monde.

« J'étais convaincu que le bouddhisme tibétain avait quelque chose de très précieux à offrir aux Occidentaux, disait le lama Yeshe. C'est l'essence du bouddhisme qui doit être portée en Occident et non son apparence. Cette essence a un intérêt pour les hommes et les femmes de chaque époque, car il s'agit de la nature humaine et de tout ce qui concerne la souffrance et le bonheur. Et cette essence doit être liée à la science, à la psychologie et à la philosophie occidentales. Sinon, il n'y a pas de connexion

1. *L'Enfant Lama : histoire d'une réincarnation*, de Vickie Mackenzie, Robert Laffont, 1991.

possible. Les Occidentaux ne savent pas qu'ils peuvent atteindre de hauts niveaux de bonheur par l'esprit [1]. »

Lama Yeshe initiait ses fidèles aux ressources de leur monde intérieur dans un style inimitable, abandonnant tout le formalisme sec, archaïque et anachronique du bouddhisme tibétain dans son interprétation stricte. Ainsi ne cessait de grandir le nombre de ses auditeurs qui accouraient des quatre coins du monde.

L'enfant gâtée de Hollywood fit elle-même des choses inimaginables. Par exemple, répéter trois millions six cent mille mantras dans la grotte de l'Himalaya où elle avait élu domicile. Au début, elle avait terriblement souffert de la solitude et de l'isolement. Effrayée, elle passait le plus clair de son temps à écrire son journal. Mais elle avait peu à peu vaincu ses peurs et elle avait fini par accéder à la sérénité dans sa retraite. Elle était capable de méditer plusieurs heures, immobile. Tant et si bien qu'elle était transformée, et, lorsqu'elle descendait des montagnes, ses amies la trouvaient radieuse. D'ailleurs, d'elle-même, sans que personne le lui suggère, elle reprenait le chemin des cimes.

Mais sa vie devait être marquée par la tragédie. La resplendissante beauté hollywoodienne, devenue ascète, mourut subitement à quarante-deux ans. Certains crurent à une hépatite, d'autres à une intoxication. Elle mourut au plus beau moment de sa vie, ayant enfin découvert le bonheur dans la simplicité des montagnes, sans soupçonner la portée du mouvement qu'elle avait contribué à fonder.

---

1. Voir note précédente.

Lama Yeshe continua à dispenser ses enseignements à des centaines de fidèles occidentaux et, plus tard, il fit bâtir un monastère au pays des sherpas, ainsi qu'un centre international de retraite dans les collines de Dharamsala. Il était devenu un voyageur impénitent, car, de retour dans leurs pays, ses étudiants sollicitaient ses conseils pour la conception de nouveaux centres d'enseignement et de retraite.

Cette organisation, la Fondation pour la préservation de la tradition mahayana, dispose de nombreux centres dans les villes et les campagnes, ouverts à qui désire méditer, étudier le bouddhisme ou simplement fuir l'agitation du monde. Elle possède aussi des maisons d'édition qui publient les textes fondamentaux du bouddhisme tibétain.

Vers le milieu des années soixante-dix, Lama Yeshe atterrit à Ibiza à l'occasion de l'un de ses nombreux voyages. Là, un groupe de fidèles l'attendait, dont une foule de hippies captivés par l'appel de l'Orient.

« Il avait une habileté particulière dans sa manière d'aller droit à l'essence du bouddhisme, d'expliquer bonheur ou malheur, de donner le sens de la vie, etc., et de rendre cette philosophie compréhensible et attrayante aux Occidentaux », explique Paco Hita, l'un de ses premiers adeptes espagnols, un homme timide, aimable, aux yeux bleus et au regard pénétrant.

Maria Torres, sa compagne, brune, charmante et intelligente, raconte :

« Le connaître a été une révélation. Pour la première fois de ma vie, je recevais des réponses claires et précises à toutes les questions que je me posais : pourquoi naissons-nous ? Pourquoi mourons-nous ? Pourquoi certains ont-ils une vie agréable et d'autres une vie infernale ?... Non seulement le lama Yeshe était un génie de la communication, mais en plus c'était quelqu'un de bon, il savait être complice et il était très gai, très intelligent et très simple. De plus, c'était un révolté : il ne portait jamais de tuniques pourpres. »

Ses disciples espagnols suggérèrent au lama Yeshe de créer un centre en Espagne, ouvert à tous, quelle que soit leur religion. Après une longue recherche, ils trouvèrent l'endroit idéal, le village de Bubión, dans les montagnes de Grenade. Un lieu isolé et silencieux, où l'air est pur et la vue magnifique. Pendant six ans, ce groupe d'amis investit toute l'énergie et tout l'argent nécessaires à la construction d'un centre de méditation et d'une route d'accès. Un travail herculéen inspiré par leur dévotion.

La visite-surprise du dalaï-lama, suivi de Lama Yeshe, fut la récompense à leurs efforts. Jamais ils n'avaient pu souhaiter plus haute consécration. Le dalaï-lama ayant appris que le gouvernement annulait sa visite à Madrid à cause de pressions diplomatiques exercées par la Chine, il décida de profiter de ce temps libre pour se rendre au centre de Grenade. Le Dieu Roi des Tibétains et son lama étaient arrivés un dimanche à Bubión, et le village entier les avait reçus avec des bouquets de fleurs et la fanfare. Océan de Sagesse avait parcouru les ruelles à pied, tenant une petite fille par la main, accompagné par la musique des guitares. Le curé lui avait réservé une place d'honneur dans l'église, et cette messe reste l'une des plus émouvantes jamais célébrées à Bubión. Bouddhistes et chrétiens se rejoignaient unis par un véritable esprit religieux, au-delà des préjugés culturels. Ensuite, il se dirigea vers le centre de retraite où l'attendaient Paco Hita, Maria Torres et quelques-uns de leurs amis. Océan de Sagesse semblait très heureux de découvrir le centre, pourtant inachevé, de partager la paella végétarienne qui lui avait été préparée dans cette atmosphère champêtre. Il riait beaucoup, d'un rire direct, spontané. Après la cérémonie de consécration, Lama Yeshe, qui le regardait comme un enfant émerveillé, annonça que Sa Sainteté allait donner un enseignement. Avec le pic Mulhacén en toile de fond, un groupe insolite de villageois, de touristes, de fidèles bouddhistes et de maîtres tibétains écouta une description détaillée de l'esprit à ses différents niveaux. Le dalaï-lama parlait de la lumière claire, le niveau mental le plus profond que l'on atteint au moment de mourir.

Il commentait :

« Dans le bouddhisme, la réincarnation de l'âme n'est pas ce qui explique le cycle éternel des morts et des naissances. L'important, c'est la force vivante, ou l'énergie vitale, nourrie des désirs et des passions de toute une vie. Ce sont ces passions et ces désirs qui produisent, après la disparition du corps, une autre combinaison de forces et d'énergie. Dans chaque nouvelle existence, cette combinaison garde en elle la somme des actes des vies antérieures de chaque individu. La vraie spiritualité, c'est être conscient de cette interdépendance de tout et de tous. Alors, la pensée, la parole ou l'action les plus insignifiantes ont des conséquences sur l'univers entier, tout comme lorsqu'on lance une pierre dans l'eau, les ondes se combinent les unes avec les autres pour en former de nouvelles. On se rend compte alors que chacun est responsable de tout ce qu'il fait, dit ou pense. »

Le lendemain, avant de partir, le dalaï-lama réunit ses hôtes et leur demanda :

— Avez-vous donné un nom à ce lieu ?

En fait, ils n'avaient pas eu le temps d'y penser.

— Je vais vous en suggérer un... Pourquoi ne l'appelleriez-vous pas Osel-ling ?

— Osel-ling ?

— Le lieu de la lumière claire.

4.

Quelque temps après cette visite, en partie à cause de l'activité incessante qu'il déployait, Lama Yeshe tomba gravement malade. Depuis son internement dans le camp de Buxa Duar, il souffrait d'une maladie cardiaque. Les médecins lui avaient conseillé de mener une vie tranquille et sédentaire, mais Lama Yeshe pensait qu'il n'y avait pas droit, que son devoir était de transmettre le dharma à toute la planète. Il est mort le 3 mars 1984, à quarante-neuf ans, en laissant derrière lui soixante-dix centres répartis dans plus de quinze pays.

Moins d'un an après son décès naissait à Grenade le cinquième enfant de Paco Hita et de Maria Torres, les fondateurs du centre de Bubión. Lorsque le père de l'enfant entra dans la chambre d'hôpital, il prit son nouveau-né dans les bras :

« Son petit visage est rayonnant de lumière. Pourquoi ne l'appellerions-nous pas Osel, Lumière claire ? » suggéra-t-il.

Ce nom plaisait à Maria. Et puis c'était un hommage au terrible effort que leur avait coûté la construction du centre.

Le 18 avril 1986, Maria Torres prépare le petit déjeuner pour sa nombreuse famille quand le téléphone sonne. C'est un appel en provenance d'Inde.

— Pourrais-tu venir à New Delhi la semaine prochaine avec Osel pour qu'on lui fasse passer certains tests ?

Son interlocuteur, le lama Zopa, un disciple du lama Yeshe, connu pour son ardeur à l'étude, est affecté d'un tic respiratoire qui l'oblige à s'arrêter en cours de phrase. Les oracles ont confirmé sa conviction selon laquelle Lama Yeshe aurait choisi une réincarnation occidentale afin de poursuivre ses enseignements dans le monde. Mais, plus décisif encore, le dalaï-lama lui-même, attentif aux signes de la réincarnation du lama Yeshe, a obtenu un début de réponse dans ses méditations. Le nom d'Osel y revient de façon régulière.

— Nous n'en sommes pas encore certains, mais, au cas où ce serait lui, nous laisserais-tu l'élever ?

Maria est abasourdie. Toute sa vie, elle a caressé le rêve d'aller en Inde, mais jamais elle n'aurait imaginé s'y rendre dans de telles circonstances. C'est un immense honneur que son maître ait choisi l'un de ses enfants pour revenir dans cette vie. C'est la preuve du sens profond de son amitié avec le lama Yeshe, la consécration de tous ses efforts, de toute sa dévotion.

— Oui, bien sûr que oui, a-t-elle répondu au lama Zopa.

À New Delhi, Océan de Sagesse les attend à l'hôtel Ashoka où il descend toujours. Comme d'habitude, il a son chapelet à la main et il les reçoit avec un sourire à la fois malicieux et chaleureux.

— As-tu remarqué quelque chose de spécial chez l'enfant ? demande-t-il à Maria.

— Non, rien. J'ai seulement rêvé une fois au lama Yeshe lorsque j'étais enceinte.

— Dans toutes les recherches que nous avons entreprises, le nom d'Osel revient. De toute manière, c'est lui qui nous fournira la preuve essentielle lorsqu'il commencera à parler.

Maria est rassurée. Ainsi, le dalaï-lama laisse entendre que la question se reposera dans quelques années, lorsque l'enfant saura s'exprimer. Mais le lama Zopa ne l'entend pas ainsi. Les autres disciples et lui-même sont pressés. Tout compte fait, la fonction de la réincarnation est de faciliter la poursuite d'une œuvre entamée. Il insiste pour que Maria et son enfant l'accompagnent le jour même à Dharamsala. Il veut offrir la preuve aux adeptes et aux membres de la fondation que Lama Yeshe est parmi eux, vivant. Ils voyagent toute la nuit. Envahie par les mille senteurs et musiques de l'Inde mêlées à l'émotion du voyage et au pressentiment du destin insolite de son fils, Maria a l'impression d'être sur un nuage. Au milieu d'une forêt de cèdres proche de la ville haute de Dharamsala, dans le temple du centre de Tushita, de nombreux fidèles patientent. Le petit Osel est bien réveillé ; à peine arrivé, il jette son biberon par terre et attrape une sonnette (de la bonne main, préciseront ses adeptes). Puis il prend place sur un trône et agite l'instrument, comme le ferait un lama, en riant. Même sa mère est impressionnée : l'enfant a exactement le comportement du lama Yeshe. Plusieurs disciples pleurent. Maria n'en croit pas ses yeux. Est-ce son fils ou son maître qu'elle a devant elle ?

Les jours suivants, ils soumettent Osel aux épreuves traditionnelles. Parmi un tas d'objets, l'enfant reconnaît ceux qui ont appartenu à sa prétendue incarnation antérieure. Les tests sont répétés devant plusieurs groupes de disciples. L'enfant réagit sans hésiter devant les chapelets, les clochettes et les katas, les écharpes de soie blanche. À la fin, il est désigné comme la légitime incarnation du défunt lama Yeshe. Les moines, les nonnes et les disciples occidentaux de Dharamsala, qui ont intimement connu le maître, ne peuvent détourner leur regard de ce bébé blond, aux joues rouges et rebondies, qui court, sa couche entre les jambes ; leur grand gourou est là, mais dans un corps si différent... Plus tard, Osel est soumis à d'autres examens, en France, devant des moines bouddhistes occidentaux, plus sceptiques que les Tibétains. Finalement, à quatorze mois, on le proclame « absolue et irréfutable » réincarnation du lama Yeshe. Le dalaï-lama confirme la reconnaissance.

Se rappelant peut-être la solitude de sa propre enfance, ce dernier conseille de ne pas annoncer publiquement la nouvelle pour qu'Osel grandisse dans sa propre culture. Mais il n'en sera rien. Le lama Zopa, qui se trouve face à une organisation de milliers d'adeptes, doit maintenir vivante la foi dans le prophète disparu. Il décide d'annoncer publiquement la réincarnation, ce qui provoque un flot de lettres, d'invitations, d'entretiens, et une attention médiatique sans fin. Dès lors, la vie de la famille de Bubión ne sera plus la même. L'étrange nouvelle d'un petit lama espagnol fait le tour du monde. Pour les uns, il s'agit d'une affaire politique, pour les autres d'un montage publicitaire, d'un conte de fées ou d'un enlèvement.

« Je crois que personne n'a compris la sensibilité et la beauté de tout ceci, mais c'est excusable », dira Maria Torres.

Un an plus tard, Maria, Paco et leur enfant reviennent à Dharamsala. Une centaine d'adeptes, des nonnes, des moines, des fidèles et des journalistes des médias les plus influents du monde grimpent la côte escarpée qui mène au centre de Tushita pour être témoins d'un événement unique : l'investiture du moine le plus insolite et le plus jeune qui ait jamais existé. Osel Hita Torres est sur le point de faire son entrée officielle dans le monde. Il a deux ans et un mois. Le temple est décoré, pour la circonstance, de peintures murales qui retracent divers épisodes de la vie de Bouddha. Le trône, de trois mètres de haut, est recouvert de brocart. Sur deux rangées, les lamas tibétains, vêtus de leurs plus beaux habits de cérémonie, sont assis par terre en position du lotus. Le son des trompettes et le timbre grave des hautbois emplissent la vallée, suivis des cymbales, des tambours et des conques, dont la fonction est d'éloigner les forces du mal et d'appeler la protection des bouddhas. Paco porte Osel dans ses bras. L'enfant arbore lui aussi les habits de cérémonie et la coiffe jaune à oreillettes des moines de l'école de Gelugpa, celle du dalaï-lama. Pendant trois heures, il ne bouge pas de son siège. Parfois grave, parfois espiègle, il garde constamment une attitude digne. Il se livre au rituel avec un plaisir manifeste comme s'il s'agissait d'un jeu. Il accepte les offrandes sans aucune impatience, mange des friandises et joue calmement avec une petite voiture. À la fin de la cérémonie, il court vers son père. À partir de cet instant, son destin est scellé.

5.

À sept heures du matin, le dalaï-lama termine sa méditation et allume la radio pour écouter les nouvelles de la BBC. Les voix des moines en prière lui parviennent de l'extérieur. Ensuite, il s'installe sur un coussin près d'une table basse. Il jette un regard, par la fenêtre, vers ses cages à oiseaux ; il n'y a pas de chats à proximité. Puis il ouvre un livre ancien, un des rares textes sacrés rescapés de la folie destructrice des Chinois. Quand les affaires publiques lui en laissent le temps, Océan de Sagesse consacre deux ou trois heures à l'étude des textes religieux. Étudier ces ouvrages, qui contiennent trois mille ans de connaissances et de sagesse, est à la fois un exercice de spiritualité et la preuve que la force brute ne peut détruire l'esprit humain. Les heures ponctuées par les gongs du monastère voisin s'écoulent avec une rapidité surprenante. Dharamsala vit au rythme du Tibet.

Ce contact avec le passé permet de mieux comprendre le présent. Cette planète, qui devient de plus en plus petite, de plus en plus interdépendante, a fait de la science son seul dieu. Océan de Sagesse est lui aussi convaincu de la valeur des nouvelles technologies. Depuis que le montagnard autrichien Heinrich Harrer lui a montré la première caméra et le premier magnétophone, le fonctionnement des machines l'émerveille. Quand on lui offre un objet, il s'empresse de le démonter pour en découvrir le mécanisme. Déjà, dans sa jeunesse, il démontait les montres, aussi les membres de son gouvernement, les amis et les gens de sa famille lui confient-ils les leurs lorsqu'elles tombent en panne.

Si l'apparition des montres digitales a fini par calmer sa passion, en revanche, son intérêt pour la science n'a jamais faibli. Malgré l'opposition de certains de ses compatriotes, il a donné son autorisation pour que des scientifiques américains fassent des recherches sur des ermites vivants. Son ami, le docteur Benson, de l'université de Harvard, est fasciné par le phénomène de la « chaleur intérieure », ou « chaleur psychique », qui sèche les habits des moines sitôt remis après les avoir plongés dans une eau presque gelée, à une température au-dessous de zéro. Le docteur Benson a observé chez les ermites une augmentation de dix degrés de la température du corps, une diminution de la consommation d'oxygène et un rythme respiratoire de sept inspirations par minute. Les phénomènes psychiques qui se combinent dans ce processus permettent à celui qui médite de brûler les graisses en réserve, alors qu'on croyait ce phénomène réservé aux animaux en hibernation [1].

Ce qui intéresse le plus Océan de Sagesse, au-delà des mécanismes physiologiques, c'est que la culture tibétaine représente un grand champ d'investigation pour la science moderne. La relation entre les connaissances théoriques de l'un et le savoir expérimental de l'autre contient la clé du « mystère » que l'on attribue depuis toujours au Tibet. Dévoiler ce mystère est une entreprise aussi laborieuse que fascinante. Quelques-unes des dernières découvertes de la physique quantique semblent se rapprocher des thèses bouddhistes sur la non-dualité entre l'esprit et la matière. On a pu vérifier qu'en comprimant un espace vide les particules apparaissaient de façon spontanée, comme si la matière était inhérente. Ces découvertes ouvrent un champ de convergence entre la science et la théorie bouddhiste, qui affirme que l'esprit et la matière sont des réalités à la fois séparées et interdépendantes. Tenzin Gyatso rêve par ailleurs d'organiser des recherches scientifiques sur les oracles qui jouent toujours un rôle essentiel dans la vie des Tibétains.

Mais il n'est pas pour autant prêt à accorder à la science une valeur suprême. Il n'y a qu'une science totalement désintéressée qui puisse devenir sagesse. La sagesse embrasse aussi bien la connaissance que l'ignorance, le bonheur que le malheur des êtres. Elle est le fruit de l'expérience personnelle.

1. Voir *« An Est-West Dialogue » The Dalaï-Lama*, Herbert Benson, The Harvard Mind Science Symposium, New York, 1991.

À Dharamsala, le gong annonce midi. Le dalaï-lama a pu se consacrer pendant cinq heures à l'étude et à la méditation. Ce n'est pas toujours possible pour cet homme qui vit à cheval entre spiritualité et politique, entre réflexion personnelle et action humanitaire, entre transcendance et quotidien.

La brume est descendue au fond de la vallée et les crêtes saupoudrées de neige brillent d'un puissant éclat. Dans la forêt avoisinante, les singes crient, les écureuils se poursuivent de branche en branche. Tenzin Gyatso a pris du thé noir et du tsampa au petit déjeuner. Deux moines entrent dans la résidence, portant un ramequin de tukpa, bouillon de viande aux vermicelles, le dernier repas de la journée car la discipline monacale interdit de se nourrir passé midi. Après le déjeuner, le secrétaire particulier du maître lui soumet l'emploi du temps du reste de la journée : entretiens, visites, audiences. Océan de Sagesse quitte ses appartements, jette un regard sur les parterres d'œillets orange et ocre, et se dirige vers la salle d'audience. Les affaires du monde réclament maintenant son attention.

6.

Si Katmandou a surpris le petit groupe de réfugiés tibétains, la capitale de l'Inde, deux fois plus peuplée que le Tibet, les impressionne. Le chaos de motocyclettes, de taxis, d'autobus déglingués, de voitures et de rickshaws au milieu duquel se promènent des vaches les étourdit. Le trafic et la pollution sont si denses qu'il leur semble impossible à supporter toute une vie. Pourtant les somptueux parcs et jardins, la majesté des bâtiments coloniaux, l'imposante solennité des tours d'acier et de verre les émerveillent. Ils aimeraient se promener parmi les étalages de nourriture et de fruits, s'imprégner de toute cette vie. Mais, comme à Katmandou, ils ont peur de se perdre et de rencontrer de nouveaux problèmes. Ils choisissent donc d'attendre dans le bureau de la représentation du gouvernement tibétain en exil, un petit bâtiment situé dans un quartier résidentiel. Ils n'ont plus qu'un jour de voyage avant d'arriver à Dharamsala.

Le groupe se disperse peu à peu. Le vieil homme est parti cette nuit même pour la ville de Bangalore, située dans le Sud. Il sera emmené à la colonie de Bylakuppe, où vit son fils. Si son descendant a su planter ses racines dans la plaine, lui, le fils des montagnes, sans toit ni foyer, restera, corps et âme, un nomade. Avoir réalisé l'impossible, à son âge, le remplit de satisfaction. Et, comble de bonheur, il a le sentiment qu'il ne mourra pas tant que cette énergie vitale circulera en lui. Lorsqu'il prend congé de ses compagnes de voyage, un frémissement parcourt son visage, dessine chacune de ses rides pour enfin éclairer son regard.

« Je ferai une offrande pour vous lorsque je parviendrai au monastère de mon petit-fils », affirme-t-il.

Yandol lui donne son petit chapelet. Le vieil homme n'est pas habitué à recevoir des cadeaux. Timidement, il le passe à son poignet.

« Je n'ai rien à vous offrir », leur dit-il d'un air gêné.

Elles rient. Le vieil homme est le plus grand présent que la providence leur ait fait. Sa sérénité de chaque instant les a rassurées. Ses histoires les ont réconfortées lors des bivouacs au milieu des glaciers. Ses chansons les ont fait rire et rêver. Elles souhaitent le revoir un jour, ne serait-ce que pour entendre à nouveau cette berceuse que sa mémoire a fait sortir de l'oubli.

Les nonnes prennent la direction de Dharamsala. Après une nuit de voyage, l'autobus bringuebalant quitte la plaine pour entamer son ascension. Des femmes vêtues de saris colorés, portant sur leurs têtes des cruches de cuivre, vont et viennent au puits. Elles ont l'air de sortir d'un conte. C'est un monde très différent de la ville, un monde de couleur et de douceur. L'autobus ne s'arrête pas à Dharamsala, mais s'engage sur une route étroite. Les sentiers se peuplent de silhouettes de moines vêtus de pourpre qui récitent les litanies de l'aube. Le véhicule passe devant la faculté de médecine, qui fait aussi office de clinique, de pharmacie traditionnelle et d'école pour les étudiants. C'est une réplique miniature de la célèbre faculté de Chakpori, près de Lhassa, dévastée par les Chinois pendant la révolte de 1959. Plus haut, on indique aux religieuses la demeure du dalaï-lama, très modeste, située face à un temple dont le nom rappelle les merveilles de Lhassa. Un frisson les parcourt. Elles n'osent croire qu'elles sont si près de l'homme qui incarne leur foi et leurs coutumes, la souffrance de l'exil et l'espoir. Pour lui, elles ont défié les cols des montagnes, les tempêtes de neige et les vents, pour lui, elles ont trompé la vigilance des Chinois, pour lui, elles ont tout quitté. Pour lui, elles ont risqué leur vie et, pour lui, elles sont prêtes à la risquer encore. Le savoir si proche, c'est un miracle.

Elles parviennent enfin à McLeod Ganj, un ancien village devenu un quartier de Dharamsala et dont le nom est un hommage à l'officier anglais qui avait cantonné ses troupes sur les collines afin que ses hommes ne souffrent pas des chaleurs de la plaine. Entouré de forêts, le village se compose de trois rues qui partent de la place où est située la gare routière. Juste à côté se trouve la boutique de la famille Nowrojee, qui vit ici depuis des générations. L'initiative d'un des fils Nowrojee a redonné vie à ce village déserté depuis l'indépendance. Lorsqu'il a su que le gouvernement indien cherchait un endroit où installer le dalaï-lama, Nowrojee est allé à New Delhi plaider la cause de son village. Les fonctionnaires venus inspecter le lieu l'ont jugé parfait. Ainsi est née la « petite Lhassa ».

Les nonnes sont désorientées. Tout ressemble au Tibet et, pourtant, tout est différent... Les rues, étroites et sales, sont bondées de lamas, de randonneurs, de hippies, d'écoliers, de touristes, de nonnes, mais aussi de religieuses américaines, de Suissesses, d'Allemandes et même d'une Espagnole connue dans la région pour sa rigueur et sa dévotion. Eli Peláez, née à Salamanque, vit au centre de Tushita, fondé par Lama Yeshe, où elle se consacre à la traduction des textes du tibétain classique. Chaque hiver, elle fait une retraite de quatre mois dans la solitude de sa cabane construite au pied d'un cèdre centenaire.

Kinsom et Yandol font tourner les moulins à prières du temple, que les exilés ont érigés au centre du village à la mémoire des victimes de l'occupation du Tibet. Puis elles longent les petites boutiques de souvenirs ou de vêtements, des restaurants crasseux qui servent du tsampa et du thé salé mais aussi des pizzas et des *enchiladas*. Les posters de Bruce Lee côtoient les *thankas*, ou peintures religieuses, sur les murs des échoppes, ainsi en est-il de toute cette communauté qui vit entre deux mondes.

Au bout de la rue, le centre d'accueil pour les réfugiés, un bâtiment en brique de trois étages, est un havre de paix pour ceux qui ont vaincu l'épreuve de la montagne. On les installe au rez-de-chaussée, dans une grande pièce meublée de plusieurs rangées de grabats en fer, où des familles entières reprennent des forces avant d'être acheminées vers d'autres lieux. Les murs semblent imprégnés de la souffrance de tous les réfugiés. Allongé sur une couverture kaki, un jeune homme raconte comment les Chinois lui ont fait subir la torture de l'aéroplane. Plus loin, une jeune femme accompagnée de ses deux enfants attend l'improbable retour de son mari arrêté à la frontière. D'autres, assises au milieu de leurs misérables biens, essaient d'oublier les viols et les avortements forcés. Un vieux moine médite, les yeux fermés. Il s'est enfui de son village après avoir tiré sur un policier qui maltraitait ses voisins. Le deuxième étage est réservé à ceux qui ont besoin d'une attention médicale constante. Là se trouvent des nonnes, blessées à jamais dans leur corps et dans leur âme par leurs séjours dans les prisons de Drapchi et de Gutsa. Des femmes insomniaques, dont les souvenirs, désormais tyranniques, refusent de les laisser en paix ; des adolescentes à la dérive incapables de parler de la douleur et de la honte, d'oublier, de vivre.

La seule personne à recueillir les confidences est une jeune Hollandaise blonde, toujours en jean, qui travaille pour Amnesty International. Elle passe ses journées à noter et à enregistrer les témoignages, pour constituer un rapport sur la situation des droits de l'homme au Tibet. Cette femme, qui a écouté des récits terrifiants, qui a vu les réfugiés éclater en sanglots, trembler d'émotion, plonger la tête dans leurs bras pour chasser les images du passé, est stupéfaite de ne jamais les entendre se plaindre. Au contraire, conscients de leur chance, ils ont pitié de ceux qui sont restés dans le haut pays.

Kinsom et Yandol lui relatent leur histoire. Elles lui parlent des chanteuses de Drapchi, elles répondent à ses questions sur la présence des soldats chinois dans les rues, sur la situation intérieure des prisons, les instruments de torture, elles révèlent le nom des tortionnaires, elles mentionnent l'aide d'Ani Choki, les postes frontières, etc. Kinsom éprouve un profond malaise quand elle doit évoquer les pires moments de sa détention. Mais elle raconte tout de façon minutieuse, comme si chaque détail était capital. Elle sait que sa parole est sa seule arme, que l'exactitude de ses descriptions constitue sa « petite grande » revanche sur l'oppression des Chinois. Sa souffrance à cet instant est peu de chose comparée à la douleur de tous les siens. C'est à eux qu'elle pense en rouvrant les blessures de sa mémoire.

Il fait nuit quand Kinsom achève son récit. Elle sort, seule, dans la rue, comme si l'air frais pouvait adoucir l'intense douleur qui affleure avec les souvenirs. Elle est parvenue à tout dire sans pleurer, mais elle n'en peut plus.

Elle vient de réaliser que jamais la souffrance infligée par ses tortionnaires ne disparaîtra, et qu'il lui faudra apprendre à vivre avec elle, comme avec une maladie incurable. Aussi revient-elle au centre et, au lieu de s'allonger sur sa paillasse, s'approche d'une mère de famille, qui, elle aussi, a été torturée à Gutsa et qui, depuis lors, ne peut plus trouver le sommeil. Kinsom pose sa tête sur l'épaule de la femme qui lui caresse les cheveux, comme elle le ferait à sa fille. Kinsom veut pleurer, veut se libérer, sans y parvenir. Elle laisse échapper un gémissement presque inaudible, on dirait le chant d'un oiseau qui se perd dans la nuit.

7.

À peine vingt-quatre heures après leur arrivée, la direction du centre d'accueil les convoque d'urgence. Le cœur battant, elles gravissent les marches. Que se passe-t-il ?

« Rien de grave, leur dit le directeur. Sa Sainteté veut vous souhaiter la bienvenue. »

Elles descendent vers la collinc où s'élève la résidence du dalaï-lama. En face se dresse le temple de Tsuglakhang, une réplique, bien que plus modestc, du Jokhang de Lhassa. Sur la place, Kinsom et Yandol se mêlent à un groupe de réfugiés, de laïcs et de religieux, qui attendent tous, le cœur serré, l'entretien imminent. Autrefois, les occasions pour le commun des mortels d'approcher le dalaï-lama étaient rarissimes. Et la crainte qu'inspirait la perspective de se trouver devant la divinité exigeait une préparation, ou, pour le moins, quelque protection surnaturelle. S'approcher d'un maître de sagesse est une manière de participer, ne serait-ce qu'un instant, à son monde, de se mettre en résonance avec les influences bénéfiques qui irradient de sa présence. Elles n'ont même pas eu le temps de consulter un oracle sur le choix propice de la date et de l'heure. Elles ignorent si l'ancien protocole est toujours en vigueur : autrefois, le visiteur ne pouvait tourner le dos à l'Illustre Présence, aussi devait-il quitter la salle à reculons. Lors des processions publiques, on ne pouvait sortir ou rester sur un balcon, car personne ne devait se tenir plus haut que le palanquin du souverain. Aujourd'hui, les exilés n'ont plus à se conformer à un protocole aussi strict. Le Dieu Roi, personnification temporelle d'une émanation divine, est désormais un être humain, comme eux.

C'est un réfugié parmi d'autres ; il rêve de suivre l'exemple de Gandhi qui, une fois son but atteint, a refusé de participer au gouvernement. Le dalaï-lama a parcouru le monde entier pour plaider la cause du Tibet, il a rédigé une Constitution démocratique dans l'attente du grand retour et a organisé des élections en prévision du premier Parlement libre de son pays. Il a déclaré à plusieurs reprises qu'une fois un accord conclu avec les Chinois il se retirerait de la vie publique pour se consacrer à sa vraie vocation de simple moine. Il veut que sa position soit claire pour contrecarrer les critiques de ses opposants. L'un d'eux, qui a soutenu la révolte des khampas jusqu'à ses dernières heures, habite aujourd'hui à quelques mètres de la demeure du souverain. D'après lui, le gouvernement en exil vit toujours au Moyen Âge et la politique de non-violence n'est qu'un moyen pour l'Église de maintenir son pouvoir. « Quel pouvoir ? » se demandent les proches du dalaï-lama. Le seul pouvoir est le respect et la tendresse qu'inspire Tenzin Gyatso. Mais ses opposants poursuivent leurs rêves de grandeur : ils aiment rappeler que le Tibet, à l'aube de son histoire, était un empire. Le dalaï-lama reste ferme dans ses convictions : aucune nation n'ira se battre pour le Tibet. Ce n'est pas le Koweït ou le Kosovo.

Aux jeunes qui rêvent d'armes et de combats et méprisent la politique de non-violence qui règne depuis plus de quarante ans, le dalaï-lama rappelle que, même dans un Tibet autonome, l'immense Chine ne serait pas moins un voisin puissant et le sang versé un obstacle à la réconciliation. Le regard d'Océan de Sagesse porte loin, et il agit en conséquence. Son devoir, tant que dure l'agonie imposée par les Chinois, est de rester le plus proche possible des siens et de partager quelques moments avec les nouveaux réfugiés. Conscient que le développement spirituel consiste à servir les autres, il désire leur transmettre la flamme de l'espoir.

Cet après-midi-là, après avoir reçu des représentants illustres, répondu aux questions des médias européens et américains et accepté la proposition d'un voyage destiné à collecter des fonds, il descend au temple pour l'audience publique, sachant que ce sera l'instant le plus émouvant de la journée.

En le voyant arriver, Kinsom sent son cœur bondir dans sa poitrine. Le Dieu Roi, enveloppé dans ses tuniques pourpre et or, qui laissent voir ses chaussures de collégien, se dirige vers elles. Simple, souriant, il est entouré de ses secrétaires. Plus que son aura de sainteté, c'est son allure d'homme intègre, de paysan et d'érudit, qui surprend ses interlocuteurs.

Les réfugiés se mettent en rang. Les nonnes ont du mal à le croire : elles réalisent le rêve de toute une vie qui est aussi celui de tout un pays. Intérieurement, elles dédient cet instant unique à leurs familles, à tous ceux qui les ont aidées ainsi qu'à ceux qui n'ont pu faire le voyage ; à leurs compagnes prisonnières et à celles des couvents ; à la ville de Lhassa, aux villages, aux animaux et aux forêts qui les ont vues grandir. Car, jamais, comme en cette minute, elles n'ont été aussi conscientes d'être aussi tout cela.

À mesure qu'il bénit les réfugiés, le dalaï-lama dépose une kata de soie blanche autour de leur cou. Lorsque Kinsom et Yandol parviennent à sa hauteur, elles se prosternent. Mais le Précieux Protecteur ne suit pas le protocole. Il prend Kinsom par le bras, la relève et reste là, à la regarder de ses petits yeux ronds de jais, comme s'il devinait toute la souffrance enfermée dans ce corps de femme.

— Quand êtes-vous arrivées ? leur demande-t-il, tout en relevant Yandol de l'autre main pour qu'elle soit à sa hauteur.

Un filet de voix sort de la bouche de Yandol :

— Hier...

— Êtes-vous celles qui ont été détenues à Gutsa ?

Yandol acquiesce. Le dalaï-lama se tourne vers Kinsom.

— Quel âge avez-vous ?

— Vingt-trois ans... et elle dix-neuf, répond Kinsom.

Océan de Sagesse a un frémissement presque imperceptible des paupières, une moue de crispation. Cet après-midi même, il a lu le rapport sur les nouveaux venus. Maintenant, il sait qui est en face de lui.

— Vous vous sentez bien ? Êtes-vous blessées ?

Yandol fait non de la tête. Kinsom, elle, est pétrifiée. Elle n'ose pas regarder en face le Précieux Protecteur. Elle ne se sent pas digne de lui. Océan de Sagesse insiste :

— Il serait bien que vous vous rendiez à l'hôpital. Nous avons des médecins spécialistes des séquelles des mauvais traitements — il n'ose dire « tortures » ; ils peuvent vous aider.

Ni l'une ni l'autre ne répondent. Le Précieux Protecteur les observe avec une profonde attention.

— Avez-vous de la famille en Inde ? demande-t-il.

— Non, personne..., balbutie Kinsom.

— Toute votre famille est au Tibet ?

La jeune femme a juste le temps de hocher la tête, de grosses larmes se mettent à couler sur ses joues, comme un torrent de l'Himalaya qu'aucune digue ne pourrait retenir. Voyant son amie pleurer, Yandol ne peut contenir son émotion et éclate en sanglots.

Le dalaï-lama est habitué à ce genre de réaction très fréquente chez ses compatriotes qui ont défié tous les dangers pour avoir le privilège de se trouver devant sa présence sacrée. Pour autant, il ne cesse d'être ému.

— Vous n'avez à vous soucier de rien, leur dit-il en leur donnant une petite tape sur l'épaule. Maintenant, vous êtes libres. Ne vous en faites pas pour l'argent ; nous disposons d'un fonds de solidarité pour vous aider. Prenez soin de votre santé et faites votre possible pour perfectionner votre esprit...

Il laisse s'écouler quelques instants avant de demander de sa voix d'ours :

— Où logez-vous ?

Kinsom s'est calmée.

— Nous sommes au centre d'accueil...

— Savez-vous dans quel couvent vous voulez aller ?

Kinsom et Yandol secouent négativement la tête. Océan de Sagesse leur sourit, le regard constellé d'étoiles.

— Je crois que vous aimerez Dolma Ling... Mon personnel se chargera de tout.

Le couvent de Dolma Ling, dont la construction est financée par le parti vert allemand, est situé dans la vallée. Il deviendra le plus important de la communauté en exil.

— Vous pourrez y étudier et être heureuses. Je serai toujours là, quand vous aurez besoin de quelque chose.

Il leur passe une kata blanche et resplendissante autour du cou, et se retourne pour échanger quelques paroles avec ses assistants.

Les religieuses s'en retournent, grimpent lentement la côte et restent un long moment assises sur une pierre, face à la vallée aux champs verts et ocre qui s'étendent au loin. Les oiseaux chantent dans l'air cristallin. Les singes se balancent sur les branches des cèdres. Tout respire le calme. Elles sont trop émues pour parler. Et de quoi parleraient-elles ? Aucun mot ne peut exprimer le sentiment de plénitude qui les envahit.

À la tombée de la nuit, pour la dernière fois de la journée, le son des trompettes et des hautbois résonne dans les monastères et les couvents de Dharamsala. C'est l'heure du repos pour les religieux. Les magasins ferment leurs portes, à l'exception des restaurants, des hôtels et de quelques boutiques de souvenirs. Au centre d'accueil, près des lits de Kinsom et de Yandol, une mère berce son enfant ; plus loin, une vieille femme fait tourner son moulin à prières ; en face d'elles, un moine murmure des mantras.

Cinq cents mètres plus bas, autour de la résidence du dalaï-lama, les bruits du monde font place au silence de la nuit. Après une dernière méditation, Océan de Sagesse se retire dans sa chambre. Au moment de se coucher, il passe en revue les événements de la journée. Les visages des deux religieuses lui reviennent en mémoire, si jeunes, leurs figures baignées de larmes et leurs écharpes de soie que faisaient briller les reflets du soleil. C'est justement ce contact étroit et constant avec les exilés du Tibet qui l'autorise à parler en leur nom, à plaider leur cause, à se dresser contre l'oubli qui menace de s'étendre sur le pays de son enfance.

Alors, dans le secret de son cœur, il se souvient de son vœu de bodhisattva :

Tant que l'univers existera,
et tant qu'il y aura des êtres vivants,
que, moi aussi, je puisse perdurer,
pour en finir avec la misère du monde...

Épilogue

Février 1994 : des milliers de pèlerins se rassemblent à Dharamsala pour la « Grande Prière ». Ils arrivent en autobus, à pied, en camion. Ils viennent de tout l'Asie, même du haut pays, afin de participer à la plus importante des fêtes religieuses tibétaines. En ce beau jour d'hiver, sur le quai de la gare de Pathankot, dans la foule qui descend du Jammu Mail, la tête blonde d'un enfant se détache au milieu d'un océan de crânes rasés. Comme chaque année depuis son intronisation, Lama Osel a traversé le sous-continent pour assister à ce rendez-vous annuel, accompagné de son père. L'enfant habite au sud de l'Inde, dans le monastère de Sera, la réplique du monastère où Lama Yeshe, sa précédente incarnation, a fait ses études avant d'être obligé de prendre le chemin de l'exil.

Lama Osel n'est pas soumis aux contraintes de la vie monastique. Il n'habite pas dans les baraquements des autres moines, mais dans une villa spacieuse et confortable, entouré de l'affection de son père et de son frère, et des attentions de sept assistants, tuteurs et professeurs particuliers. Cet enfant — qui fait l'objet d'une expérience éducative unique au monde — vit à cheval entre deux univers, deux époques. D'un côté, c'est un garçon comme les autres avec ses jeux et son engouement pour les ordinateurs ; d'un autre côté, il est capable de méditer sans sourciller pendant des heures comme un sage oriental, ou de traduire d'une traite des textes du tibétain ancien ou même de participer, corps et âme, à de longues cérémonies. À la veille de devenir le grand maître qui éclairera les chemins du bouddhisme en Occident, il est pour l'heure un enfant instruit et espiègle qui, ce jour-là, se fond dans la marée humaine couleur pourpre et or.

Des centaines de moines et de nonnes, dont certains ont le visage recouvert de farine de tsampa, se rassemblent sur la place, face au temple de Tsuglakhang. Kinsom et Yandol sont montées du couvent de Dolma Ling, « le Paradis sur terre », ainsi nomment-elles leur nouveau foyer où elles apprennent les textes anciens, l'anglais, les sciences et la géographie. Elles se sont vite adaptées à cette vie, dans ce décor de montagnes qui rappelle leur pays natal, satisfaites d'avoir rempli leur mission, et ont dénoncé à la presse internationale les horreurs qu'elles ont vécues. Mais l'angoisse des souvenirs tenaille Kinsom, et Yandol a la nostalgie des siens. Elles ont l'impression d'être des privilégiées si bien que, parfois, un sentiment de culpabilité les envahit, comme si elles avaient abandonné le vrai combat. Kinsom caresse même l'idée de revenir un jour au Tibet et de continuer la lutte.

Tous les réfugiés ont ce projet, y compris l'enfant de dix ans qui se tient à leurs côtés ce jour-là, le jeune compagnon de voyage qui a été hospitalisé à Katmandou, puis acheminé vers le Tibetan Children's Village, sur les hauteurs de Dharamsala, une institution fondée par le dalaï-lama. Plus de trois mille enfants y poursuivent leurs études grâce à des dons de bienfaiteurs européens. Le petit héros a trouvé la chaleur et la rigueur d'un foyer au sein d'une des communautés, composée de douze fillettes et de treize garçons, tous exilés comme lui, et réunis autour d'une « mère adoptive ». Il a avoué à ses amies les nonnes qu'il pense pouvoir se passer bientôt de ses béquilles, car il veut retourner à Lhassa, voir ses parents. Un de ses compagnons, âgé de quatorze ans, vient de partir à pied avec deux autres amis. Pèlerins dans l'âme, les enfants tibétains entreprennent des traversées qui intimideraient les montagnards les plus avertis. Pourtant le jeune garçon ne sait pas encore que, sans les quatre orteils dont il a été amputé, un tel exploit lui est à jamais interdit.

Parmi la foule réunie ici, il y a d'autres enfants. L'un d'eux est un jeune lama au visage studieux, aux joues rouges, qui porte de grosses lunettes cerclées d'une monture noire. Il est accompagné de son père, de sa mère et de son grand-père, un vieux Tibétain à la peau flétrie et au regard inoubliable. Lorsque Yandol le reconnaît dans la foule, elle prend la main de Kinsom et toutes deux se précipitent vers lui, vers leur compagnon de voyage, vers leur tendre ami. Dès qu'il les aperçoit, le vieil homme se met à pleurer d'allégresse et se prosterne, comme s'il était devant la réincarnation de quelques divinités du panthéon bouddhiste. En cette matinée ensoleillée, en compagnie de sa famille, de ses compagnes de voyage retrouvées et devant le Précieux Protecteur, il vit le moment le plus intense de son existence. Il ne peut éprouver de plus grande joie. Plus tard, le vieil homme leur avoue qu'il ne repartira pas dans le sud de l'Inde. Bien que sa seule famille vive là-bas, ce n'est pas son pays. De plus, il a la force et l'envie de continuer à marcher.

— Tu ne vas donc jamais t'arrêter ? lui demande Yandol.

— Non, jamais... J'ai peur de mourir si je m'arrête, lui répond-il en riant.

Peut-être la mort le surprendra-t-elle alors qu'il franchira un col de montagne, ou sur un glacier ou sur un sentier rocailleux. Il a décidé de repartir à pied au Tibet, comme au Moyen Âge, après la « Grande Prière ».

Le silence se fait sur la place lorsque apparaît la silhouette du quatorzième dalaï-lama, entourée de ses gardes du corps et suivie de moines qui soufflent dans des hautbois. La foule lui ouvre le chemin. Océan de Sagesse se prosterne devant le trône du Lotus, symbole de son pouvoir, puis s'installe sur son siège. Alors commence une longue litanie de prières et de mantras qui dure toute la journée. L'attention des fidèles ne s'interrompt que lorsque de jeunes moines font passer des verres de thé ou des rafraîchissements. Les Occidentaux ont des écouteurs collés aux oreilles pour suivre la traduction simultanée des prières et des commentaires.

Au crépuscule, alors que des centaines de lampes à huile illuminent la place, le Précieux Protecteur s'incline devant la foule avant de disparaître, en souriant, sur le chemin de sa résidence. La « Grande Prière » pour le bonheur de tous les êtres vient de s'achever. Peu à peu, la place se vide. Dans la nuit, on n'entend plus que le claquement des « chevaux du vent », qui répandent leurs bénédictions aux quatre coins de l'univers.

Pour finir

En septembre 1997, je me suis à nouveau rendu au Tibet, au Népal et en Inde, pour préparer ce livre. À Lhassa, j'ai eu l'opportunité de m'entretenir avec la supérieure d'un couvent. Dix de ses nonnes étaient incarcérées à la prison de Drapchi. Cette femme m'a raconté que les tortures avaient changé dans les prisons. La police chinoise a renoncé aux sévices sexuels, qui avaient une si mauvaise presse à l'étranger. Maintenant, elle transperce avec des épingles la langue de celles qui osent crier « Tibet libre ! » ou « Vive le dalaï-lama ! ». Les Chinois condamnent sous n'importe quel prétexte, pour n'importe quelle manifestation ou protestation.

Au couvent de Dolma Ling, à Dharamsala, j'ai su de la bouche de Kinsom et de Yandol que Dawa, la religieuse atrocement mutilée qui avait partagé leur cellule, était de nouveau détenue à Lhassa. Elle aurait participé à une manifestation.

J'ai visité encore une fois le centre d'accueil de Katmandou et j'ai été surpris de constater qu'il était bondé de nouveaux réfugiés. J'ai été impressionné par la multitude d'enfants âgés de huit à quatorze ans. Ceux-ci avaient tous traversé l'Himalaya sans leurs parents ; la majorité semblait en bonne santé. L'infirmière, Tsering Lhamo, m'a confié que le nombre des réfugiés n'a cessé d'augmenter depuis 1990 et que, certains jours, il est difficile de parvenir à soigner tous les nouveaux arrivants. Au centre d'accueil de Dharamsala, on m'a confirmé que la vague de réfugiés a triplé ces trois dernières années.

Remerciements

J'ai reçu l'aide et la collaboration de nombreuses personnes lors de mes recherches pour la rédaction de ce livre. Je veux exprimer ma profonde gratitude à Sa Sainteté le dalaï-lama, qui, malgré son emploi du temps surchargé, a pris le temps de me recevoir et de répondre patiemment à mes questions ; je tiens aussi à remercier Kinsom et Yandol, qui n'ont fait aucune difficulté pour me donner, avec une admirable simplicité, les détails de leur détention et de leur calvaire ; les enfants du Tibetan Children's Village, qui m'ont raconté leur fuite. Merci et pardon pour les larmes que mes questions ont fait couler.

Ce livre n'aurait pas été possible sans l'appui, les encouragements et l'énergie que Dominique Lapierre m'a transmis. Je remercie aussi mon éditeur, Mario Lacruz, pour sa confiance.

Mon affectueuse gratitude va à Michelle Parfait, ma compagne de quelques voyages en Inde, au Népal et au Tibet. Le souvenir de ces voyages et l'extraordinaire hospitalité de Vicki et Ang Kami Sherpa à Katmandou, que nous remercions, resteront dans notre mémoire. Le lama Osel, son frère Kunkyen et son père Paco Hita nous ont reçus avec affection et sympathie au monastère de Sera, dans le sud de l'Inde. Merci aussi à tous les Tibétains qui, au Tibet, m'ont fait la grande confiance de répondre à mes questions.

Je veux exprimer ma profonde reconnaissance à Son Excellence, M. Atuk, ambassadeur de l'Inde en Espagne, grâce à qui j'ai pu interviewer le dalaï-lama. Merci aussi à Kelsang Gyaltsen, le secrétaire politique de Sa Sainteté, pour sa patience et son efficacité ; à Tsering Tashi, chargé des relations avec la presse ; à Rinchen Khando Choegyal, la belle-sœur du dalaï-lama, ministre de l'Éducation du gouvernement en exil, responsable de plus de vingt-sept mille élèves répartis dans toute l'Inde, qui n'a pas hésité à m'offrir son temps et à entreprendre les démarches nécessaires pour m'aider dans ma recherche documentaire. Merci de tout cœur à Philippa Russell, responsable de l'ONG en charge des nonnes réfugiées, pour son amabilité et pour avoir facilité les interviews demandées. Et, bien sûr, ma reconnaissance va à l'interprète Lhamo Choeden.

Je remercie tout le personnel du Département d'Information du gouvernement de Sa Sainteté, qui m'a permis de consulter les archives.

Également, pour ses bons offices à Dharamsala, je remercie Stéphanie Faber ; le révérend Pema Dorjee et Yonden Chodon, qui m'ont aidé à trouver les personnes que je cherchais. Merci à Laura Allen pour son hospitalité à New Delhi.

J'exprime aussi ma reconnaissance à José Juan Ortiz, pour sa collaboration ; à Gloria Rognoni ; à Jordi Risa, qui m'a raconté avec passion son amour pour les montagnes et pour le Népal ; à Alán Cantos, pour ses conseils, qui m'ont permis de découvrir des histoires que je ne connaissais pas, qu'il a rendues plus claires par ses corrections. Merci à Maria Torres et à François Camus, pour les longues interviews à Bubión ; à Kia Abitbol, pour son courage et son enthousiasme à la lecture de ce livre ; à Joan Carol, pour ses précieuses indications. La rédaction finale n'aurait pas été complète sans la généreuse collaboration d'Eugenio Suárez, qui a accepté de consacrer de longues heures à la correction du manuscrit.

Bibliographie

Parmi les livres et les documents qui m'ont été particulièrement précieux, je voudrais d'abord citer le passionnant récit de Philippe Broussard, *Les Rebelles de l'Himalaya*, Paris, Denoël, 1996, ainsi que ses articles dans *Le Monde* et celui de Tim McGirk dans *The Independent* du 12 février 1994. Également, *Le dalaï-lama. Un certain sourire*, de Laurence Vidal, Paris, Calmann-Lévy, 1995, une biographie poétique et sensible de Sa Sainteté ; *Au loin la liberté*, Paris, Fayard, 1993, l'autobiographie du dalaï-lama ; et *Le Seigneur du Lotus blanc : le Dalaï-Lama*, de Claude B. Levenson, Paris, Lieu Commun, 1987.

Pour l'histoire récente du Tibet et la situation actuelle : *Tibet, Survival in Question*, de Pierre-Antoine Donnet, Zed Books, Londres, 1994 ; *Loin du pays des neiges*, de John Avedon, Calmann-Lévy, 1985 ; *Tears of Blood*, de Mary Craig, Indus, Delhi, 1992 ; et le document extraordinaire que constituent *Les Cavaliers du Kham*, de Michel Peissel, Robert Laffont, 1972.

Je veux aussi faire mention de *L'Enfant Lama : histoire d'une réincarnation*, de Vickie Mackenzie, Robert Laffont, 1991 ; *Combat des nonnes tibétaines*, de Hanna Havnevik, Dharma, 1995 ; et *La Femme aux temps des dalaï-lamas*, d'Anne Chayet, Paris, Stock, 1993.

TABLE

I. Longue vie au dalaï-lama 11
II. La solitude du monarque 61
III. Jours de lune et de vent 101
IV. L'année du Cochon 161
V. Le royaume des dieux 213
VI. « Quand les chevaux galopent sur des roues » 263

Épilogue 301
Pour finir 309
Remerciements 311
Bibliographie 315

Achevé d'imprimer sur les presses de

BUSSIÈRE

GROUPE CPI

à Saint-Amand-Montrond (Cher)
en juin 2004

POCKET - 12, avenue d'Italie - 75627 Paris Cedex 13
Tél. : 01-44-16-05-00

— N° d'imp. : 42839. —
Dépôt légal : juillet 2004.

Imprimé en France